Vuestros hijos no son hijos vuestros.
Son los hijos y las hijas
del ansia de la vida por sí misma.
Vienen a través de vosotros, pero no de vosotros,
Y aunque estén con vosotros, no os pertenecen.
Podéis brindarles vuestro amor, pero no vuestras ideas,
Porque ellos tienen sus propias ideas.
Podéis alojar sus cuerpos, pero no sus almas,
Porque sus almas viven en la casa del futuro,
que vosotros no podéis visitar, ni siquiera en sueños.
Podéis tratar de pareceros a ellos,
pero no pretendáis que ellos se parezcan a vosotros.
Sois arcos que lanzáis a vuestros hijos como flechas vivas.
Disfrutad de la tensión que os produce la mano del arquero.

Kahlil Gibran, El profeta

*Para Jean Flores, colaboradora de Naciones Unidas,
que realizó su transición mientras escribíamos este libro.
Ahora es nuestro ángel y, desde el más allá,
sigue trabajando por los niños del mundo.*

LEE CARROLL Y JAN TOBER

Los niños Índigo

HAN LLEGADO LOS NIÑOS NUEVOS

EDICIONES OBELISCO

Si este libro le ha interesado y desea que le mantengamos informado de nuestras publicaciones, escríbanos indicándonos qué temas son de su interés (Astrología, Autoayuda, Ciencias Ocultas, Artes Marciales, Naturismo, Espiritualidad, Tradición) y gustosamente le complaceremos. También puede visitar nuestro catálogo de libros en Internet: http: //www.ediciones obelisco.com

Colección Nueva Consciencia
LOS NIÑOS ÍNDIGO
Lee Carroll - Jan Tober

1ª edición: junio de 2001
2ª edición: noviembre de 2001

Título original: *The indigo children*
Traducción: Alejandra Devoto
Diseño portada: Michael Newman
© 1999 by Lee Carroll & Jan Tober
    Original U.S. Publication 1999 by Hay House, Inc., Carlsbad, California, U.S.A.
© 2001 by Ediciones Obelisco, S.L. 2001
(Reservados todos los derechos para la presente edición)
Edita: Ediciones Obelisco S.L.
Pere IV, 78 (Edif. Pedro IV) 4ª planta 5ª puerta
08005 Barcelona - España Tel. (93) 309 85 25
Fax (93) 309 85 23
Castillo, 540, Tel. y Fax. 541-14-771 43 82
1414 Buenos Aires (Argentina)
E-mail: obelisco@airtel.net
Depósito Legal: B. 44.588 - 2001
ISBN: 84-7720-835-2

Printed in Spain

Impreso en España en los talleres gráficos de Romanyà/Valls S.A. de Capellades (Barcelona)

«Estos niños pueden ser brillantes, francamente encantadores...
pero a veces resulta dificilísimo convivir con ellos.
En un segundo, se les ocurren diez cosas divertidas y creativas.
Mientras uno intenta apagar el incendio que provocaron tostando
malvaviscos, ellos están en la bañera tratando de averiguar si los
peces de colores pueden sobrevivir en agua caliente.»

Natasha KERN, mamá, citada por Nancy GIBBS en la revista *Time.*[1]

❧ ❧ ❧

Introducción

Es posible que, al empezar a leer, el lector se pregunte si no tendrá en las manos otro de esos libros pesimistas sobre la manera en que la sociedad cambia a nuestros hijos. Pues no, no lo es. Tal vez sea éste el cambio más emocionante, aunque extraño, en la naturaleza humana que se ha observado y documentado hasta el momento en cualquier sociedad que disponga de las herramientas para hacerlo. Le pedimos al lector que lo decida por sí mismo, a medida que vaya leyendo.

Jan y yo escribimos y damos conferencias sobre auto-ayuda. En los últimos seis años, hemos viajado por todo el mundo, hablando para públicos tanto numerosos como reducidos. Hemos hablado con personas de edades muy diversas y de numerosas culturas, que representan a muchas lenguas. Mis hijos han crecido y han abandonado el nido hace mucho tiempo. Jan no tiene hijos pero presentía que algún día trabajaría con niños, y no se ha equivocado. De los seis libros que hemos publicado hasta ahora, ninguno se refiere a la infancia, porque nuestra labor no se concentra en esta etapa. Entonces, ¿por qué escribimos un libro sobre este tema, precisamente?

Los orientadores pasamos mucho tiempo en estrecho contacto con las personas, y no nos pasa desapercibida la aparición de ciertos patrones de comportamiento humano que llegan a convertirse en elementos fundamentales de nuestro trabajo. Al igual que el de Louis Hay, editora de este libro, nuestro trabajo tiene que ver con el poder personal y el aumento de la autoestima; hace que las personas tengan esperanzas y les brinda la capacidad de elevarse por encima del nivel de lo que «pensaban» que eran. También trata de la sanación espiritual (no religiosa) e invita a hacer un examen de uno mismo a fin de encontrar primero el «dios que tenemos dentro», antes que buscarlo fuera de nosotros. Habla de autosanación, y también de despreocupación, en un mundo cambiante y proclive a la preocupación. Es un trabajo tremendamente satisfactorio... pero hace que prestemos atención a lo que sucede.

Hace algunos años, empezaron a hablarnos de problemas específicos con los hijos. ¿Qué tiene esto de nuevo? Los niños suelen ser la mayor bendición de la vida, pero también el mayor desafío. Se han escrito muchos libros sobre cómo ser buenos padres y sobre psicología infantil, pero lo que observamos era diferente.

Empezamos a oír hablar cada vez más de un nuevo tipo de niño, o por lo menos de un tipo de problema nuevo para los padres. Las dificultades eran insólitas porque representaban un intercambio inesperado entre los adultos y los niños, que aparentemente no tenía nada que ver con lo que se había producido en nuestra generación. No le prestamos atención hasta que nos lo comentaron los profesionales que trabajan concretamente con niños, que también hablaban de desafíos similares. Muchos estaban exasperados y desesperados. Las personas que trabajaban en guarderías infantiles de todo el país, algunas de las cuales llevaban más de treinta años en esa profesión, también nos contaban que los niños eran diferentes. Entonces vimos algo horripilante: que cuando estos problemas «nuevos» se agudizaban, ¡en la mayoría de los casos se tendía a resolver la cuestión drogando al niño legalmente!

Al principio, supusimos que se trataba de un atributo cultural, reflejo de un país cambiante. Forma parte de nuestra espléndida idiosincrasia estadounidense el hecho de ser flexibles y tener la capacidad de experimentar cambios notables, como no sucede en ningún otro país, sin dejar de mantener al mismo tiempo una base política estable. Si uno le pregunta a cualquier maestro actual, le dirá que a nuestro sistema educativo le hace falta una revisión. Es probable que ya sea hora, pero esto no es ninguna novedad, y no es lo que nos ha inspirado para escribir este libro.

Jan y yo trabajamos con individuos y nos mantenemos al margen de la política, e incluso de «causas» medioambientales. Esto no significa que no nos interesen, sino que, como orientadores y conferenciantes, en realidad nos dedicamos a ayudar a hombres y mujeres de forma personal (por más que a menudo nos dirijamos a ellos en grupos numerosos). Siempre hemos partido de la premisa de que un ser humano equilibrado, que tenga un punto de vista positivo y emane bienestar, es capaz de realizar los cambios necesarios de una forma muy poderosa. En otras palabras, incluso un cambio social radical tiene que comenzar dentro de la mente y el corazón de una persona por vez.

Además suponíamos que, por más que se estuvieran produciendo grandes cambios en los niños, los profesionales y los investigadores lo comentarían dentro de su ámbito; quiero decir, que los profesionales también lo notarían. Hace años que esperamos ver informes y artículos sobre los «atributos de los nuevos niños» en publicaciones relacionadas con las guarderías y la enseñanza primaria. Pero no ha sido así, por lo menos no a una escala que llamara bastante la atención, ni de una forma que sirviera ni informara a los padres.

Como no ocurrió, esto confirmó nuestra idea original de que era probable que nuestras propias observaciones no fueran tan difundidas como nos parecía; además, los niños no eran nuestra especialidad.

Tardamos varios años en cambiar de opinión y decidir que, como mínimo, alguien tenía que reunir la información y presentarla, por extraña que pareciera, ya que estaba allí.

Como puede ver el lector, este libro se debe a numerosos factores, que creemos que debe conocer antes de creernos ciegamente con respecto a algo que va a entrar en la categoría de «lo que ocurre a nuestro alrededor... pero nadie puede explicar».

Hemos llegado a las siguientes conclusiones:

1. Que no se trata de un fenómeno exclusivo de Estados Unidos, porque lo hemos visto personalmente en tres continentes.

2. Que parece ir mucho más allá de las barreras culturales (abarca múltiples lenguas).

3. Que no ha llamado la atención del gran público debido al hecho de que resulta demasiado «extraño» planteárselo dentro del paradigma de la psicología humana, que tiene la petulancia de considerar a la humanidad como un modelo estático, que no cambia. En general, la sociedad suele creer en la evolución, pero sólo en el pasado. La idea de que ahora podamos ser testigos de la llegada al planeta de una nueva conciencia humana, que se manifieste en nuestros hijos, no encaja en absoluto dentro del pensamiento conservador establecido.

4. Que el fenómeno sigue creciendo, ya que siguen saliendo a la luz más informes.

5. Que hace tanto que se produce que numerosos profesionales comienzan a notarlo.

6. Que empiezan a aparecer respuestas a los desafíos.

Por todos estos motivos, nos aventuramos a presentar al lector la mejor información que poseemos sobre lo que hemos observado acerca de un tema sin duda polémico por muchas razones. Que nosotros sepamos, es el primer libro dedicado de forma exclusiva a los niños índigo. Durante la lectura, es posible que muchos se sientan identificados; esperamos que otras personas más capacitadas profundicen en el tema en el futuro.

El objetivo de este libro

Este libro está escrito para los padres. Es un informe preliminar y no pretende ser un trabajo definitivo sobre el tema de los niños índigo. Se presenta con el fin de ayudar a los padres con su familia, para brindarles una información que puedan aplicar de forma práctica en caso de que se sientan identificados con el tema. Pero les pedimos que utilicen su criterio para analizar lo que les presentamos. No publicaríamos esta compilación si no estuviéramos seguros de que resultará reveladora y útil para muchos lectores. Este libro se ha compilado sobre todo gracias al estímulo, y a veces a las súplicas, de cientos de padres y maestros con los que hemos hablado en todo el mundo.

El método

Nos pareció que sería maravilloso presentar al lector un ejemplo tras otro de la relación de los padres con sus hijos índigo, ya que hay tantos... Pero en realidad no son más que ejemplos y, por lo tanto, no otorgan validez al comportamiento desde el punto de vista de los investigadores (o de los que siguen un razonamiento lógico). Por lo tanto, hemos decidido recurrir a los contactos que tenemos en todo el mundo para reunir una serie de informes, comentarios y, cómo no, unos cuantos ejemplos, procedentes de personas acreditadas que trabajan con niños, como educadores, médicos y escritores reconocidos de todo el país. A medida que el lector vaya leyendo, verá que hemos hecho todo lo posible por aportar una validez práctica a algo que hemos observado de forma no científica a través de nuestro trabajo. También hemos incluido algunas historias clínicas en las partes del libro donde nos pareció más conveniente aplicar un enfoque científico. Puesto que nosotros mismos no hemos llevado a cabo ninguna investigación reconocida en este campo, nos pareció que los informes y las conclusiones de los profesionales que han contribuido a este trabajo ayudarían a dar validez a la premisa que presentamos.

Organización

Hemos elegido una estructura lo más práctica posible. Esperamos que esta introducción sirva para que el lector nos conozca y se dé cuenta de que en realidad nos interesan sus hijos.

En el capítulo uno, pretendemos determinar las características de estos niños, y se presentan algunos de los colaboradores y participantes que volverán a aparecer también en otros capítulos.

En el capítulo dos se plantea de inmediato lo que hay que hacer con los niños índigo. En muchos libros, un capítulo práctico como este iría al final, como conclusión, pero aquí los capítulos posteriores entran en ciertos temas médicos y / o esotéricos que deberían ir aparte en sus revelaciones. Por consiguiente, los dos primeros capítulos contienen respuestas e información práctica que también se pueden leer por separado si el lector decide no profundizar en el tema. En este capítulo también se analiza el proceso educativo y la posibilidad de una escolarización aparte para los índigo.

El capítulo tres trata de los aspectos espirituales del fenómeno del niño índigo. No habla de religión sino que es un informe sobre algunas características muy insólitas, comunes a los niños, que había que incluir en este libro. Espiritualmente, ellos parecen «saber quiénes son» y enseguida se lo comunican a sus padres. ¿Podíamos omitir este tema?

En el capítulo cuatro se comenta su diagnóstico médico. No todos los niños índigo tienen grandes problemas psicológicos, pero cuando los tienen, a menudo acaban diagnosticándoles problemas de falta de atención o hiperactividad. No todos los niños que tienen problemas de falta de atención son índigo, pero si alguien busca métodos alternativos para tratar la falta de atención con buenos resultados, hemos procurado mencionar algunos en el capítulo 4, tanto los tradicionales como los no tradicionales, con su correspondiente historia clínica. Con esto pretendemos evitar que se suministren drogas sedantes a los niños y ofrecer a los padres algunas alternativas.

Una idea que nos hace reflexionar: puede que para los padres cuyos hijos están sedados, la Ritalina (el metilfenidato) sea una solución real. El niño se comporta mejor, parece más tranquilo, y la situación parece más estable en la familia y en la escuela... ¡Qué bien! Sin embargo, la Ritalina coloca al niño en una postura de contención temporal, que incluso puede resultarle agradable. Pero al continuar la vida, cuando le quiten el tapón a la botella (cuando dejen de tomar este fármaco), es posible que las burbujas internas produzcan algún tipo de explosión. En retrospectiva, después de crecer, puede que sientan que han perdido parte de su infancia en un turbio recuerdo que no tiene nada que ver con su auténtica personalidad. La Ritalina a menudo posterga el auténtico crecimiento y la sabiduría consiguiente: el aprendizaje del funcionamiento de la sociedad. Eso está documentado.

En realidad, podría haber algún método para ayudar al niño utilizando algún tratamiento alternativo, en lugar de la Ritalina. Conviene desprenderse de prejuicios, así que presentamos la opinión de algunas personas con unas credenciales impresionantes, que han obtenido buenos resultados y están dispuestas a colaborar en esta cuestión.

En el capítulo cinco, aparecen mensajes de índigos auténticos. Se incluyen textos escritos por algunos niños índigo ya adultos, o casi, desde su punto de vista, analizando su educación. Es evidente que se saben diferentes. Los textos son bastante profundos.

En el capítulo seis, que es la síntesis, aparece un breve mensaje de cada uno de nosotros.

Los colaboradores

La primera vez que mencionamos a un colaborador, hacemos una breve presentación. Al final del libro hay más información sobre cada uno de ellos y las organizaciones que representan. Invitamos al lector a que les escriba por correo, tanto electrónico como postal, o que los llame por teléfono, si quiere hacerles alguna pregunta o conseguir sus libros o los productos que ofrecen. Hemos intentado proporcionar también su dirección en Internet, si representan a alguna organización. A los que no disponen de dirección electrónica ni en Internet, ni ofrecen ningún otro dato, se les puede escribir a Hay House, a la dirección que aparece al final. En ese caso, conviene mencionar el título del libro; de este modo, la editorial hará llegar la solicitud a la persona indicada. El lector también nos puede preguntar directamente a nosotros, aunque no nos consideramos expertos en el tema. En este caso, nos limitamos a presentar la información que hemos obtenido de un grupo de personas más capacitadas, que nos ayudan a reconocer y a tratar a los índigo. Lo más probable es que enviemos las preguntas al colaborador correspondiente.

Las referencias

Cada vez que existe más información disponible sobre un tema determinado, aparece un numerito en el texto, que remite a una nota que aparece al final del libro, que hace referencia a otros libros, productos y organizaciones.

capítulo uno

¿Qué es un niño índigo?

Qué es un niño índigo y por qué lo llamamos así. En primer lugar, la definición: un niño índigo es aquel que manifiesta un conjunto de características psicológicas nuevas e inusitadas y presenta un patrón de comportamiento que no suele estar documentado. Este patrón presenta unos factores únicos comunes que indican que las personas que interactúan con él (sobre todo los padres) han de cambiar su forma de tratarlos y de educarlos a fin de lograr el equilibrio. Si se pasasen por alto estos patrones nuevos, podría haber desequilibrio y frustración en la mente de esta nueva vida tan preciosa. La finalidad de este capítulo es identificar, calificar y validar las características del niño índigo.

Aparentemente, hay índigos de varios tipos, de los que hablaremos más adelante, en este mismo capítulo, pero en la siguiente lista presentamos algunos de los patrones de conducta más habituales. Recomendamos al lector que se fije si coinciden con alguien que conozca.

He aquí diez de los rasgos más habituales de los niños índigo:

1. Llegan al mundo sintiéndose reyes (y a menudo se comportan como tales).

2. Tienen la sensación de que «merecen estar donde están» y se sorprenden cuando los demás no la comparten.

3. No tienen problemas de valoración personal. A menudo les dicen a sus padres «quiénes son».

4. Les cuesta aceptar una autoridad absoluta (una autoridad que no ofrece explicación ni alternativa).

5. Simplemente, se niegan a hacer ciertas cosas; por ejemplo, les cuesta mucho esperar en fila.

6. Se sienten frustrados con los sistemas ritualistas que no requieren un pensamiento creativo.

7. A menudo encuentran formas mejores de hacer las cosas, tanto en casa como en la escuela, lo cual los convierte en una especie de «rompe-sistemas» (inconformistas).

8. Parecen antisociables, a menos que se encuentren con personas como ellos. Pero si no encuentran a su alrededor a nadie con una conciencia similar, se encierran en sí mismos y sienten que nadie los comprende. La escuela les suele costar bastante, socialmente.

9. No reaccionan ante la disciplina de la «culpa» («Espera a que vuelva tu padre y vea lo que has hecho»).

10. No son nada tímidos para manifestar sus necesidades.

Más adelante, vamos a examinar algunas de estas características con más detalle, pero a continuación queremos decir por qué se llama «índigo» a estos niños.

A lo largo de la historia de la psicología, ha habido sistemas para agrupar el comportamiento humano. De hecho, a menudo parece que todos encajamos en «grupos» de patrones de conducta, y a veces nos divierte leer acerca de ellos y reconocernos. Estas agrupaciones tratan de reconocer y de relacionar las acciones humanas de muchas formas distintas, buscando, sin duda, alguna fórmula que nos coloque a todos en algún tipo de grupo, para ayudar a los que estudian la mente humana. Algunos de estos sistemas son antiguos; otros son muy recientes.

Ahora quisiéramos recurrir a un psiquiatra para que realice una breve valoración de este hecho, a fin de comenzar con una base académica sólida. **Richard Seigle** no sólo tiene una consulta como médico sino que también participa en estudios humanos y espirituales a través de la sanación indígena.

Sistemas de categorización de los seres humanos

Dr. Richard Seigle

A lo largo de la historia de la civilización occidental, hemos sentido una gran necesidad de averiguar, definir y criticar. A medida que íbamos descubriendo nuevos territorios y nuevos pueblos sobre la Tierra, lo primero que pensábamos era: «¿Quiénes son como nosotros y quiénes no?» y «¿Qué podemos asimilar?» Aquellos pueblos que no eran como nosotros en función del color, las creencias, la cultura y la lengua fueron considerados inferiores durante gran parte de nuestra historia.

En términos científicos, tratábamos de clasificar a las personas según la forma de la cabeza, el color de la piel, el cociente intelectual, etcétera. Los antropólogos y los psicólogos han pasado años evaluando nuestra manera de pensar, sentir y actuar. Estos son algunos ejemplos de los diversos sistemas de categorización:

✔ **Tests de inteligencia,** como el Wechsler (WAIS) y el de la personalidad de Stanford-Binet.

✔ **Tests de personalidad,** como el MMPI, el MCMI, el Tipo A y el Tipo B.

✔ **Técnicas de proyección para estimar la personalidad,** como el Rorschach, el TAT y el SCT.

✔ **Tests de memoria,** como el WMS y el Bender.

✔ **Factores psicológicos específicos.** Para clasificar el comportamiento humano, a veces se ha partido de factores como los siguientes: la estructura y las costumbres familiares, la cultura, los sueños, la psicología del Self, la vinculación afectiva o emocional, los mitos, la religión, y la motivación y los pensamientos conscientes e inconscientes.

✔ **Teóricos reconocidos en psiquiatría,** como los siguientes, han aplicado diversos sistemas de tipificación de la personalidad: Freud, Jung, Adler, Berne, Fromm, Kernberg, Klein, Maslow, Perls, Reich, Rogers, Skinner y Sullivan.

Decía Gandhi que «nuestra capacidad para alcanzar la unidad en la diversidad será la belleza y la prueba de nuestra civilización». El final de este milenio se caracteriza por una mayor conciencia del amor y la aceptación de todos los pueblos, algo que podríamos haber aprendido hace siglos de las culturas indígenas, si no las hubiésemos considerado inferiores.

Aparte de los tradicionales, también hay sistemas de agrupación espirituales y metafísicos que tratan de clasificar a los seres humanos a partir, por ejemplo, de las características de su nacimiento (la astrología), su energía vital o su asociación con animales sagrados (los de raíces chinas y de los indios americanos). Independientemente de la opinión que tenga el lector sobre la astrología y algunos de estos otros sistemas, aparentemente no científicos, han sido reconocidos e identificados institucionalmente como algunas de las ciencias más antiguas, al haber sido encontrados en muchos de los textos más antiguos sobre estudios humanos. Todos estos sistemas, antiguos y actuales, sirven para ayudar a los seres humanos a comprender mejor a sus congéneres.

En 1982, **Nancy Ann Tappe** escribió un libro titulado *Understanding Your Life Through Color*,[2] la primera publicación conocida en la cual se identifican los patrones de conducta de estos niños nuevos. Nancy clasificó ciertos tipos de comportamiento humano en grupos de colores y, de forma intuitiva, creó un sistema notablemente preciso y revelador. De naturaleza metafísica, el libro es muy entretenido, y uno no puede menos que identificar algunas de sus características dentro de su sistema, reírse de uno mismo, y maravillarse de lo preciso que parece. Nancy sigue ofreciendo conferencias y talleres sobre el comportamiento humano en todo el mundo.

Para aquellos que piensan que clasificar a los seres humanos por grupos de colores es extraño y sólo vale para los interesados en metafísica, recomendamos un libro recién publicado, titulado *The Color Code: A New Way to See Yourself, Your Relationships, and Life*, del doctor Hartman Taylor.[3] Este libro no tiene nada que ver con los niños índigo, y sólo lo mencionamos para demostrar que asociar los colores con las características humanas no tiene nada de espeluznante. El libro de Hartman trata del modelo hipocrático o medieval de tipificar las personalidades (sanguíneo, melancólico, flemático y colérico) y asigna un color a cada una: rojo, azul, blanco y amarillo.

Como hemos dicho, las agrupaciones por colores de Nancy Tappe son intuitivas, pero también muy exactas, y se basan en la observación práctica. Uno de los grupos de colores que ella menciona es, como el lector ya habrá adivinado, el índigo. Esta clasificación revela con gran precisión el nuevo tipo de niño... ¡y lo hizo hace diecisiete años! (Por lo menos alguien le prestó atención.) Pensamos que Nancy se merece el prestigio por su intuición y su conciencia de la naturaleza humana. Si al lector le interesan cuestiones como la profecía, en el capítulo tres hablamos de una personalidad televisiva que de hecho predijo los nuevos niños «azul oscuro».

Jan hizo averiguaciones y localizó a Nancy. Le pareció mejor hablar personalmente con ella para este libro y hacerle una entrevista con algunas preguntas básicas sobre lo que Nancy llama el «color vital índigo». A los dos nos pareció que presentar el punto de vista de Nancy era una buena forma de comenzar el análisis del fenómeno índigo, puesto que fue ella la que en realidad reconoció y planteó toda la cuestión. La entrevista que Jan le hizo a Nancy continúa a lo largo de todo el libro, y se van presentando distintas partes según el tema.

❖ ❖ ❖

Introducción a los índigo

Nancy Ann Tappe,
en una entrevista con Jan Tober (1ª parte)

–Nancy, fuiste la primera que reconoció el fenómeno índigo y escribiste un libro sobre este tema, Understanding Your Life Through Color.[2] *¿Qué es un niño índigo y por qué los llamamos así?*

–Los llamo «índigo» porque ese es el color que «veo».

–¿Y eso qué significa?

–Es el color vital. Miro el color vital de las personas para conocer la misión que tienen sobre la Tierra, lo que tienen que aprender, su plan de estudios. Hasta algún momento de la década de 1980, pensé que se añadirían al sistema dos colores más, porque desaparecieron dos. Desapareció el fucsia y el magenta se volvió obsoleto. De modo que pensé que esos dos colores vitales se sustituirían por otros. Me sorprendió encontrar una persona fucsia en Palm Springs, porque es un color que se extinguió a principios del siglo xx, o al menos eso me dijeron

Estaba convencida de que aparecerían dos colores vitales más, pero no sabía cuáles serían. Mientras los buscaba, «vi» el índigo. Estaba llevando a cabo una investigación en la San Diego State University, tratando de establecer un perfil psicológico completo que resistiera las críticas académicas. Trabajaba conmigo un psiquiatra, el doctor McGreggor.

Estoy tratando de recordar el nombre de otro médico, pero

no puedo. Trabaja en el Hospital Infantil, pero es el primero en el cual reparé, porque su mujer había tenido un bebé y se suponía que no podía tener hijos. El bebé nació con un soplo cardíaco muy grave, así que él me pidió que fuera a verlo y le dijera lo que «veía». Así que fui a verlo y entonces me di cuenta de que se trataba de un color que no figuraba en mi sistema de colores vitales. El bebé murió al cabo de unas seis semanas; fue muy rápido. Fue la primera experiencia física que tuve que me demostró que los niños eran diferentes. Entonces empecé a fijarme en ellos.

Dejé de dar clases en esa universidad en 1975, así que sé que esto fue antes. No le presté demasiada atención hasta 1980, cuando empecé a escribir mi libro. Tardé dos años en conseguir que se publicara: la primera edición es de 1982; la actual, de 1986. De modo que me di cuenta en la década de 1970.

En la década de 1980 le puse un nombre y comencé el proceso de personología, porque entonces teníamos algunos niños de cinco, seis y siete años, que podía observar para «leer» su personalidad y ver cómo era. Lo más importante que observé es que no tenían un plan de estudios como los demás... y siguen sin tenerlo, ni lo tendrán hasta dentro de ocho años. A los 26 o 27, aproximadamente, veremos un gran cambio en los niños índigo; el cambio será que encontrarán su propósito. Los mayores alcanzarán realmente la solidez en lo que están haciendo, y los más jóvenes se aclararán con respecto a lo que van a hacer de su vida.

–*Parece como si todavía dependiera un poco de nosotros lo que vaya a ocurrir.*

–Todavía está en proceso de investigación. Por eso he postergado escribir un libro sobre los índigo. Me alegro de que lo estéis haciendo vosotros.

–*Parece que hay un interés impresionante, una necesidad impresionante de saber.*

–Exacto. La hay, porque nadie entiende a estos índigo. Son niños informatizados, lo cual significa que van a tener más cabeza que corazón. Me da la impresión de que estos niños llegan con algunas normas de visualización mental muy bien asimiladas. Saben que si a algo le pueden poner un nombre, es suyo. Tienen una orientación tecnológica, de lo cual deduzco que vamos a ser incluso más tecnológicos que ahora. A los tres y cuatro años, estos niños saben manejar unos ordenadores que están fuera del alcance de los adultos de sesenta y cinco.

Son niños tecnológicos, niños nacidos para la tecnología, lo cual significa que es fácil predecir lo que veremos en los próximos diez años: una tecnología con la cual ni siquiera podemos soñar. Creo que estos niños están abriendo una puerta, y que vamos a llegar a un punto en el cual el único trabajo que se haga será mental.

–*Estoy de acuerdo*.

–Ese es su objetivo. Lo que veo es que, en algunos casos, la formación medioambiental los ha bloqueado tanto que a veces estos niños llegan a matar. Yo siempre creo en las paradojas. Necesitamos la oscuridad y necesitamos la luz para poder elegir. Sin opción, no hay crecimiento. Si fuéramos meros robots que seguimos algo, no habría libre albedrío, no habría elección, no habría nada. Me he apartado del tema, pero lo hago por una razón.

Últimamente explico a mis alumnos que, si vamos a creer en nuestros comienzos, si vamos a creer en nuestra Biblia, en realidad dice: «En el principio, la tierra era caos y confusión y tinieblas por encima del abismo». Siempre fue así. Y dijo Dios: «Hágase la luz», y creó el bien, creó la luz. La oscuridad no la creó; siempre estuvo ahí. A partir de entonces, todo su proceso de creación fue una sucesión de separaciones. Apartó la noche del día, la luz de las tinieblas, la tierra de los cielos, el firmamento del aire, la tierra de las aguas. Separó a la mujer del hombre y creó lo masculino y lo femenino. La regla de la creación es la separación para que haya opción, porque sin opción no hay crecimiento.

Me parece que siempre hemos tenido extremos, sobre todo en esta dimensión. Siempre hemos tenido lo más extremo: lo más sagrado y lo peor de lo peor. La mayoría de nosotros estamos situados en algún punto intermedio, porque aspiramos a la santidad pero cometemos errores. Lo que veo ahora es que ese extremo se está integrando más. Lo más sagrado se acerca a la persona media, y lo peor de lo peor se acerca a la persona media, y el equilibrio alcanza un nivel más refinado. Estos niños pequeños (todos los que he visto hasta ahora que matan a sus compañeros de clase o a sus padres) han sido índigo. Por lo que he visto, sólo uno de ellos era un índigo humanista; los demás eran índigos conceptualistas.

—Este comentario es muy interesante: que todos estos niños que matan a otros niños son índigo. ¿Me estás diciendo que tienen muy claro el camino, pero que de alguna manera su misión se ha bloqueado, así que su alternativa es librarse de lo que creen que les estorba?

—Es una forma de supervivencia nueva. Cuando tú y yo éramos niñas, tuvimos esos pensamientos horribles y quisimos escapar. Pero teníamos miedo. Ellos no tienen miedo.

—No le tienen miedo a nada, porque saben quiénes son.

—Tienen fe en ellos mismos.

—Bien, vamos a plantearnos algunas preguntas más. Que tú sepas, ¿cuándo se observaron los primeros niños índigo y qué porcentaje global de nacimientos de índigos existe actualmente?

—Considero que el noventa por ciento de los niños de menos de diez años son índigo. No te puedo decir cuándo comenzaron a aparecer, pero sí que sé cuándo empecé a verlos. Mi libro *Understanding Your Life Through Color* se publicó en 1986 así que sé que comencé a fijarme en ellos antes. Creo que empecé a darme cuenta en 1982. Me di cuenta mucho antes, aunque no los identifiqué. Pero hasta 1985, más o menos, no me di cuenta de que iban a ser algo duradero.

—¿Hay distintos tipos de índigos? En ese caso, ¿cuáles son y qué características tienen?

—Hay cuatro tipos diferentes y cada uno de ellos tiene una finalidad:

1. HUMANISTA: En primer lugar, está el índigo humanista, que va a trabajar con las masas. Son los médicos, abogados, maestros, vendedores, hombres de negocios y políticos del futuro. Van a servir a las masas y son hiperactivos. Son muy sociables. Hablan con cualquiera, en cualquier momento; son muy amistosos. Y tienen opiniones muy firmes. También son torpes con su cuerpo, hiperactivos como ya he dicho, y a veces

chocan contra las paredes porque se olvidan de poner el freno. No saben jugar con un solo juguete, sino que tienen que sacarlos todos, lo tienen todo desparramado, y puede que los toquen o que no. Son esos niños a los que, si les dices que ordenen su habitación, se lo tienes que recordar muchas veces porque se distraen. Van a su habitación y empiezan a ordenar hasta que encuentran un libro; entonces se sientan y se ponen a leer, porque son lectores ávidos.

Ayer estaba en un avión, y había un índigo pequeñito, de unos tres años, que no paraba. Su madre le dio el folleto con las instrucciones de seguridad, y él lo abrió y vio que tenía muchos dibujos. Y se quedó mirándolo, muy serio, como si lo leyera, muy serio y con mucha atención. Lo estudió durante cinco minutos, y seguro que no sabía leer, pero él pensaba que sí, me parece. Así es el índigo humanista.

2. CONCEPTUAL: Después está el índigo conceptual. Al índigo conceptual le interesan más los proyectos que las personas. Son los ingenieros, arquitectos, diseñadores, astronautas, pilotos y militares del futuro. No son torpes con su cuerpo, y a menudo son atléticos de niños. Lo que más les preocupa es el control, y la persona que más tratan de controlar es la madre, si son varones, mientras que las niñas tratan de controlar a su padre. Si lo consiguen, es un gran problema. Este tipo de índigo tiene tendencia a la adicción, sobre todo a las drogas, en su adolescencia. Los padres tienen que observar con atención sus patrones de conducta y, cuando empiezan a esconderse o a decir cosas como «No te acerques a mi habitación», es cuando la madre tiene que registrar su habitación.

3. ARTISTA: Después está el índigo artista. Este índigo es mucho más sensible y suele ser más menudo, aunque no siempre. Tienen inclinaciones más artísticas, son creativos y serán los maestros y artistas del mañana. Hagan lo que hagan, siempre se pondrán del lado más creativo. Si se dedican a la medicina, serán cirujanos o investigadores. Si se dedican a las bellas artes, serán el actor de los actores. Entre los cua-

tro y los diez años, es posible que prueben quince artes creativas distintas: las practicarán cinco minutos y las abandonarán. Por eso les digo siempre a las madres de los artistas o los músicos: «Le conviene alquilar el instrumento, en lugar de comprarlo». El índigo artista puede trabajar con cinco o seis instrumentos diferentes; entonces, cuando llega a la adolescencia, elige un campo o una actividad y se dedica a él.

4. INTERDIMENSIONAL: A continuación está el cuarto tipo, que es el índigo interdimensional. Son más grandes que los demás índigo, y cuando tienen uno o dos años no se les puede decir nada. Dicen: «Ya lo sé. Yo puedo hacerlo. Déjame tranquilo.» Son los que aportan al mundo nuevas filosofías y nuevas religiones. Pueden ser pendencieros, porque son mucho más grandes y porque no encajan, como los otros tres tipos.

Dentro de los próximos veinte años todos los colores vitales físicos irán desapareciendo, todos menos el rojo... y ahora sólo me refiero al color vital. Sólo quedarán los colores mentales (los habanos, los amarillos y los verdes) y los espirituales (el azul y los violetas). El índigo humanista sustituye al amarillo y el violeta. El índigo conceptual sustituye al habano, el verde y el violeta. El índigo artista sustituye al azul y el violeta. El índigo interdimensional sustituye al violeta. Así que, evidentemente, tenemos el violeta en los cuatro niveles.

–¿Y serán intuitivos?

–Te cuento algo que sucedió esta mañana. Una amiga mía tiene un nieto de cuatro años. Fue a Santa Barbara de visita e invitó a comer a su nuera y a Zachary, que así se llama el niño. La madre siempre se jacta de lo bien que le va a Zachary en la escuela y en la piscina, y que su maestra siempre dice que aprende con rapidez y que hace unas volteretas perfectas hacia atrás. Es un niño muy intrépido.

Fueron a un restaurante muy bonito y de postre iban a tomar una gran *mousse* de chocolate, que al niño le hacía mucha ilusión. Trajeron el postre con bombos y platillos y lo colocaron en medio de la mesa, y le dieron a cada uno una cuchara para comerlo. A él se le agrandaron los ojos, rió, se acercó el postre y se puso a comer. Y se queda ahí sentado, comiendo, hasta que al final su madre le dice: «Zachary, ¿tú sabes lo que quiere decir intrépido?» Él baja la cuchara, arruga el entrecejo, la mira y responde que sí.

«¿Y qué significa, según tú?»

Y él le responde: «Yo creo en mí mismo».

Cuatro años. Para él ser intrépido quería decir eso.

La afirmación de Zachary es muy clara. Estos niños creen en sí mismos. Si uno intenta decirles que están haciendo algo mal cuando ellos creen en sí mismos, ellos saben que uno no sabe lo que dice. De modo que lo que les sugiero a los padres es que se pongan límites para no decirles a sus hijos que no hagan algo.

Es mejor que les digan: «Vamos a ver, ¿por qué no me explicas por qué quieres hacer eso? Vamos a sentarnos y a plantearnos el tema. ¿Qué te parece que va a ocurrir? Venga, juega conmigo. ¿Qué te parece que ocurriría si hicieras esto?» Y cuando el niño dice lo que le parece que le ocurriría, hay que preguntarle: «Muy bien, ¿y entonces tú cómo lo resolverás?» Y él nos dirá cómo lo va a resolver.

Hay que lograr que un pequeño índigo lo haga de esta manera, porque si no, no querrá participar... A menos que se trate de un humanista, no va a querer hablar del tema.

−*Al hablar de un pequeño, ¿a qué edad te refieres?*

−En cuanto empiezan a hablar, hay que hablarles claramente y hacer que ellos te cuenten las cosas.

−*¿Y cuando son bebés?*

−También se puede hacer cuando son bebés. Charlas con ellos, les vas explicando cosas. Que te escuchen parlotear. «Ahora vamos a cambiarte el pañal. Tenemos que cambiar el pañal para que no se te irrite la piel, así vas a estar contento y yo también voy a estar contenta. Así tú no vas a llorar y yo no me voy a preocupar. Los dos vamos a estar contentos, ¿verdad? Vamos a cambiar ese pañal.»

−*Has tocado otra cuestión muy importante: tratar a estos niños como si fueran adultos en cuanto empiezan a hablar.*

−A estos niños no les puedes hablar como si fueran tontos. Te desprecian si les hablas así. Ellos no respetan a las personas por sus canas ni por sus arrugas. Te tienes que ganar su respeto.

–*¿De qué no hemos hablado que te parece que los lectores deberían saber sobre el tema de los índigo?*

–Creo que deberíamos decir: «Simplemente, escúchalos». Actúa de forma intuitiva y no pretendas imponer tu autoridad. Deja que el niño te cuente lo que necesita. Entonces le dices por qué no se lo puedes dar, o por qué sí. En realidad, lo único que hace falta es escuchar. Nada más. Estos índigo son muy abiertos.

–*Otra vez, estar presentes.*

–Claro. Si uno trata mal a estos niños índigo son capaces de ir a la escuela y contárselo a la maestra, o de llamar a la policía, al 091. Seguro que en los últimos años has oído muchos casos de niños de dos y tres años que han salvado a sus padres llamando al 091, o cosas por el estilo. Si alguien los trata mal, estos niños recurren enseguida a una autoridad. Así es, aunque a nosotros nos moleste.

–*Me gusta considerarnos el «puente arco iris» entre nuestra posición y la suya.*

–Creo que es cierto. Yo lo llamo el puente entre la tercera y la cuarta dimensión. La tercera dimensión es una dimensión razonable, la del pensamiento. La cuarta es una dimensión del ser. Aquí hablamos mucho de amor, de honor, de paz y felicidad y todas esas cosas, pero rara vez las ponemos en práctica. Vamos mejorando. En la cuarta dimensión, las vamos a aplicar. Empezamos a comprender que la guerra es inútil, y que despreciar a alguien no es más que otra forma de matarnos a nosotros mismos. Estos niños ya lo saben.

Cuando hicimos el primer taller sobre índigos, trajimos a los padres con sus hijos. Había personas encargadas de cuidar a los niños, un adulto cada cuatro niños. Por la tarde, los llevamos a todos a una habitación, y los padres podían verlos interactuar y hacer preguntas. Teníamos una vieja máquina de escribir eléctrica, de modo que la colocamos en el medio, en el suelo, y dispusimos otras cositas alrededor. No teníamos un ordenador pero, como ya he dicho, estos niños son electrónicos, de modo que uno de ellos se sentó delante de la máquina de escribir, y todos los demás estaban jugando por ahí. Fue un experimento alucinante.

Un niño se ponía a jugar con el aparato, entonces venía otro, se sentaba y observaba. Al cabo de un rato, el que estaba jugando con la máquina de escribir se ponía de pie y se alejaba... y el siguiente ocupaba rápidamente su sitio, y de alguna parte del grupo venía otro niño y se sentaba a observar. Y así fueron haciendo este ejercicio, como si estuvieran en fila... aunque no había ninguna fila.

–*Es cierto, porque a estos niños no les gusta hacer cola.*

–Exacto, y los padres lo vieron. Un solo niño, de un total de alrededor de quince, fue a sentarse en el regazo de uno de sus padres; los demás no les prestaron ninguna atención.

–*¿En qué año fue esto?*

–Me parece que fue en 1984. Estos niños... lo único que piden es que los respeten como niños y que los traten como a seres humanos, sin establecer diferencias entre niños y adultos.

Hay otra anécdota muy divertida sobre mi nieto. Cuando tenía ocho años, mi hija era una de esas personas que no querían que tuviera armas. No le dejaba tener armas ni jugar con juguetes bélicos. Evidentemente, tampoco quería que jugara con nada electrónico. Cuando tenía unos tres años, una mañana yo estaba en mi cuarto de baño, rizándome el pelo. Tengo dos tenacillas, una fría y una caliente, y estaba usando la caliente, entonces viene él y coge la fría y hace: «bang, bang».

Entonces yo cojo la mía y digo: «bang, bang». Y nos ponemos a correr por toda la casa: «bang, bang, bang». Mi hija dice: «Mamá, no deberías hacer esto con él». Y yo le respondo: «Empezó él». Así que nos la pasamos en grande.

Cuando tenía ocho años, se acercó a mí y me dijo: «Abuela, ¿sabes qué quiero que me regales para Navidad?» Le dije que no, y agregó: «Una Nintendo®». Mi hija masculló: «Ni se te ocurra». Me reí y pensé: «¿Sabes? Después de todo soy su abuela, y me lo ha pedido a mí. Te las vas a tener que arreglar...» Y como no iba a estar en la ciudad, le compré la Nintendo y me marché.

Cuando regresé al cabo de dos meses, ella me llamó para decirme: «Mamá, realmente te quiero dar las gracias por haberle comprado a Colin la Nintendo.» Le contesté: «Claro, claro, ya entiendo». Me dijo: «No, de verdad. Te doy las gracias sinceramente porque me di cuenta de que no se lo podía impedir y también me di cuenta de que tenía que hacerme cargo, así que decidí "venderle" tiempo con la Nintendo. Le dije que si cumplía sus tareas a tiempo obtendría tantos minutos con la Nintendo. En la escuela le ponían todo tipo de notas por falta de cooperación. Así que le dije: «Cuando cooperes en la escuela, tendrás diez minutos con la Nintendo. Cuando subas las notas, tendrás tantos minutos con la Nintendo. Si las bajas, perderás tantos minutos con la Nintendo.»

Pues eso, llegaba de la escuela y se ponía a hacer los deberes y después preguntaba: «¿Quieres que haga algo más?» Mi hija le decía: «Bien, podrías hacer esto». Entonces él preguntaba: «¿Cuántos minutos de Nintendo?» Su nota de matemáticas pasó de un insuficiente a un excelente. Dos semanas después, la llamó la maestra y le preguntó: «¿Qué ha pasado con Colin? Es otra persona.» Así que Laura le contó, entonces la maestra le dijo: «Por el amor de Dios, sigue así. ¡Ahora es el mejor alumno que tengo!» En la escuela, contaba la maestra que se le acercaba y le preguntaba: «¿Hay algo que pueda hacer por ti?» Antes de marcharse a casa, se acercaba y le preguntaba: «¿Puedo hacer algo para ayudarte?» Entonces ella le decía, y cuando él llegaba a casa le contaba a su madre lo que había hecho y cuánto tiempo de Nintendo esperaba a cambio. ¡Y ella se lo daba! Se convirtió en un alumno excelente.

Muchas veces se habla de lo malo que es Internet para los niños, y que contiene elementos peligrosos. Pero si los padres han hablado con sus hijos y han sido sinceros con ellos, y les han enseñado a decidir, estos niños no caen en la trampa. Son los que necesitan atención los que caen en la trampa. Estos niños son listos. Pero son como nosotros, que también tomamos decisiones tontas a veces, por necesidad, igual que ellos. Cuando lo necesitan. Pero si los mantenemos estables, tomarán decisiones sabias.

Son unos niños estupendos.

¿Esto es real?

Es posible que al lector no le interesen las personas que «ven» colores, de modo que a continuación presentamos los informes y los análisis de cuatro doctores y una maestra en relación con el tema de los índigo.

Las clasificaciones que hace Nancy de los tipos de índigo, ¿se confirman con las observaciones de los profesionales? La doctora Barbra Dillenger opina que sí.

La doctora Barbra Dillenger dedica casi todo su tiempo a la orientación. Se especializa en la naturaleza humana y lo que más le interesa es contribuir a la percepción de una visión global de la vida, los motivos para vivir y las lecciones de la vida. Observa y comprende el cambio y es consciente de los numerosos «tipos» de seres humanos y de cómo esta tipología está profundamente relacionada con ayudarlos a darse cuenta de quiénes son. Ha visto a los tipos de índigo y no duda en brindarnos esta información. Celebramos su maravillosa aportación a este libro.

Sobre el niño índigo
Dra. Barbra Dillenger

Como descubrió Nancy Tappe al observar a los niños índigo, los hay de cuatro tipos diferentes: el humanista, el conceptual, el artista y, el más raro de todos, el interdimensional. Todos presentan similitudes en su comportamiento, pero también diferencias distintivas. He aquí tres experiencias reales con niños índigo: una con un artista, otra con un humanista y la última con un conceptual.

Travis es un índigo artista. Está dotado de talento musical. A los cuatro años dio su primer concierto público de mandolina. Alrededor de los cinco años, formó una banda de jóvenes índigo y, después de ganar certámenes nacionales a los nueve años, grabaron su primer disco compacto. A los catorce, uno de los temas más vendidos pertenecía a su disco en solitario, para el cual compuso, arregló e interpretó todas las canciones. Según el crítico musical del *Chicago Tribune*, lo consideran el mozart de la mandolina. Lo que voy a relatar ocurrió en uno de sus conciertos.

Mi esposo y yo acudimos expresamente para oírlo tocar delante de unas tres mil personas. En el lavabo de señoras, escuché una conversación entre dos mujeres, una de las cuales decía: «Mi marido insistió mucho para que viniera. Pensaba que me haría sentir mejor.» Presté atención y descubrí que acababa de tener un bebé, que lo había perdido dos semanas después del parto, y seguía llevando ropa de embarazada. Se me llenó el corazón de una gran tristeza.

Mientras tanto, Travis salió al escenario. Durante su actuación, tocó una canción que compuso a los nueve años, «Press On» («Adelante»), que trata de la muerte de su abuelo. Resulta que es una de mis favoritas; habla de todas las experiencias que encontramos en la vida y de cómo, con la ayuda de Dios, debemos seguir adelante. Cuando el concierto acabó, lo ovacionaron de pie. Entonces vi a la misma mujer del lavabo, que estaba hablando con Travis y le decía, con lágrimas en los ojos: «La última canción que has tocado me ha sanado. Muchas gracias. Estoy tan contenta de haber venido.»

Travis le dio las gracias y cuando ella se fue se volvió hacia su guitarrista y, en la jerga propia de los adolescentes, chocando las manos y todo, dijo: «Muy bien, pues de eso se trata, ¿no?» Se me volvió a llenar el corazón, transmitiendo vida a todo mi cuerpo. Travis sigue tocando y componiendo, con sus maduros diecisiete años. No cabe duda de que se trata de una auténtica estrella índigo con una misión que cumplir.

El humanista: una historia
de disciplina doméstica

Todd es un índigo humanista. Durante una visita a casa de su abuela, ocurrió algo desagradable. Sobre la cama de la abuela, había una hermosa muñeca musical con forma de payaso y cara de porcelana. Era su muñeca preferida, regalo de su marido. Pero el semblante triste del payaso le recordaba a Todd algo de su «pasado», de modo que encontró la forma de hacerle añicos la cabeza, y lo hizo con gran vigor. La abuela se quedó perpleja. Todd tenía tres o cuatro años y, evidentemente, no se le podía echar la culpa. Después de recuperar la compostura (ya lo había levantado y lo había sentado en el diván), la abuela le preguntó, con voz temblorosa:

–¿Cuál es el juguete que más te gusta?

–El coche de policía –respondió Todd. Entonces dijo la abuela:

–¿Puedo ir ahora a tu casa y destrozarte el coche de policía nuevo?

–No –respondió Todd, atónito.

–Pues bien, esta casa es del abuelo y mía, y en esta casa no se rompen las cosas a propósito–. Y prosiguió: –Nos gusta que en nuestra casa todos estén contentos, de modo que, si tú fueras la abuela, ¿qué le dirías a Todd que hiciera en este momento?

Todd reflexionó sobre la situación y dijo:

–Es probable que necesite una suspensión.

Y se fue a otra habitación de la casa, alejada de la fiesta que se estaba celebrando, cerró la puerta y se quedó solo. Al cabo de unos minutos, la abuela entró en la habitación y le habló a Todd sobre la ira, el miedo y la expresión positiva (evidentemente, en un lenguaje accesible para un niño de cuatro años). He aquí al índigo humanista (aficionado a la gente y a la libertad), que elige una suspensión para estar solo, incluso siendo tan pequeño. Este aislamiento autoimpuesto era, para Todd, un castigo justo por su conducta inadecuada.

Ahora la abuela tiene una hermosa muñeca con forma de ángel, regalo de una buena amiga; esta muñeca tiene la cara de trapo.

El conceptual: una historia sobre la escuela y la necesidad de cambio

Tim es un joven de doce años que llegó a mi despacho con una madre frustrada. No quería ir a la escuela. No le veía ningún valor a las horas que pasaba allí. Lo que menos le gustaba era la clase de inglés. (Creo que su madre pretendía que yo lo convenciera para que volviera a la escuela.) Tim es un índigo conceptual, muy aficionado a la informática. Le pregunté:

–¿Por qué no te gusta el inglés?

–La profesora es tonta –respondió–. Quiere hacerme leer *Huck Finn*.

Le sugerí que era posible que realmente él fuera más listo que algunos profesores, y le señalé que de todos modos, podía aprender de ellos algunas cosas. Le dije que el inglés es obligatorio en la escuela y que hay otras formas de aprender. Entonces le pregunté cómo pensaba resolver esta situación. Enseguida me dio la respuesta.

Me dijo que él y unos cuantos amigos que compartían sus ideas habían empezado un grupo de inglés después de la escuela. Era evidente que no les interesaba *Huck Finn*; lo que querían era usar Internet. Estaban buscando alguien que los apoyara, que se pudiera quedar después de hora y supervisarlos mientras estaban en la escuela. Le dije que me parecía una idea excelente. Su madre se quedó boquiabierta cuando le sugerí que ella los apoyara y le ayudara a buscar algún profesor que estuviera interesado.

Tim se sintió comprendido y se relajó. Me he enterado de que, si bien esto no resolvió todos sus problemas escolares, este curso supervisado de Internet ha reemplazado a su otra clase de inglés. Ha vuelto a ir a la escuela. Su idea brillante, conceptual, marca el principio de un cambio en nuestra actual estructura escolar, que a veces resulta un poco rígida y autoritaria. Hay muchos elementos de la actual estructura escolar que no encajan con el pensamiento índigo, siempre progresista. Mientras tanto, su madre se ha convertido en una activa defensora de la reforma educativa.

¿Más listos que nosotros?

Siguiendo con el tema de los índigo, se está produciendo otro fenómeno similar. A todos los padres les gusta pensar que su hijo es más listo de lo normal. Y lo que estamos diciendo justamente lo confirma. De modo que el padre o la madre que estén leyendo este libro no están locos. Sin embargo, es posible que haya que cambiar el concepto de lo que es normal para dar cabida a un nuevo paradigma de medición para los niños.

A lo mejor nos parece que nuestro hijo es más listo de lo que éramos nosotros a su edad, o que otros niños que hayamos criado. Puede que a los «listos» se los diagnostique como problemáticos, cuando en realidad esto se debería considerar una ventaja. ¿Es posible que los «listos» en realidad provoquen una disfunción? ¿Cómo saberlo? ¿Será que las escuelas no están preparadas para niños más listos? (Seguro que el lector siempre lo ha intuido así.) ¿Será que los niños índigo en general son más listos de lo que éramos la mayoría de los padres a su edad? ¿O será que la mayoría de los niños que nacen ahora (sean índigos o no) vienen con una inteligencia y una sabiduría nuevas?

Esta cuestión puede empezar a disparar las alarmas en todo el país. ¿Quién no ha oído los últimos informes según los cuales los niños no salen bien preparados de nuestro sistema de enseñanza, y que en todo el país los resultados de sus exámenes están por debajo de la media? Sin embargo, no todo es lo que parece, y es posible que lo siguiente nos haga detenernos para meditar sobre el tema, aparte de indicarnos que algo les ocurre a nuestros hijos, en todas partes.

Sin duda, existen indicios de que los niños de hoy están tan bien equipados mentalmente que las escuelas no son capaces de ponerse a su altura, o quizás de diagnosticar la cuestión correctamente. Esta es una cita que aparece en la tapa de *The Rising Curve: Long-Term Gains in IQ & Related Measures*.[4]

En general, nos lamentamos de que las aptitudes educativas de los niños disminuyen rápidamente y de que las escuelas no consiguen prepararlos para las tareas decisivas de la vida. Sin embargo, los psicómetras han descubierto una curiosa tendencia que contradice ese canto fúnebre: que el cociente intelectual en realidad muestra un aumento impresionante en los últimos cincuenta años, y que la puntuación de los alumnos blancos y la de los pertenecientes a grupos minoritarios se están igualando. De esta tendencia, que se conoce como el «efecto Flynn» por James Flynn, el sociólogo que la documentó por primera vez, trata este libro provocador. [...] ¿Se puede comparar el cociente intelectual de una generación con el de la siguiente? ¿Cuál es el factor ambiental que más afecta al cociente intelectual? ¿Qué tipo de inteligencia miden realmente los tests psicométricos? Importantes expertos en nutrición, investigación psicométrica, sociología y psicología cognitiva, social y evolutiva debaten el origen del efecto Flynn, además de la tan cuestionada hipótesis disgénica, popularizada por Charles Murray en *The Bell Curve*, un libro de lectura obligatoria para todos los que buscan la última información sobre la inteligencia y la forma de medirla.

Vamos a hablar de la característica del cociente intelectual y de la «listeza» directamente dentro del tema del niño índigo. Para eso vamos a presentar a una espléndida colaboradora de este libro, la **doctora Doreen Virtue**[5] que, aparte de ser una apasionada de la infancia, es conocida en todo el país por ser la autora de best-séllers como *The Lightworker's Way* y *Divine Guidance*. Se la ha mencionado en varias revistas nacionales por su filosofía, y sus profundos estudios relacionan datos científicos con el pensamiento metafísico, que hasta entonces no estaba corroborado. Volverá a aparecer en este libro, en los capítulos dos, tres y cuatro.

¿Superdotados o problemáticos?

Dra. Doreen Virtue

Ya se sabe que los niños índigo nacen superdotados. Muchos de ellos son filósofos por naturaleza, que se plantean el sentido de la vida y la forma de salvar el planeta. Son grandes científicos, inventores y artistas innatos. Sin embargo, nuestra sociedad, basada en la energía antigua, está sofocando los dones que tienen estos niños.

A veces se comete el error de pensar que muchos niños superdotados tienen «problemas de aprendizaje», según la National Foundation for Gifted and Creative Children,[6] una organización no sectaria y sin fines de lucro cuyo objetivo primordial es la asistencia a estos niños tan valiosos. «El sistema de educación pública destruye a muchos niños superdotados; a muchos de ellos les ponen por error la etiqueta de "falta de atención e hiperactividad", y muchos padres no se dan cuenta de que sus hijos podrían ser superdotados en potencia.»

La Fundación menciona las siguientes características para que los padres puedan darse cuenta si su hijo es superdotado:

✔ Tiene una gran sensibilidad.

✔ Tiene una cantidad impresionante de energía.

✔ Se aburre fácilmente; a veces parece que tiene muy poca capacidad de concentración.

✔ Necesita estar rodeado de adultos emocionalmente estables y seguros.

✔ Se resiste a la autoridad, a menos que se presente democráticamente.

✔ Tiene sus propios métodos de aprendizaje, sobre todo en lectura y matemáticas.

✔ A veces se frustra enseguida porque tiene grandes ideas pero le faltan los recursos o las personas necesarios para ayudarlo a llevarlas a cabo.

✔ Aprende a través de la exploración, y se resiste a aprender de memoria o a limitarse a escuchar.

✔ Es incapaz de permanecer sentado y quieto, a menos que esté absorto en algo que sea de su interés.

✔ Es muy compasivo; tiene muchos temores, por ejemplo a la muerte y a la pérdida de sus seres queridos.

✔ Si experimenta el fracaso enseguida, es posible que se rinda y desarrolle bloqueos de aprendizaje permanentes.

¿Verdad que esto se parece mucho a la descripción de un niño índigo? La organización coincide con nuestras conclusiones de que «es posible que los niños superdotados se retraigan cuando se sienten amenazados o alienados y tal vez sacrifiquen su creatividad con el fin de "integrarse". Muchos de los niños a los que hacemos tests muestran un cociente intelectual elevado, pero a menudo tienen "congelada" la creatividad.»

La doctora Kathy McCloskey es otra de las científicas que nos asesora en este libro sobre el tema de los niños índigo. Con su conocimiento práctico y la experiencia de muchos casos, su aportación también resulta muy valiosa.

Los nuevos niños poderosos

Dra. Kathy A. McCloskey

En el transcurso del último año, he llevado a cabo tests psicológicos formales, en el centro de salud mental de la comunidad donde vivo, con tres niños que son índigo, sin ninguna duda. Los tres me fueron enviados por una psicóloga infantil del centro, perpleja ante los informes de los padres y los profesores de estos niños con respecto a sus problemas de atención y de conducta. En su consulta, no manifestaron prácticamente ninguno de estos síntomas, a pesar de que los demás adultos de su entorno afirmaban categóricamente que todos eran «incontrolables», ya sea en casa, en la escuela, o en los dos sitios.

La psicóloga, a la que llamaré «Amanda», sabe tratar de maravilla a sus pacientes infantiles, con cariño y respeto, y se negó a aceptar sin más estos informes, puesto que no coincidían con su propia experiencia, de modo que solicitó unos tests formales.

El primer paciente que me envió era una niña blanca de catorce años, que solía llevarse sin permiso el coche de sus padres biológicos (no tenía carné de conducir) y se iba de su casa para dar vueltas por el centro comercial cercano, que estaba abierto las veinticuatro horas. Había perdido un año, por sus malas notas en la escuela, y sus compañeros y sus profesores no le hacían caso debido a su avanzado desarrollo físico y su forma de hablar jocosa. Además, siempre quería tener la última palabra cuando discutía con sus padres, y estos decían que ya no sabían qué hacer con ella.

Según los resultados de los tests, esta niña tenía un cociente intelectual de 129 en cuanto a capacidad verbal y de 112 en cuanto a rendimiento visual-espacial (menos de 69 es deficiente, de 70 a 79 es casi deficiente, de 80 a 89 es inferior a la media, de 90 a 109 es la media, de 110 a 119 es superior a la media, de 120 a 129 es superior, y más de 130 es muy superior). Su puntuación verbal fue superior en todas las pruebas de rendimiento basadas en el lenguaje, en un test sobre los conocimientos adquiridos en la escuela, y las puntuaciones más bajas que obtuvo fueron las «medias» para su edad y el curso en el que estaba.

En otras palabras, no tenía puntos débiles (de hecho, su calificación global era superior a la de otras personas de su edad) ni en su capacidad cognitiva ni en sus conocimientos escolares, aunque le hubieran hecho repetir un curso. Era algo muy raro.

A esta jovencita la habían tratado infructuosamente con Ritalina y con Cylert, dos de los medicamentos principales para los trastornos de falta de atención e hiperactividad. Sus padres decían que «siempre había sido así» y que nada de lo que habían intentado había «funcionado». Hablando con ella, era evidente que se relacionaba a un nivel adulto, muy inteligente, y así lo demostraban también su rostro y sus ojos. Para ser claros, era como una «vieja sabia». El problema era que nadie se daba cuenta, aparte de ella.

Amanda, su nueva orientadora y yo (mediante tests y entrevistas clínicas) lo vimos claramente. Gracias a la oportuna intervención de sus padres, ahora esta jovencita está matriculada en un centro de aprendizaje especial e individualizado. Pero no ha sido fácil: sus padres tuvieron que solicitar una beca para enviarla a este centro, muy caro pero eficaz. La consiguió y le está yendo extraordinariamente bien, porque sus padres dieron una respuesta adecuada, se lo tomaron con seriedad, y ahora la tratan como la niña especial, superdotada, índigo, que ella es.

El segundo paciente que me enviaron era un niño afroamericano de nueve años, que había sido adoptado hacía tres años por dos varones afroamericanos que acababan de trasladarse desde los suburbios. Según el informe de ambos padres, el niño era «hiperactivo» porque no se estaba quieto, siempre estaba moviéndose y, según los informes de los maestros, molestaba en clase (contestaba con brusquedad, molestaba a los compañeros y se levantaba de su sitio sin permiso, entre otras cosas). Sus padres temían que este fuera el comienzo de algún desequilibrio físico de su hijo, ya que su madre biológica era drogadicta.

También se preguntaban si esto no sería consecuencia de las situaciones inestables que experimentó durante los primeros años de su vida, tanto en su casa como en la escuela, ya que vivió en varios hogares adoptivos. Los profesores recomendaban que se le administraran medicamentos para la falta de atención y la hiperactividad, pero sus padres querían estar seguros de lo que ocurría antes de tomar medidas tan drásticas.

Aunque los resultados que obtuvo este jovencito se encontraban en la gama media alta en los tests de cociente intelectual, tanto en su capacidad verbal como de rendimiento (116 y 110, respectivamente), pero por debajo de los correspondientes a los superdotados, se le practicaron dos subtests que lo colocaron en el nivel superior: conocimiento de normas sociales y capacidad cognitiva abstracta. Las puntuaciones de su rendimiento escolar demostraron que se encontraba dentro del nivel superior en todas las asignaturas, es decir que tenía un nivel más alto de lo normal.

Yo supongo, sin embargo, que su rendimiento escolar indicaba mejor su capacidad real que el cociente intelectual. Esto ocurre a veces cuando los niños realmente superdotados viven sus primeros años en un entorno caótico o pobre, como le había sucedido a este jovencito. Es muy probable que los dos subtests superiores del test de inteligencia representaran mejor su potencial y sus aptitudes reales.

De todos modos, insisto en que consideraban que este niño tenía problemas de atención y de hiperactividad cuando en realidad su rendimiento era muy superior a la media. E insisto también en que el verdadero problema era que no había nadie en la escuela que se diera cuenta. Como ocurría con la otra niña, era evidente que se relacionaba con los demás a un nivel muy inteligente, como un adulto, lo cual se reflejaba en su rostro y en sus ojos. Él también parecía un «viejo sabio».

Sin embargo, ¿qué se podía hacer con toda la energía física que le sobraba? Sus padres ya le brindaban en casa una estructura muy clara, con normas y expectativas muy detalladas (que el propio niño había contribuido a crear). Le brindaban salidas abundantes y adecuadas para su energía física y le ayudaban a «representar» determinadas lecciones (expresando ciertas cosas físicamente, repitiéndolas en voz alta, balanceándose y permaneciendo sobre un solo pie mientras memorizaba, interpretando distintos papeles en las historias, y de otras formas). Estuvieron de acuerdo en trasladar estas «lecciones» a sus profesores; en realidad, dedicamos la mayor parte del tiempo a buscar una forma de dirigirnos a ellos de modo que no se pusieran a la defensiva y no pensaran que les estábamos enseñando a hacer su trabajo.

El tercer y último paciente que me envió fue un niño afroamericano de ocho años, que parecía mucho más pequeño. Vivía con su madre biológica, su padrastro y un medio hermano de dieciocho meses y medio. A este jovencito lo llevó su madre a la consulta de Amanda, porque en dos ocasiones recientes lo había llevado a su casa la policía porque se había escapado de la escuela para ir a casa con su madre.

Además, le había dicho a su madre que quería morir y que pensaba suicidarse dentro de poco; cuando le preguntaban lo que pensaba hacer, sacudía la cabeza y se quedaba mirando fijamente el suelo.

Tanto este jovencito como su hermanito realmente me impresionaron mucho. En muchos sentidos, fue como si mis dos experiencias previas con niños índigo superdotados hubieran estado destinadas a prepararme para los niños que tenía en mi consulta en ese momento. El niño de ocho años me miró a los ojos con toda tranquilidad y me dijo que no merecía la pena vivir si su madre no podía demostrarle que lo quería, y me dijo que lamentaba encontrarse allí. Su hermanito tenía la misma cara y los mismos ojos de persona mayor, y aunque casi no hablaba, inclinó la cabeza a un lado y me miró intensamente. Puedo jurar sobre un montón de biblias que este niño, a través de sus acciones, me estaba pidiendo que no revelara sus secretos... ¡Vaya!

De todos modos, según su madre, el hijo mayor siempre se ocupaba del menor sin que se lo pidieran y parecía saber lo que había que hacer sin que nadie se lo dijera. No obstante, dijo también que, aparte de esto, era «tremendo». Dijo que desde el parvulario era físicamente «hiperactivo», respondón, siempre quería salirse con la suya y era muy manipulador, como si adivinara cómo querían los demás que los viera y «jugara» con ello. Hacía dos años, lo llevó a otro terapeuta, pero dejó de ir cuando mejoró su comportamiento. Sin embargo, en ese momento no conseguía que se portara bien y estaba segura de que había que administrarle Ritalina.

La madre dijo también que el hijo mayor pensaba que nadie lo quería, a pesar de que ella lo quería muchísimo. Me dijo que ocuparse del pequeño le daba mucho trabajo y que su marido no la ayudaba en absoluto con el cuidado de los niños. Además, dijo que se habían cambiado de casa y de escuela por lo menos una vez en cada uno de los últimos cuatro años, por el trabajo de su marido. También me dijo que prefería quedarse en casa y ocuparse de sus hijos, pero que había tenido que volver a trabajar por motivos económicos. Me dijo que le hubiera gustado que su marido tuviera un papel más activo en la vida de sus dos hijos, puesto que sabía que el mayor echaba de menos a su padre «verdadero», que había entrado y salido de la cárcel varias veces en los últimos años y prácticamente no tenía ningún contacto con él.

Ni Amanda ni yo estábamos preparadas para los resultados de los tests, según los cuales este niño de ocho años era uno de los grandes superdotados (con un cociente intelectual de 130 o más) en todos los niveles de aptitud, y sólo se encontraba en la gama media de los tests de conocimientos escolares en lo que respecta a su rendimiento escrito (todas las demás áreas escolares estaban a la altura de su inteligencia superior). A pesar de que su aprendizaje escolar había sido irregular en los últimos años, que sus profesores y su madre destacaban que no «prestaba atención» en casa ni en la escuela y que no encajaba en el modelo «ideal» de alumno / hijo, las puntuaciones de su rendimiento cognitivo y escolar sólo se encontraban en uno de cada diez mil niños de su edad.

Pude comprobar la situación de sus padres y sus profesores el día que lo conocí. Tocó y observó todo lo que tenía en mi despacho; incluso me abrió los cajones. No hizo ningún caso de mis numerosos pedidos de que tomara asiento. Por consiguiente, cambié de estrategia y me puse a hablarle con calma y serenidad, como a un adulto. Le dije que me molestaba que alguien viniera a mi despacho y tocara mis cosas sin mi permiso. Le dije que me daba la impresión de que yo no le caía bien y que no me respetaba. Le pregunté si alguna vez alguien se había metido con sus cosas sin pedirle permiso y me contó dos casos, uno en casa y otro en la escuela. A continuación se disculpó. Acepté sus disculpas y nos estrechamos la mano, de igual a igual.

Todas las veces que nos vimos, a lo largo de las cuatro semanas que duraron los tests, no volvió a manifestar ningún comportamiento intrusivo o que se pudiera considerar «impropio». Se mostró atento, cortés y aplicado durante los tests. A Amanda le ocurrió algo similar, lo trató de la misma forma y obtuvo los mismos resultados. La palabra clave para tratar a este jovencito era el respeto. Como siempre, nadie lo reconocía como lo que era.

En el momento de escribir estas líneas, Amanda y yo todavía nos estamos planteando cómo les vamos a presentar nuestras conclusiones a sus padres, ya que no queremos que se sientan culpables de sus «problemas», y sabemos que su madre sufre demasiadas presiones. Sin embargo, ellos son los únicos que pueden cambiar su entorno para ayudarle a aprender a resolver las limitaciones y las expectativas cotidianas.

En resumen, he aquí dos maneras fundamentales de reconocer a los niños índigo:

1. Si lo han calificado de «problema», es imprescindible hacerle tests.

   ✔ Si bien no todos los niños índigo figuran en la categoría de «superdotados» en todas las asignaturas, la mayoría, si no todos, estarán en una categoría muy superior por lo menos en un ámbito (o en un subtest del test de inteligencia).

   ✔ En cuanto al rendimiento escolar, suele figurar como mínimo en la gama media.

2. Si creen que un niño tiene problemas de falta de atención e hiperactividad, es muy probable que se trate de un índigo.

   ✔ Hay que buscar una gama de comportamientos «negativos», que los demás confunden con falta de atención e hiperactividad.

   ✔ A los niños índigo se los considera alborotadores hiperactivos que se resisten a «prestar atención», ya que los viejos hábitos, como las órdenes directas, no sirven.

Trabajar con niños índigo es muy parecido a trabajar con uno mismo. Lo que nos enseñan resulta bastante evidente. He trabajado «oficialmente» como psicóloga con estos niños y me ha encantado utilizar la «fuerza de mi experiencia» para producir los cambios adecuados. No obstante, se necesitan más personas como Amanda, capaces de reconocer que las cosas no siempre son lo que parecen con estos niños.

Ha sido un honor para mí colaborar con Amanda en el caso de estos tres niños. Estos niños nuevos y poderosos me inspiran un gran respeto.

❦ ❦ ❦

La mayoría de las personas que conocemos que tratan con niños trabajan en las trincheras: son maestros, empleados de guarderías y auxiliares docentes. Estos hombres y mujeres trabajan todos los días con los niños de hoy. En muchos casos, llevan años trabajando con niños y se muestran perplejos ante los cambios que observan.

Queremos decirles a los padres que no pierdan las esperanzas. Muchos profesionales que tratan a sus hijos son muy conscientes de estos cambios. A veces uno tropieza con un «muro de ladrillos» en el sistema educativo, pero este muro lo constituye el sistema; las personas que trabajan en él no siempre son así. Muchas veces ellos no pueden decirlo, aunque es probable que aflore su frustración en cuanto uno abandona su despacho. No es la primera vez que escuchan lo que les decimos, pero no disponen de un modelo de trabajo y no pueden hacer nada al respecto.

En el capítulo dos, vamos a presentar más información sobre lo que los padres pueden hacer en casa con respecto a la educación, pero ahora queremos presentar a **Debra Hegerle**, una auxiliar docente que vive en California. Ella es una de esas personas que trabajan desde las trincheras, y nos brinda sus sabias palabras. No estudia a los índigo sino que convive con ellos todos los días y, como muchos lectores, también tiene a uno de ellos en su casa.

Los niños índigo
Debra Hegerle

Tengo un hijo índigo de siete años. He trabajado como auxiliar docente en su clase durante el parvulario, y ahora en primero, y lo he visto relacionarse con otros niños, índigos o no, de todas las edades. Ha sido muy interesante. De hecho, tratar de ponerlo todo por escrito ha sido muy difícil, porque los niños hacen cosas muy sutiles.

Los índigo tienen una forma particular de procesar las emociones, porque tienen mucha autoestima y una gran integridad. Son capaces de leernos como un libro abierto, y perciben y neutralizan enseguida cualquier intención oculta o cualquier intento de manipularlos, por sutil que sea. Incluso son capaces de notar nuestras intenciones ocultas antes que nosotros mismos. Tienen la fuerte determinación íntima de resolver las cosas por sí mismos y sólo quieren que alguien los guíe cuando esta ayuda se les presenta con respeto y como una auténtica elección. Prefieren resolver las situaciones por sí mismos.

Llegan al mundo con sus intenciones y sus talentos bien definidos. Absorben conocimientos como si fueran esponjas, sobre todo si un tema les atrae, de modo que avanzan rápidamente en los ámbitos que les interesan. Como experimentar la vida les ayuda a aprender mejor, crean las experiencias que necesitan para que les ayuden con el problema que les preocupa o con lo que necesitan para crecer. Responden mejor cuando se los trata como a adultos y se los respeta.

No sólo son maestros en captar de forma intuitiva las intenciones y los motivos ocultos, sino que además lo son para volverlos en contra de las personas que los utilizan, sobre todo sus padres. Por la presión psicológica que ejercen, a menudo se los considera inconformistas. Si notan que existe algún motivo oculto tras nuestros intentos de hacerles hacer algo, se resistirán con energía, sintiendo que están en todo su derecho. Desde su punto de vista, si nosotros no hacemos lo que nos corresponde en la relación, ellos nos pueden hacer frente.

Cuando digo que saben presionar, en realidad quiero decir que colaboran con los adultos para ayudarnos a reconocer cuándo usamos métodos antiguos y sutiles para manipularlos, que antes solían servir, pero ya no. De modo que si uno encuentra en un índigo una resistencia permanente, conviene analizar el propio comportamiento. Es posible que nos estén poniendo un espejo delante de los ojos o que nos pidan ayuda, de forma inconformista, para establecer nuevos límites, afinando sus propias habilidades o talentos, o pasando a un nivel superior de crecimiento.

Los índigo tienen capacidades curativas innatas que por lo general ya están activas; sin embargo, es posible que no sepan que las utilizan. Lo más espectacular que he observado es cómo formaban grupos, acercándose y alejándose, en particular en torno a otro niño que a lo mejor estaba enfermo o triste; se sentaban a su alrededor, fundiendo su campo energético con el de este niño. A veces se distribuían por parejas, pero en algunas ocasiones se sentaban en forma de triángulo o de rombo. No lo hacían de forma evidente, sino muy sutil. Cuando acababan, se dedicaban a otra cosa.

Era increíble. Lo hacían, simplemente, pero no querían hablar del tema; en algunos casos, ni siquiera eran conscientes de lo que hacían ni por qué. Para ellos era tan natural que si algún niño necesitaba algo de los índigo, simplemente se les acercaba y se sentaba junto a ellos un rato; ni siquiera hacía falta que dijera nada, y después se iba.

Otra cosa interesante es que, a lo largo del año, los índigo pasaban por etapas en las cuales se atraían y se repelían, o por períodos en los cuales realmente necesitaban la compañía de los demás y después dejaban de necesitarla. No estoy totalmente segura, pero me parece que coincide con la evolución personal de cada uno. La intimidad y la preocupación mutua no se perdía durante esos períodos de distanciamiento, pero tampoco se volvían a reunir hasta que no llegaba el momento adecuado.

A continuación, quisiera presentar una anécdota en relación con mi hijo índigo. En primer lugar, debo aclarar que la familia de mi marido es de origen chino-americano, mientras que yo desciendo de una familia germano-finlandesa. La familia de mi marido da mucha importancia a la educación, y se inculcó a todos los hermanos la necesidad de triunfar, que en ocasiones se vierte en los hijos, tratando de determinar cuáles son los mejores, los más listos y los más rápidos. Mi marido y yo coincidimos en abstenernos de participar en toda esta competitividad, pero no podemos evitar que tenga lugar a nuestro alrededor. Para colmo, de los cinco nietos, mi hijo es el único niño, es decir, el único heredero varón, y me imagino que el lector se puede hacer una idea bastante clara de lo que esto significa.

Estábamos en casa de mis suegros, el día de Navidad, y mi

hijo, que entonces tenía casi cuatro años, enseñaba con orgullo el Millenium Falcon® (un juguete de *La guerra de las galaxias* que se supone que es para niños de seis años) que le habíamos regalado esa mañana. Es el gigante que se abre todo, y dentro hay todo tipo de pequeños compartimientos, de forma muy parecida, aunque no idénticos. En ese momento, esa parte del juguete no le interesaba. Lo único que le interesaba era hacerlo volar y disparar cohetes, en su imaginación. Uno de sus tíos quiso jugar con él y procedió a quitarle las puertas a todos los compartimientos. Se los dio a mi hijo, apilados, y le preguntó:

–¿Puedes volver a montarlo?

Era dificilísimo, porque todas las puertas eran del mismo color, y la diferencia de forma y de tamaño era mínima. ¡Y el tono con que lo dijo! ¡Menuda mosca muerta! Este tío tiene tres hijas mujeres y muchos problemas sin resolver, de modo que lo que hizo no nos sorprendió... Me fascinó lo que ocurrió a continuación.

Yo iba a intervenir, pero mi hijo se volvió hacia mí y me miró fijamente a los ojos, con una expresión que no olvidaré jamás. Me miró para ver lo que iba a hacer yo, y en el mismo instante que tardó en leer mis intenciones de mamá leona («no voy a permitir que esto le ocurra a mi hijo») me respondió con igual rapidez. Me echó una mirada que decía: «Tranquila, mamá, el desafío lo asumo yo». Y sentí el movimiento de la energía mientras él se adueñaba de la habitación. Todo el mundo dejó de hablar y se dio la vuelta para mirarlo. Con toda tranquilidad, le dijo a su tío:

–No lo sé. No lo he hecho nunca, pero lo voy a intentar –y procedió a montarlo todo otra vez, rápida y correctamente.

Cuando acabó, la energía volvió a cambiar y me miró como preguntándome: «¿He estado bien?» Me limité a sonreír y a decir: «¡Bien hecho!» Y todo el mundo se dio cuenta del doble sentido, incluido su tío, que desde entonces no ha vuelto a hacer nada semejante, ni a mi hijo ni a ningún otro, en nuestra presencia.

Esa noche nadie hizo ningún comentario directo sobre la situación. Todos sabíamos que cada uno la procesaría de forma individual y privada y que cada uno sacaría sus propias conclusiones, y todo porque un niño había decidido aprender por sí mismo.

Los índigo son maestros innatos, todos y cada uno de ellos. Hemos de comprender que ellos esperan que cada uno de nosotros hagamos lo mismo que ellos hacen naturalmente, y nos insisten hasta que lo logramos, es decir, hasta que nos transformamos en amos de nuestra propia vida. De modo que cuando mi hijo hizo esto, le enseñó a cada uno una lección, incluido a él mismo.

Para mí, la lección fue: «Déjalo; a pesar de su edad, es capaz. Quédate y observa todo el proceso.» En este caso, el proceso fue muy interesante. Evaluó la situación rápida y eficazmente y decidió su respuesta en función de lo que quería experimentar. Después de comprobar que contaba con apoyo, decidió enfrentarse a la persona directamente y, en ese punto, concentró enseguida todas las energías que necesitaba para completar la tarea; cuando acabó, las volvió a soltar y a ocuparse de sus propios asuntos.

He presenciado muchas situaciones similares que tanto él como otros índigo manejaron de forma similar. Evalúan la situación y deciden lo que van a hacer en función de lo que quieren experimentar en ese momento. Las únicas adaptaciones a este patrón que he visto dependían del tipo de respaldo de que disponían. Pero siempre que se encontraban en un entorno seguro, han utilizado este modelo.

La seguridad es muy importante para ellos, porque todos los niños necesitan sentirse seguros para explorar plenamente su universo. Para los índigo, la seguridad implica que pueden hacer las cosas de una manera diferente. Brindar a cada uno este espacio es lo mejor que podemos hacer para los niños y para nosotros mismos.

El **doctor Robert Gerard** es conferenciante, visionario y sanador. Como editor, durante muchos años fue el propietario y director de Oughten House Publications. Ha escrito *Lady from Atlantis, The Corporate Mule* y *Handling Verbal Confrontation: Take the Fear Out of Facing Others*. En la actualidad está de gira, promocionando su último libro, *DNA Healing Techniques: The How-To Book on DNA Expansion and Rejuvenation*. Robert dirige talleres sobre técnicas de sanación a través del DNA y viaja por todo el mundo, ofreciendo conferencias y talleres.

¿Estamos cansados de oír que los nuevos niños son un problema? Robert supo de forma intuitiva cómo era su hija, y tuvo la sabiduría de aceptar el reto. De este modo, su hija índigo no constituyó ningún problema, sino una gran alegría. Para Jan y para mí esto es una constante: o los índigo chocan contra las paredes por sus disfunciones, o son la alegría de la familia. No sería justo si en este libro no contempláramos también este aspecto.

Emisarios del cielo

Robert Gerard

Ser padre de una niña de siete años y medio como la mía ha sido una bendición, porque ella me ha manifestado infinidad de experiencias sutiles, y sin embargo muy profundas. Para mí, cada acontecimiento ha sido un regalo de la vida, un despertar. Muchas veces me han dicho que ella era uno de los numerosos niños índigo que han sido enviados a este planeta. Hablando desde una postura profesional, y también como padre, sostengo que los niños índigo son reales y especiales. Hay que comprenderlos.

Un padre tierno y cariñoso se da cuenta enseguida de que estos niños portan grandes dones de despertares y recuerdos. Estos pequeños nos mantienen centrados en el presente y nos recuerdan que hay que jugar, reír y ser libres. Nos miran a los ojos para que podamos volver a vernos a nosotros mismos como si fuéramos niños otra vez. Parecen saber lo que ocurre en nuestras vidas y nos recuerdan con ternura nuestra situación espiritual. Mientras no los inhiban el poder parental ni las distracciones sociales, saldrán adelante y dirán lo que tengan que decir.

Mi hija, Samara Rose, tiene el don de confrontarnos cada vez que mi esposa y yo no nos encontramos en paz o armonía. Como ocurre con muchos niños nacidos a partir de finales de la década de 1980, Samara (que significa «procedente de Dios») ha venido a este planeta con un objetivo concreto, trayendo mensajes complejos día tras día. Los índigo vienen a servir al planeta, a sus padres y a sus amigos como emisarios del cielo, como portadores de sabiduría, si se les presta atención.

¿Qué significa para mí la expresión «niño índigo»? La respuesta más sencilla podría ser que mi hija es una persona con la que resulta fácil convivir. Después de criar tres hijos que ya son adultos, reconozco francamente que Samara posee un tono y una sabiduría diferentes. Los niños índigo pueden ser sencillos y cariñosos; muchos de ellos parecen inteligentes y tienen una mirada intensa. Viven profundamente el presente. Siempre parecen felices, son muy enérgicos y tienen las cosas muy claras. Para mí, la expresión «niño índigo» hace referencia a unos emisarios especiales, enviados del cielo por el Creador, con una intención profunda.

Los niños índigo traen mensajes sutiles que escapan a nuestro conocimiento. Conviene que los miremos bien, que escuchemos su mensaje y les hagamos caso. Esta es su manera de ayudarnos a encontrar nuestra verdad, nuestro propósito y nuestra paz. Hay que mirarlos a los ojos. Benditos sean nuestros niños índigo. Saben exactamente lo que han venido a hacer a este planeta. Defiendo este fenómeno con toda seguridad, no sólo como padre sino también como orientador, y estoy muy contento de haberlo captado.

Como editor, muchas veces mi casa se ha parecido a un hotel, y cada uno de los escritores, ilustradores y colaboradores que han pasado por ella se ha entretenido con Samara. Siempre subían a su habitación, a jugar y a conversar quién sabe de qué. Cuando bajaban, parecían más tranquilos y animados. Cuando yo quería hablar de negocios, solían estar cansados. Ella ha dejado una señal en todos ellos, y siempre me preguntan por ella. Esta constante se vuelve cada vez más evidente: cuando se relaciona con adultos, los ayudan a poner de manifiesto al niño que llevan dentro y a ser sencillos. En cambio, es algo brusca con los niños de su edad que por lo general la rechazan o la admiran demasiado. A menudo tengo que enseñarle a expresarse de forma cariñosa.

La mayoría de los índigo ven ángeles y otros seres en el cielo. Una y otra vez, describen lo que ven con todo detalle. No se trata de imaginación, sino que es una explicación. Entre ellos, los niños índigo hablan de lo que ven con toda franqueza, hasta que los demás los desaniman. Por suerte, son cada vez más las personas que aceptan y están dispuestas a escuchar a estos emisarios. En lugar de nuestras fantasías sobre los niños aparecen la curiosidad y la confianza.

A los índigo les fascina la precisión y la forma en que se relacionan las personas. Se molestan enseguida cuando las cosas, sobre todo las conversaciones, no están sincronizadas. Disfrutan de su espontaneidad y se excitan fácilmente sin motivo aparente. A muchos les cuesta relacionarse con estos emisarios porque parten de creencias y convicciones arraigadas que los niños no comparten.

Cuando éramos niños, oíamos infinidad de veces la dichosa pregunta: «¿Qué quieres ser de mayor?» Uno se proyectaba enseguida hacia una ocupación o actividad futura, y eso nos apartaba del presente. Preguntar «qué quieres ser» es una violación, una interrupción, una interferencia del ser y el estar en el presente. Los niños son ahora todo lo que necesitan ser: son ellos mismos. Dejémoslos tranquilos para que puedan ser justamente lo que son.

Los posibles problemas de los índigo

He analizado algunos de los atributos positivos del niño índigo, pero he observado tres complicaciones, tanto en el terreno profesional como en el privado, entre los niños índigo.

1 Exigen más atención y les parece que la vida es demasiado valiosa para dejarla pasar así como así. Quieren que ocurran cosas y a menudo fuerzan una situación para que cumpla sus expectativas. Es fácil que los padres caigan en la trampa

de «hacer» para el niño, en lugar de servirle como modelo o de compartir. Cuando esto ocurre, seguro que el niño los sigue a todas partes, como si estuviera atado con una cuerda.

2   Estos emisarios a veces se llevan un disgusto cuando sus compañeros no comprenden el fenómeno índigo. No pueden entender que haya personas que no actúen por amor. Sin embargo, se recuperan enseguida y pueden ayudar a los niños que lo necesitan, aunque a menudo los demás rechacen su ayuda. Cuando son pequeños, les cuesta adaptarse a estos niños diferentes.

3   A los niños índigo a menudo les dicen que no prestan atención o que son hiperactivos. Sin duda se han reconocido muchos casos válidos, debidos a causas químicas o genéticas. Pero también hay muchos casos que no se comprenden porque la ciencia es incapaz de aceptar como terapéuticamente significativo el hecho de que el niño se entretenga en el terreno espiritual o etéreo.

He hablado tanto con niños como con adultos que parecen hiperactivos o se supone que tienen problemas de atención, en los que he observado patrones de pensamiento centrados en ámbitos etéreos y espirituales. Estos índigo no se pueden relacionar sistemáticamente con la mente lineal ni con objetivos lineales, lo cual no constituye una carencia sino una característica valiosa. Proporcionar un diálogo creativo con estos niños y permitirles expresar con seguridad sus actividades y su orientación en el ámbito espiritual o creativo puede ser una forma de resolver el problema de la falta de atención.

Calificar a alguien de hiperactivo o decir que tiene problemas para prestar atención puede ser más perjudicial para el individuo que el síntoma en sí, ya que puede hacer que la persona niegue su capacidad interior y se subestime. Hay que prestar mucha atención antes de calificar a alguien de algo que no ha sido investigado a fondo y de empezar a tratarlo por ello.

¿Llegará a nuestro planeta otra generación de niños índigo? Como padres y como adultos, ¿apreciamos a estos emisarios que nos ha enviado el Creador? ¿Estamos dispuestos a escuchar?

No cabe duda de que llegan con una conciencia mejor equipada para manejar la realidad que todos compartimos. Que cada uno de nosotros conserve el corazón puro y el espíritu abierto, y aceptemos los dones que nos entregan los emisarios del cielo.

❦ ❦ ❦

Algunas anécdotas tiernas sobre los índigo

Antes de poner fin a este capítulo, quisiéramos contar un par de anécdotas más sobre los niños índigo. Nos parece apropiado, porque son tan únicos, tan especiales. La mejor manera de aprender sobre ellos es conocerlos.

Quisiera compartir algo maravilloso que hizo Emma antes de aprender a andar o a hablar... Es el pequeño milagro que hubo en mi familia.

En marzo de 1996, mi padre, a quien le habían diagnosticado una insuficiencia cardíaca congestiva, estaba en casa, rodeado de sus seres queridos, pero se debilitaba rápidamente. Estaba demasiado débil para comer, y pasaba la mayor parte del tiempo dormido en la silla.

La pequeña Emma sólo tenía quince meses. No decía ninguna palabra, ni sabía andar ni ponerse de pie; y sin embargo ya manifestaba una gran comprensión y compasión. Algo le pasaba por su pequeño cerebro; de alguna forma se daba cuenta de que su abuelo no se encontraba bien y necesitaba que lo animaran. De modo que se le acercó gateando, se puso de pie apoyándose en sus rodillas y le extendió su conejo de peluche favorito. Lo increíble fue que literalmente lo revivió, ya que él le sonrió y se puso a conversar con ella. Esto ocurrió apenas dos días antes de su muerte... ¡nuestro pequeño milagro! Las fotos que hicimos nos sirven de consuelo.

Jean Flores, Brooklyn, Nueva York

Mi hija nació en 1988. A los dos años hablaba y se comuni-caba perfectamente. A los tres, un día en el parque se acercó a jugar con unas niñas mayores, que se le rieron en la cara, con-siderando que era demasiado pequeña para jugar con ellas. Sin inmutarse, mi hija regresó a mi lado y me explicó, con toda naturalidad: «Lo que pasa, mamá, es que no saben quién soy».

Linda ETHERIDGE, profesora

capítulo dos

❖ ❖ ❖

Qué podemos hacer

A medida que el lector vaya leyendo las opiniones que aparecen en este capítulo, queremos recordarle que estos colaboradores no se conocen entre sí, aunque las opiniones manifiestan un consenso, como si se conocieran. Sabemos que cuando se recogen respuestas similares de forma independiente esto suele reflejar una experiencia humana común, que aporta soluciones válidas.

Vamos a analizar lo que se puede hacer con los niños índigo desde la perspectiva del comportamiento y la paternidad o la maternidad. Aunque las experiencias y los consejos son variados, vamos a encontrar unas similitudes tremendas. Sin embargo, antes quisiéramos compartir con el lector algo que es justo que éste sepa.

Todo este capítulo está lleno de buenos consejos y experiencias prácticas de expertos, maestros y padres que brindan soluciones al supuesto dilema de la educación de los niños de hoy día. No obstante, a pesar de esto, hay personas que nos dicen que conviene saltarse todo este capítulo, incluso todo el libro. Nos dicen que en realidad no podemos hacer nada como padres para cambiar a nuestros hijos.

Por ejemplo, en el número de la revista *Time* del veinticuatro de agosto de 1998 se publicó un artículo titulado *The Power of Their Peers*,[7] en el cual el columnista Robert Wright hace un comentario sobre *The Nurture Assumption*,[8] de Judith Rich Harris, que sostiene que los padres tiene escasa influencia sobre sus hijos. Estas son algunas citas del artículo del señor Wright:

> Los psicólogos pueden dar por concluido su siglo de búsqueda de la clave para criar a un buen hijo, pero no porque la hayan encontrado, sino porque no existe. [...] Judith Rich Harris expresa sin rodeos que los padres no tienen «ninguna consecuencia importante a largo plazo en la evolución de la personalidad de su hijo».

Es evidente que la señorita Harris opina que, fuera del hogar, existen unas influencias ambientales fundamentales que modelan la vida del niño, junto con la genética. Los niños absorben valores del exterior y después los combinan con una predisposición de su personalidad heredada, que es lo que, en definitiva, modela su vida, según ella, mientras que los padres se limitan a «hacerles compañía», observando impotentes.

Naturalmente, no estamos de acuerdo con esta teoría, pero de todos modos la exponemos para que el lector pueda juzgar por sí mismo. Lo invitamos a que lea el libro de Harris, si lo desea y que, al finalizar, decida si esta información coincide con su instinto parental o con su propia experiencia. En síntesis, esta es la opinión del señor Wright:

> Es posible que el mensaje esencial, convincente, de Harris (que los padres exageran su influencia) tranquilice algunos nervios en esta época de tanta angustia parental. Aunque también es posible que ocurra exactamente lo contrario. En esta época, gran parte de la preocupación de los padres adquiere la forma de los grupos de pares y su contexto. ¿A qué escuela privada? ¿Fútbol los sábados o clases de francés? ¿Celebrar el cumpleaños en Marva Tots o en Discovery Zone? Les aconsejamos que se relajen. La ciencia tampoco ha podido responder a estas preguntas.

Naturalmente, opinamos que todo depende de los padres... y mucho. Invitamos al lector a leer este capítulo sabiendo que los colaboradores tienen experiencia y que para ellos las siguientes sugerencias son soluciones.

En primer lugar, he aquí nuestra propia lista de diez aspectos básicos; los hemos aprendido y experimentado durante nuestros viajes:

1   Hay que tratar a los índigo con respeto, aceptando su existencia dentro de la familia.

2   Hay que ayudarlos a crear sus propias soluciones disciplinarias.

3   Hay que darles opciones sobre todo.

4   No hay que menospreciarlos jamás.

5   Siempre hay que explicarles el motivo por el cual uno les da instrucciones, y es conveniente que uno mismo escuche sus propias explicaciones. Si parecen estúpidas (como cuando uno dice: «porque lo digo yo»), es mejor revisar las instrucciones y modificarlas. Ellos nos respetarán y esperarán. Pero si uno les da órdenes dictatoriales sin motivos sólidos y razonables, estos niños no harán ningún caso. No sólo no obedecerán sino que nos ofrecerán una larga lista de motivos para desobedecer. A veces, el motivo puede ser tan sencillo como: «porque hoy es mejor así, estoy muy cansado». Con la franqueza se llega muy lejos. Ellos lo pensarán y después lo harán.

6   Conviene hacerlos partícipes de su propia educación. Es algo que tenemos que plantearnos seriamente.

7   De bebés, conviene explicarles todo lo que uno hace. Aunque no nos entiendan, se dan cuenta de que somos conscientes de ellos y los respetamos, aparte de que es una gran ventaja para cuando empiezan a hablar.

8   Si surgen problemas serios, conviene hacerles tests antes de medicarlos.

9 Hay que brindarles seguridad con nuestro apoyo, y evitar la crítica negativa. Siempre tienen que saber que uno los apoya en lo que hagan. A menudo se pondrán a la altura de nuestras verbalizaciones, y nos dejarán atónitos. En ese caso, conviene que lo celebremos juntos. No hay que hacer que consigan lo que se proponen, sino dejar que ellos mismos lo hagan, mediante el estímulo.

10 No hace falta decirles quiénes son ni quiénes van a ser. Ellos lo saben mejor que nosotros. Hay que dejarlos decidir lo que les interesa. No conviene obligarlos a continuar un oficio o una empresa familiar sólo porque así se ha hecho en la familia durante generaciones, porque seguro que estos niños no van a seguir un camino trazado.

He aquí una de nuestras anécdotas favoritas. Durante una gira como conferenciante, me invitaron a la casa de una familia que tenía un hijo índigo de tres años. Se le notaba en los ojos lo maduro que era. Sus padres lo conocían bien y sabían conseguir que se relacionara de forma significativa con la familia. A la hora de cenar, en lugar de decirle que se sentara, le pedían que eligiera dónde quería sentarse; ellos ya tenían preparadas un par de alternativas. De este modo, lo que podía ser una orden indiferente se convertía en un pedido amoroso de que eligiera. En los dos casos, la cuestión era que se servía la cena y había que hacer algo. El niño examinaba la situación y era evidente que asumía la responsabilidad de decidir en qué silla se iba a sentar. Jamás se le ocurría la idea de negarse a «sentarse a la mesa».

También observé que el niño presentaba una o dos objeciones más tarde, cuando ya estaba cansado y se ponía rezongón, como todos los niños. Fue castigado con severidad con palabras serias y un gesto. Se lo trató correctamente y con respeto, pero de todos modos insistió en pasarse de la raya, como suelen hacer los niños para probar su poder. Entonces se produjo la medida disciplinaria esperada, seguida de una explicación lógica y serena. La diferencia no estaba en la forma en que se lo castigaba sino en la forma en que se lo trató hasta y durante el problema. Durante todo este episodio, al niño se le está diciendo: «Te tratamos con respeto, y tú tienes que tratarnos de la misma manera».

Volvamos a prestar atención a lo que nos dice la creadora de la expresión «niño índigo», **Nancy Tappe**.

❖ ❖ ❖

SER UN GUÍA

Nancy Ann Tappe,
en una entrevista con Jan Tober (2ª parte)

—Nancy, ¿qué le aconsejas a los padres de los niños índigo?

—Que conversen con ellos. Que analicen con ellos los acontecimientos, en lugar de decirles: «La respuesta es que no». Estos niños no aceptan una respuesta así. Si les dicen: «No, no puedes hacer preguntas», ellos saldrán a buscar por su cuenta. Les parecerá que uno no tiene las respuestas.

—¿Y darles alternativas en este punto?

—Hay que darles opciones. Sin embargo, primero hay que comentarlas con ellos. Uno dice: «Cuando tenía tu edad, hice tal cosa y ocurrió tal otra. Tú, ¿cómo lo manejarías?» Y lo más habitual es que repitan tu proceso. Mi hija lo ha hecho docenas de veces con su hijo, Colin. Te sientas con ellos y les dices: «¿Sabes? He tenido un día difícil y de verdad que necesito tu colaboración, porque estoy hecha polvo. De modo que si me exiges demasiado me voy a poner a chillar. Tú no querrás que chille y a mí no me gusta chillar. De modo que hagamos un trato: tú colaboras, me ayudas, y cuando acabemos, nos vamos a tomar un helado, ¿vale?» Claro que después más te vale recordar lo prometido.

—¿Sabes? Lo que me cuentas es muy interesante porque me parece un consejo excelente, incluso para los esposos o los amigos...

—Claro que sí. Pero, ¿te das cuenta?, nosotros hemos perfeccionado nuestra capacidad de comunicación, hemos tenido que aprender, mientras que estos niños ya nacen con ella.

—¿De modo que nos ayudarán a mejorarla?

–Desde luego, y van a hacer que seamos honestos al respecto. Tienen un poder personal realmente inmenso, así son los índigo. A veces es preferible dejarles el control a ellos.

Si los aíslas, te dibujarán en las paredes, te arrancarán la moqueta; son capaces de cometer actos destructivos si uno los aísla de los demás. Si haces una reunión en casa y los mandas a la cama temprano, la reunión no será tranquila, porque se encargarán de que todo el mundo se entere de que están allí. No se puede aislar a un índigo y conseguir que colabore.

Estos niños exigen que uno ponga en práctica realmente una vida familiar, y no que se limite a idealizarla. Como si dijeran: «Soy miembro de esta familia y tengo derecho al voto».

–*Nos hacen cumplir lo que decimos.*

–Darles órdenes no sirve. Es allí donde falla el sistema educativo, porque tiene normas absolutas, que no admiten excepciones: «No preguntes, no digas nada». Estos niños preguntan, y estos niños hablan. Preguntan: «¿Por qué? ¿Por qué tengo que hacer esto?» O dicen: «Si tengo que hacerlo, lo haré a mi manera». Estos niños tienen las normas de nuestro mundo idealizado, no de nuestro mundo real, y realmente esperan que actuemos como padres. Esperan que nos sentemos y compartamos con ellos un tiempo de calidad. Pensamos que lo que podemos ofrecerles es la calidad, pero ellos tienen una opinión distinta. Quieren que estemos presentes, y no esperan hacer las cosas porque sí, tampoco. Quieren algún tipo de recompensa tangible.

–*Igual que los adultos. Además, algo que los padres deben recordar es: «Si vais a estar con ellos, tenéis que estar con ellos». Hay que estar presentes en cuerpo y alma, porque se dan cuenta de la diferencia.*

–O si no decirles: «Oye, que voy a descansar un ratito». Entonces el niño dirá: «De acuerdo, tomaré un helado mientras no estés». A ellos no les importa, siempre que los padres sean sinceros. No piden nada más. La mayor parte del tiempo colaboran muy bien a ese nivel, a menos que uno los presione; entonces se mantienen firmes en su postura. Ellos creen en sí mismos.

–*¿Qué les aconsejas a los maestros que tienen que trabajar con niños índigo y niños que no son índigo al mismo tiempo?*

–Ese ha sido un problema importante, pero cada vez lo es menos, porque cada vez hay más índigo.

–*¿Conoces algún sistema educativo que trabaje realmente con niños índigo?*

–El que más se aproxima, sobre todo aquí, en Estados Unidos, es el sistema Waldorf, que es una versión de la Escuela de Rudolph Steiner; durante la Segunda Guerra Mundial, Steiner se fue de Alemania y estableció su sistema en Suiza.*

–*¿Qué tipo de terapia recomendarías para un niño índigo con disfunciones?*

Un buen psicólogo infantil. Lamentablemente, muchos psicólogos no están preparados para manejar a los índigo porque tienen la formación infantil básica establecida por Spock, Freud y Jung, ninguna de las cuales vale para estos niños... Vamos a ver, funciona en parte, pero no tan bien, porque estos niños son diferentes, completamente distintos.

Creo que el mejor psicólogo para un índigo conceptual [véase el capítulo uno] es un especialista en deportes, sobre todo para los varones; para un índigo humanista o artista, se puede recurrir a un psicólogo común, mientras que un índigo interdimensional precisa normas más rígidas porque son demasiado abstractos, necesitan más orientación. ¿No es interesante?

Nuestros orientadores tienen que cambiar mucho para ayudar a estos niños, y esto está ocurriendo. Antes, en muchos sentidos, lo mejor era un psicólogo esotérico porque usaba su sistema sensorial, o su psiquis, u otros métodos alternativos que el psicólogo medio no podía tocar. Pero eso está cambiando rápidamente y en la actualidad muchos psicólogos utilizan todas las herramientas metafísicas que tienen a su alcance. Esto realmente está muy bien, aparte de que sabemos que muchos médicos se atreven a usar métodos alternativos.

* N de T: en este mismo capítulo hay más información sobre sistemas educativos alternativos.

Volvamos a escuchar a nuestro equipo de expertos, que sabe mucho sobre la práctica de la psicología infantil, ya que aconsejan a padres y maestros. Comenzamos por la **doctora Doreen Virtue** y, a continuación, la **doctora Kathy McCloskey**.

Ser padres de un niño índigo

Dra. Doreen Virtue

Tanto en mis talleres como en mi consulta privada, a menudo me piden ayuda unos padres cariñosos que se sienten frustrados con sus hijos. «Mi hijo no quiere hacer los deberes» y «Mi hija no escucha nada de lo que le digo» son algunos de los comentarios exasperados que me llegan. Soy la primera en reconocer, en mi papel tanto de madre como de psicoterapeuta, que criar a un niño índigo no es nada sencillo, a menos, claro está, que uno adapte a esta situación toda su estructura de pensamiento.

No hace falta ser psicólogo ni parapsicólogo para afirmar algo tan obvio como esto: la mayor parte de nuestro comportamiento como padres la hemos aprendido de nuestros propios padres, de los medios de comunicación, o incluso de las clases de formación para padres. Lamentablemente, todas estas fuentes son producto de la energía antigua y no sirven en situaciones donde interviene la energía nueva. No hemos de olvidar que los niños índigo son energía nueva al cien por cien.

Nuestra misión como padres consiste en proteger a nuestros hijos índigo de los restos de la energía vieja y ayudarles a recordar siempre su origen divino y su misión. No podemos permitir que estos niños índigo sufran de amnesia masiva con respecto a su objetivo, porque el mundo depende de ellos.

Por lo tanto, el primer paso consiste en ser flexibles en nuestros puntos de vista y nuestras expectativas con respecto a nuestros hijos. Después de todo, ¿por qué es tan importante para nosotros que a ellos les vaya bien en la escuela? Vamos a ver, no estoy sugiriendo de ningún modo que la educación no sea importante, pero seamos sinceros: ¿por qué nos molesta que la maestra de nuestro hijo nos llame para darnos un informe negativo? ¿Acaso nos recuerda nuestra propia infancia, cuando teníamos problemas? En ese caso, en realidad no estamos enfadados con nuestro hijo, sino que tenemos miedo por él.

Por otra parte, puede que creamos que nuestro hijo necesita una «buena educación» para «triunfar» en la vida. Yo no estaría tan segura, puesto que el nuevo mundo que tenemos delante se apoya en ideales totalmente diferentes. En el mundo nuevo, la integridad de una persona (que se puede determinar de forma telepática, ya que todos recuperaremos nuestra capacidad psíquica natural dentro de pocos años) será el aspecto más valioso de su currículum vitae. Para los empresarios del futuro, una educación sin integridad no servirá para nada.

Si cambiamos nuestros puntos de vista y nuestras expectativas con respecto al comportamiento de nuestro hijo, podremos enfocar el hecho de ser padres desde un punto de vista más tranquilo. Reconozco que esto puede hacernos sentir inseguros o amenazados. Como padres, nuestro instinto nos hace proteger a nuestros hijos, de modo que automáticamente luchamos por su derecho a triunfar, y esto a menudo nos obliga a enfrentarnos con nuestro hijo, cuando le insistimos para que haga los deberes.

Esta es una de las primeras generaciones de padres de niños índigo, de modo que es inevitable que se cometan errores. Sin embargo, nuestra alma y la de nuestros hijos estuvieron de acuerdo en encarnarse juntas en un momento tan importante como el cambio de milenio, de modo que, a nivel espiritual, ya sabíamos a qué nos exponíamos al firmar este contrato espiritual para ser padres de un niño índigo. De modo que hemos de perdonarnos por asumir esta misión tan difícil y no hemos de olvidar que Dios jamás nos encomendaría una misión de la cual no pudiéramos salir airosos.

Sigamos leyendo para aprender unos cuantos puntos de nuestra siguiente experta, que nos va a dar consejos específicos sobre la manera de responder al aparente problema de ser padres de un índigo. Ya hemos presentado a la **doctora Kathy McCloskey** en el capítulo anterior.

Algunas cosas que hay que recordar cuando se cría a un niño índigo

Dra. Kathy A. McCloskey

1. Hemos de ser creativos a la hora de establecer límites.

   ✔ Permitir más energía física. Incorporarla en la mayoría de las situaciones [como la enseñanza, reforzar los límites y hacer que se cumplan las tareas].

   ✔ Dejar que las fuerzas del niño establezcan los límites, y no al revés. Es posible que nos sorprenda ver de lo que es capaz un índigo. Conviene probar los límites sin correr riesgos.

   ✔ Sobre todo, pedirle al niño que nos ayude a establecer los límites. De hecho, muchos índigo estarán dispuestos a fijarlos ellos mismos, con la ayuda de un adulto.

2. Sin darle a los niños las responsabilidades de los adultos, conviene tratarlos como adultos y de igual a igual.

   ✔ A estos niños hay que darles explicaciones, como si fueran adultos, la posibilidad de opinar cuando se tomen decisiones de todo tipo y, sobre todo, múltiples alternativas.

   ✔ No hay que tratarlos como si fueran tontos.

   ✔ Escucharlos. Son inteligentes, y sabrán cosas que uno no sabe.

   ✔ Respetarlos en todo sentido, lo mismo que uno haría con sus propios padres o con un amigo íntimo, muy querido.

3. Si uno les dice que los quiere, pero no los trata con respeto, no confiarán en nosotros.

   ✔ No creerán que los queremos si no los tratamos con cariño. Todas las palabras del mundo caerán en oídos sordos.

   ✔ La forma en que manejamos nuestra propia vida y «dirigimos» nuestra propia familia es una muestra evidente, para el niño índigo, de si somos cariñosos o no.

4. Relacionarse con niños índigo es a la vez un trabajo y un privilegio.

   ✔ Se darán cuenta si tratamos de engañarlos, así que no hay que intentarlo siquiera.

   ✔ En caso de duda, conviene consultar no sólo a los propios niños sino también a otros adultos que tengan experiencia con niños índigo.

   ✔ Conviene no olvidar que hay que dedicar tiempo a observar cómo se relacionan los niños índigo entre ellos, porque se aprende mucho.

No olvidemos lo siguiente: no sólo saben quiénes son ellos, sino que también saben quiénes somos nosotros. La mirada y el rostro de un niño índigo son inconfundibles: muy viejos, profundos y sabios. Sus ojos son la ventana de sus sentimientos y su alma. Parecería que no pudieran «esconderse», como hacen otros. Si los herimos, los desilusionaremos, e incluso es posible que se planteen su acierto «al elegirnos». Pero si los queremos y reconocemos quiénes son, se abrirán a nosotros como nadie.

A continuación, **Debra Hegerle** nos va a recomendar algunos libros. No hemos de olvidar que la mayoría de los que se mencionan a lo largo del texto vuelven a aparecer en las notas finales.

Aburrimiento y sinceridad
Debra Hegerle

Los índigo son abiertos y sinceros, lo cual no es una debilidad sino su mayor fortaleza. Si uno no se muestra abierto y sincero con ellos, seguirán siendo así con nosotros, pero no nos respetarán. Y esto es muy serio con los índigo, porque confrontan su integridad con la nuestra, responden a cada uno de nuestros movimientos, hasta que nos ponemos a la altura de las circunstancias, nos volvemos atrás o nos damos por vencidos. De estas tres reacciones, la peor es la última, ya que no respetan a los que no hacen ningún esfuerzo, y darse por vencido implica no querer hacer esfuerzos. Volverse atrás no es problema, porque significa que todavía estamos planteándonos la cuestión, y eso lo respetan. Si reconocemos lo que vale realmente este don maravilloso, las cosas salen bien porque ellos no esperan que seamos perfectos... aunque sí que seamos sinceros.

El aburrimiento puede provocar arrogancia en los índigo, de modo que conviene evitar que se aburran. Cuando actúan con arrogancia, significa que necesitan un nuevo desafío y más límites. Alimentar su cerebro y mantenerlos ocupados es la mejor manera de evitar que hagan travesuras. Sin embargo, si a pesar de que uno hace todo esto siguen haciendo alguna diablura de vez en cuando, esto se debe a que están creando una experiencia de vida para sí mismos que, si uno se fija con atención, revelará bastante sobre su plan de vida. Tomárselo con calma en estos casos es lo mejor para todos. Esta situación se distingue del aburrimiento, bien porque uno es incapaz de disuadirlos o bien porque no se dará cuenta hasta que no sea un hecho consumado.

A todos los padres, y en particular a los que tengan hijos índigo, les convendría leer los siguientes libros:

✔ *Back in Control – How to Get Your Children to Behave*, de Gregory Bodenhamer,[9] parte de la premisa de que uno disciplina a sus hijos desde una postura de respeto hacia uno mismo y hacia ellos, presentándoles opciones claras y consecuencias claras y después, sobre todo, cumpliéndolas.

✔ *The Life You Were Born to Live – A Guide to Finding Your Life Purpose*, de Dan Millman,[10] es una guía excelente para reconocer los puntos fuertes y débiles de los demás y para orientarlos para que manifiesten los usos más positivos. (Es muy útil para nosotros también.) Hemos de incluir a nuestros hijos para tratar de comprender por qué tienen cuestiones por resolver, dificultades y talentos particulares.

Los índigo destacan sobre todo en un ambiente cuyos límites están bien establecidos para lo que no es aceptable, pero dentro de los cuales se les alienta a explorar con total libertad. Esto implica que tanto los padres como los educadores y las personas que los cuidan han de ser capaces de establecer y mantener límites claros y sin embargo lo suficientemente flexibles como para cambiarlos y adaptarlos cuando sea necesario, en función de su desarrollo emocional y mental, teniendo en cuenta que los índigo crecen con rapidez. Es necesario ser firmes pero justos, tanto por su bien como por el nuestro.

Pasemos ahora a algunos consejos prácticos sobre lo que los padres tienen y no tienen que hacer. Es posible que el contenido de las siguientes listas resulte muy familiar para algunos lectores, que los hayan oído toda la vida, a menudo de boca de sus propios padres. Ha surgido un paradigma nuevo para tratar a los niños que, a pesar de estar lleno de sentido común, no siempre se pone en práctica. ¿Nos encontramos repitiendo lo que nuestros padres nos decían cuando hablamos con nuestros hijos? ¿Sabemos lo que les transmite a estos niños nuevos, que apuntan hacia nosotros sus «antenas índigo», la energía de nuestras acciones y nuestras palabras?

La profesora emérita **Judith Spitler McKee** es psicóloga evolutiva, asesora y educadora de niños en edad preescolar. Ha escrito doce manuales sobre el aprendizaje, la evolución, el juego y la creatividad en la infancia. Dirige talleres para padres, educadores, bibliotecarios, terapeutas y médicos.

Cómo enviar a los niños mensajes positivos y potentes

Judith Spitler McKee

Todos los niños requieren de los adultos un cuidado personal e intenso, atención, tiempo, estímulo y orientación. El tono general de las relaciones entre el adulto y el niño tiene que ser emocionalmente comprensivo, cariñoso y tranquilizador, además de claro y estimulante intelectualmente. Los mensajes tanto verbales como no verbales que se envíen a los niños siempre han de ser alegres y cordiales, como si los invitáramos cariñosamente a entrar en nuestra vida.

Muchas veces los adultos se sienten, se comportan y se expresan de una manera que hace que los niños no se sientan bien recibidos, sino malos, pesados o molestos. Estos mensajes antipáticos y desagradables son sumamente dañinos para el crecimiento, el aprendizaje, el esfuerzo y la creatividad de los niños, que toman a los adultos como modelo y como apoyo. Los niños interpretan estos mensajes como: «Soy malo y aquí nadie me quiere». Estos lamentables mensajes de temor reducen su capacidad de reacción y pueden frenar seriamente su evolución global.

Por el contrario, una corriente de mensajes alegres y cordiales se interpretaría como: «Soy bueno, vivo en un mundo positivo y me siento querido». Este punto de vista desarrolla la confianza del niño y despierta su motivación interna para crecer, aprender, esforzarse y crear.

El desarrollo de la confianza
o la desconfianza en los niños

Los niños desarrollan la confianza a medida que aprenden, en su cuerpo y en su espíritu, que las personas que los cuidan y los adultos especiales que intervienen en su vida pueden satisfacer sus necesidades básicas físicas, emocionales, intelectuales y creativas.

Los mensajes y la atención que les presten los adultos han de ser más agradables que dolorosos y han de basarse más en el amor que en el temor. Partiendo de la confianza, se entreteje un tapiz de reciprocidad, conexión y respeto entre los adultos y los niños.

En las siguientes situaciones, voy a dar ejemplos de mensajes que tienen un tono antipático y poco cordial, así como sus alternativas alegres y simpáticas. Los detalles pueden variar según la edad y la situación, pero lo más importante para la relación es que haya un mensaje subliminal coherente. He aquí algunos momentos en los cuales los padres podemos establecer una gran diferencia:

1. Nuestra hija entra corriendo por la puerta de atrás, toda sucia y llorando. Quiere que la abracen, que la consuelen de alguna desilusión de su mundo.

   Antipática / poco cordial: «No me toques con esas manos inmundas. Estás sucia. Aléjate de mí.»

   Alegre / cordial: «Cuando me pediste que te levantara, pensé que me ensuciaría la ropa, pero tú me importas mucho más que la ropa. Vamos a lavarnos. ¿Qué te parece si buscamos el libro que más te gusta y nos acurrucamos en el sillón?»

2. Nuestro hijo se nos acerca en un momento en que estamos muy ocupados.

   Antipática / poco cordial: Ponemos los ojos en blanco cuando se acerca y pensamos: «Bueno, más problemas», o «Oh, no, otro motivo de preocupación». Adoptamos una postura corporal defensiva, con los hombros levantados y los labios apretados, como si quisiéramos armarnos de valor para luchar.

Alegre / cordial: Nos ponemos la mano suavemente sobre el corazón y pensamos en el amor que tanto nosotros como nuestro hijo necesitamos y podemos compartir. Suavizamos la mirada y relajamos el cuerpo; ahora estamos en condiciones de enviar un mensaje claro y cariñoso: «Bienvenido a mi vida».

3. Nuestros hijos nos hacen preguntas constantemente o necesitan que les repitamos a menudo las instrucciones o las normas.

Antipática / poco cordial: Un tono de voz brusco, indiferente, molesto o imperioso transmite mensajes como: «¡Qué pesado eres!», o «Vete a otro sitio. Aquí no te quiero.» Si se usa habitualmente, el niño se siente poco querido.

Alegre / cordial: Hemos de concebir nuestra voz como un medio para enseñar, y tenemos que aprender a modularla. Si estamos muy estresados y enfadados, conviene hacer dos inspiraciones profundas para que el cuerpo reciba el oxígeno revitalizador que nos ayude a pensar con mayor claridad. Tenemos que tratar de hablar con más suavidad y mayor lentitud.

4. Nuestros hijos ya han salido al mundo y están fuera de nuestro control.

Antipática / poco cordial: «No bajes por ese tobogán. Podrías romperte el cuello como esa niña que vimos por la tele. Bájate antes de que acabes en el hospital.» O «No hables con desconocidos. Hay gente peligrosa por todas partes. Llámame en cuanto llegues.» Esperar siempre que ocurra «lo peor» hace que los niños sientan temor, una inquietud generalizada o una predisposición real y física al peligro. Estas emociones negativas llenan el cuerpo de hormonas especializadas para el miedo, la lucha o la evasión, que debilitan considerablemente el sistema inmunológico, produciendo males como el dolor de oídos o trastornos digestivos.

Alegre / cordial: «Ya sé que hemos hablado de la seguridad y de tener cuidado con las personas que no conoces. ¿Hay algo que quieras preguntarme antes de ir al concierto con tus amigos? Seguro que todo irá bien porque tienes cuidado y ya sabes cuidarte. Ya sé que sabes usar la cabeza y el corazón al mismo tiempo. Recuerda que siempre puedes llamar a casa si necesitas algo o si simplemente quieres hablar. ¿De acuerdo?» Expresar de forma afirmativa las acciones que uno desea refuerza esos hábitos en los hijos.

5. Hemos incumplido una promesa hecha a nuestro hijo.

Antipática / poco cordial: «Deja de quejarte porque no hemos ido al parque de atracciones con tus primos. Lo superarás. A mí nadie me llevaba a ninguna parte cuando tenía tu edad.» Aquí no se mencionan los motivos (cualesquiera que fueran) por los cuales hemos incumplido la promesa. El mensaje implícito es que a los adultos no les importa nada, o que no se puede confiar en que cumplan lo que prometen.

Alegre / cordial: «Estaba tan ocupado trabajando que me olvidé por completo de que te iba a llevar al parque de atracciones con tus primos. Lo siento mucho. Hablemos de cómo nos sentimos.»

El uso de la vergüenza o la culpa con los niños

A veces, los adultos recurren a la vergüenza y la culpa porque es lo que recuerdan de su propia infancia. Además, estas técnicas tan perjudiciales aparentemente sirven, porque los niños suelen actuar de otra forma cuando se les avergüenza, sobre todo en público. Y en realidad sirven, pero a un coste elevado para la personalidad incipiente del niño. La vergüenza y la culpa innecesaria afectan de forma negativa la búsqueda infantil de expresión individual. Son emociones tan poderosas y dolorosas que a menudo bloquean la curiosidad, el juego y la creatividad. Los niños aprenden enseguida a no ser abiertos ni sinceros con los demás. En lugar de depender de la vergüenza y la culpa, conviene pensar y modelar el comportamiento deseado, estimular a los niños para que lo vuelvan a intentar, explicarles las consecuencias y ofrecerles alternativas razonables.

Las situaciones siguientes enseñarán al lector a superar el uso de las tácticas de avergonzamiento:

1. A nuestra hija pequeña o discapacitada se le ha «escapado» el pipí:

Antipática / poco cordial: «Niña mala, mala y mala. ¿No se te podía ocurrir nada mejor que hacerte pipí en las bragas (o en el sillón nuevo de la abuela). Lo has hecho a propósito. Pues bien, ya te puedes limpiar tú sola y toda esa porquería sin mi ayuda. Y no vuelvas a hacer una cosa así. No me hagas pasar vergüenza.»

Alegre / cordial: «¡Vaya! Parece que has tenido un accidente y te has mojado las braguitas. No pasa nada. Te ayudaré a cambiarte para que te sientas más cómoda.» Además, después podemos leer y reírnos juntos con el libro de Taro Gomi *Everyone Poops*.[11]

2. Nuestro hijo se distrae, come lentamente o se niega a comer algunas cosas.

Antipática / poco cordial: «Date prisa. No seas terco y no me hagas esperar. Cómete todos los guisantes ahora mismo. Si no te comes las albóndigas, te quedarás sentado aquí tú solo. Yo me voy, y cuando vuelva, más te vale que no quede ni una. No seas tan tiquismiquis. Si no te lo comes todo, te pondrás enfermo.»

Alegre / cordial: «Quiero que hagas lo mismo que yo. Voy a probar una cucharada del exquisito estofado de arroz con alubias que ha preparado la tía Jo.» (El adulto prueba la comida tranquilamente.) «Es un poco diferente de lo que comemos habitualmente, pero tiene un sabor interesante. Muy bien, ahora vas a probar tú una cucharada. ¿Te parece que al osito le gustaría probar con nosotros?» Después podemos leer juntos y entretenernos con el libro *This Is The Way We Eat Our Lunch*[12] o *Everybody Cooks Rice*.[13]

3. Nuestro hijo se niega a comer ciertas cosas, ya sea porque no le gustan, porque les tiene alergia, por enfermedad o por temor a engordar y a que no lo quieran, o por imitar a los adultos quisquillosos o que hacen dieta.

Antipática / poco cordial: «No pienso perder ni un segundo más mientras buscas comida sin grasa, baja en calorías, para no subir de peso. Todo el mundo nos está mirando. Te estás comportando como un niño.»

Alegre / cordial: «Vamos a pensar algunos menús juntos, así buscamos libros que nos interesen. Aquí hay dos menús que me gustaría probar. Aquí hay un artículo interesante sobre los nutrientes que necesita el cuerpo y los alimentos que los aportan. Después podemos hablar de este tema.»

4. Nuestro hijo manifiesta un temor obsesivo, irracional o exagerado frente a una situación, una persona o un animal.

Antipática / poco cordial: «¡Por el amor de Dios! Si sólo te tienes que aprender una poesía de siete líneas para decir en la asamblea del distrito. Otros niños tienen que aprender mucho más texto que tú. Te estás comportando como un bebé. Vete a tu habitación, pon manos a la obra y haz que me sienta orgulloso de ti.»

Alegre / cordial: «¿Me enseñas la poesía que vas a decir la semana que viene en la asamblea escolar? Me pregunto si el maestro te habrá elegido porque sabía que lo harías bien. ¿Quieres practicar tú solo, o prefieres que te ayude a prepararlo?»

5. Nuestro hijo desobedece las normas y no reconoce la autoridad de los adultos, o pone a prueba nuestra paciencia. En la escuela, ha mentido o ha engañado acerca de sus deberes o cualquier otra actividad.

Antipática / poco cordial: «¡Eres un mentiroso! Me has hecho pasar vergüenza a propósito, contándole al maestro esa mentira espantosa (o engañándole sobre los deberes, o faltando a la clase de danza o de fútbol). Muy bien, algún día, cuando necesites ayuda, no recurras a mí, ni a tu maestro. Quedas castigado durante cuatro semanas. No te mereces la oportunidad de que te escuchen, después de la espantosa mentira que has dicho... y no digas nada más. ¡Fuera de mi vista!»

Alegre / cordial: «Estoy muy disgustada porque parece que has dicho una mentira. Conozco la situación en parte, después de hablar con tu maestro, pero me gustaría que me contaras algo más. Ahora vamos a hablar de lo que pasó y cómo te sentiste. Después vamos a hablar sobre la manera de resolverlo. Tengo que poder confiar en ti, en que actúes bien y con sinceridad en otras situaciones. Ahora necesito que me ayudes.»

Calificativos o motes

Una manera de distinguir a los niños consiste en usar calificativos o motes especiales. Sin embargo, ocurre a menudo que los calificativos y los sobrenombres corresponden a un estereotipo cultural o de género y tienen consecuencias negativas para la confianza y la independencia de los niños; además, suelen ser unidimensionales, a pesar de que todos poseemos múltiples talentos que podemos cultivar.[14]

Puesto que los niños no se suelen apartar de su comportamiento ni de los calificativos que se aplican a su comportamiento, los motes pueden convertirse en una profecía que acaba por cumplirse. Hasta los apodos cariñosos o los calificativos que parecen positivos pueden resultar muy restrictivos para el desarrollo y el aprendizaje infantil. Una calificación temprana e inadecuada puede actuar igual que la helada sobre una planta que está empezando a crecer. Es posible que ciertas aptitudes e intereses no se pongan a prueba durante el proceso de crecimiento, y los talentos naturales se pueden marchitar si no se alimentan ni se les da espacio. Pongámonos en el lugar de un naturalista atento que observa y espera para ver cómo se expresa el temperamento infantil innato.

Conviene prestar atención a lo que los niños realizan con entusiasmo y a lo que les interesa, y exponerlos a una amplia variedad de oportunidades, lugares, personas e ideas. Estos esfuerzos facilitan la convivencia entre adultos y niños, partiendo de la aceptación y la igualdad. Con este método, aumentan la apreciación y el placer para todos los participantes. He aquí algunas sugerencias para evitar los calificativos:

1. En ocasiones, puede que nuestra hija nos recuerde inconscientemente el rasgo que menos nos agrada de nosotros mismos.

    Antipática / poco cordial: «Es tan desorganizada. Su habitación parece una pocilga. Supongo que yo soy igual cuando tengo mucho trabajo, pero le aprieto las clavijas para que se organice. A ella no le gusta nada, pero lo hace, cuando insisto mucho.»

    O: «Ya está bien de tanto divismo. Nadie te soporta cuando empiezas a actuar como si fueras la única persona de la habitación. Deberías respetarme cuando estamos en público.»

    Alegre / cordial: «Nos parecemos mucho en algunas cosas, aunque somos muy diferentes en otras. Ella es tan creativa, y siempre hace tantas cosas al mismo tiempo. Hemos de hacer un esfuerzo para tolerar nuestros respectivos desórdenes, porque a ninguna de las dos nos gusta ordenar ni tirar las cosas que nos parece que todavía nos pueden servir.»

2. Debido a cuestiones no resueltas con otros miembros de la familia, es posible que el comportamiento habitual de nuestro hijo resulte sumamente insatisfactorio.

    Antipática / poco cordial: «Es un chico difícil; se parece a mi hermano, que era el niño mimado de la familia. Los dos son tercos como mulas, y sólo hacen lo que les da la gana. Aunque le diga las cosas mil veces, no me escucha... sobre todo cuando está leyendo o usando el ordenador. Los dos me hacen enfadar tanto.»

Alegre / cordial: «Jared se parece mucho a mi hermano menor en un aspecto. Los dos ponen mucha intensidad emocional en lo que les gusta y lo que les disgusta. Los dos son capaces de quedarse absortos durante mucho tiempo en algo que les interesa, y no quieren que los interrumpan para nada.»

O: «Jared, ya sé que a nadie le gusta que lo interrumpan cuando está tan concentrado en algo, pero tenemos que salir dentro de diez minutos. Ya sé que me has oído, y pongo el temporizador para que suene dentro de cinco minutos, para que podamos salir a tiempo.»

3. Encasillar a los niños en moldes rígidos produce una aceptación pasiva del calificativo o una dolorosa rebelión contra él. Aunque el calificativo sea positivo y un motivo de orgullo, puede provocar una fuerte sensación de inferioridad y la sensación de que uno no puede cometer errores ni aventurarse en lo desconocido.

Antipática / poco cordial: «Michael es el estudioso de la familia. Nos dimos cuenta de lo brillante que era cuando empezaron a salirle los dientes antes que a los demás niños. Cuando cumplió los dos años, sus abuelos comenzaron a ahorrar para enviarlo a alguna de las mejores universidades. Prefiere estudiar antes que estar con sus amigos. Algún día, todos vamos a estar muy orgullosos de él.»

Alegre / cordial: «Michael, siempre hemos tenido muchos motivos para estar orgullosos de ti. Realmente has obtenido unos resultados excelentes en tu trabajo académico. ¿Por qué no pruebas alguna otra cosa, algo que no esté relacionado con la escuela ni con las notas? ¿Qué te parece si pruebas en el mundo de la música, como tu prima Carolyn, a la que tanto quieres? También podrías colaborar con tu tío Brian, trabajando como voluntario en el refugio. Te llevas bien con ambos. ¿Qué opinas?»

4. Conviene evitar que el niño sienta que tiene una sola dimensión, esperando que le vaya bien en un solo aspecto o viendo un potencial o una gama limitada de rasgos de su personalidad. También conviene evitar la comparación con los familiares y esperar que siga un camino similar, preestablecido.

Antipática / poco cordial: «Siempre quise que mi hija se llevara bien con la gente, y lo ha conseguido: es la persona más popular. Hace todo lo posible por agradar a todo el mundo, en cualquier situación.»

O: «Todos mis hijos son grandes deportistas. Con el tiempo que pasan en el gimnasio, seguro que consiguen becas de atletismo para ir a la universidad. Mi hijastro es un genio en matemáticas, siempre muy serio y muy lógico. Llegará lejos porque es muy disciplinado y nunca se mete en problemas.»

Alegre / cordial: «Todos mis hijos son tan diferentes; cada uno tiene sus puntos fuertes. Sería muy sencillo encasillarlos, pero no dejo que nadie lo haga. Sé que cada uno de ellos hallará muchas cosas que le interesen y le planteen desafíos a medida que crezcan. Es una auténtica aventura ayudar a cada uno de ellos a encontrar su propio camino.»

En el ejemplo siguiente, que es auténtico, el adulto comparte un poco de su propia biografía con un niño, y atribuye un mérito especial a las personas que lo han apoyado permanentemente en su camino. Esta técnica amable y cordial puede ser muy eficaz y liberadora para ayudar a los niños a atreverse a poner a prueba sus talentos ocultos y a explorar posibilidades multidimensionales en un mundo en permanente cambio. Saber que hay alguien que cree en uno y que seguirá queriéndonos constituye un mensaje potente de que la vida es un viaje y un proceso en el cual cada uno tiene que aventurarse por su cuenta y que debe compartir con los demás.

Sé que luchas en esta familia (o en la escuela) para averiguar quién eres. Yo pasé por un período similar cuando tenía tu edad y me doy cuenta de que te sorprende comprobar que eres diferente de los demás. Pues bien, quiero que sepas que creo en ti y que te apoyaré cuando te esfuerces por hacer lo que te apasiona. Estoy muy agradecida a mi madre, que confió en mí y me dio su amor y la libertad de ser yo misma, de probar cosas distintas. No le puso una etiqueta a nadie de la familia. Yo sabía que siempre tendría confianza en mí, en lo que yo decidiera hacer en la vida. Siempre he sentido su amor y su luz en mi vida, y todavía los siento.

Colaborar para construir, reconstruir y sanar las relaciones

Confiar en uno mismo y en los demás es fundamental en todas las relaciones sanas. Los niños que parten de una base de confianza sólida y segura pueden construir una reciprocidad y una conexión con los demás; quieren comunicarse, colaborar y crear junto con los adultos y con sus compañeros, lo cual se traduce en esperanza en el futuro inmediato y en una fe generalizada en una sensación de que de alguna manera las cosas van a salir bien.[15]

Cuando la confianza se rompe, tenemos que reconstruir la relación, honesta y sistemáticamente. Cuando a los niños se les ha hecho sentir vergüenza o culpa innecesaria por ser ellos mismos, hay que sanarlos para que puedan abrazar la vida. Además, si ha habido motes dolorosos y calificativos restrictivos, tiene que haber un perdón recíproco profundo entre adultos y niños.

Por fortuna, disfrutar de la madre naturaleza, las artes y la literatura y jugar y reír juntos son formas naturales de construir y sanar las relaciones. El juego está asociado con el crecimiento y constituye un contexto inofensivo para interacciones de todo tipo para todas las edades.[16] El entretenimiento y la risa que provoca producen alegría y dan lugar a oportunidades únicas para conectar y para crear conjuntamente un sentido y una finalidad. Jugar juntos se puede convertir, de forma inesperada y gozosa, en un homenaje a la vida y a la convivencia.

Los materiales de juego y las actividades que mencionamos a continuación se pueden probar en un ambiente no competitivo, en el cual todos participen y donde no haya ningún perdedor, donde todos los participantes compartan el control por igual.

1. **Bebés y niños pequeños (desde el nacimiento hasta los tres años):**

   ✔ Darles una mecedora con cojines y animales de peluche para que se acurruquen.

   ✔ Jugar a esconderse y reaparecer y jugar al escondite, suavemente, haciendo participar en el juego a los muñecos de peluche y los animales domésticos.

   ✔ Jugar con juguetes de agua (coladores, embudos, tazas o barcas) en una jofaina de plástico o una bañera pequeña. Se puede añadir colorante alimenticio de color azul o verde para conseguir distintos efectos.

   ✔ Leer y disfrutar con: *Goodnight Moon*,[17] *Jamberry*,[18] *Barnyard Dance*,[19] la revista *Babybug, I Love My Mommy Because...*[20] y *I Love My Daddy Because...*[21]

2. **De tres a seis años:**

   ✔ Representar para los niños partes de *Los tres gatitos, Ricitos de oro y los tres osos*, o alguno de sus cuentos favoritos. Conviene invitar a los niños a participar, pero sin insistir demasiado.

   ✔ Cantar canciones tradicionales, como «Old MacDonald», «If You're Happy» o «Down by the Bay».

   ✔ Jugar juntos a hacer desaparecer y aparecer cosas.

   ✔ Inventar un baile, dando saltos como si fuéramos ranas, o canguros, por ejemplo.

   ✔ Construir formas con arena húmeda o con plastilina o Play Dough.

   ✔ Leer y disfrutar libros como *The Tale of Peter Rabbit*,[22]

The Lady with the Alligator Purse,[23] *The Temper Tantrum Book*,[24] o *The Little Engine That Could*.[25]

✔ Escuchar cintas con canciones grabadas, como «Baby Beluga» de Raffi,[26] y «A Twinkle in Your Eye» de Burl Ives,[27] o cuentos como *Winnie the Pooh*[28], leído por Charles Kuralt.

De siete a once años:

✔ Hacer construcciones en grupo con juegos de construcción, como Blockhead®.

✔ Hacer dibujos en grupo con juegos de dibujo, como Magna Doodle®, Spirograph® o Etch-a-Sketch®.

✔ Ver juntos vídeos sobre temas de la naturaleza o programas especiales de la *National Geographic*.

✔ Leer juntos libros de la serie «knock-knock»[29] y libros de chistes y adivinanzas (hay dos colecciones que son muy graciosas: la de Joseph Rosenbloom[30] y la de Katy Hall y Lisa Eisenberg[31]).

✔ Leer y representar las partes que más le gusten de *The Berenstain Bears and The Messy Room*,[32] *The Berenstain Bears and Too Much TV*,[33] o *The Berenstain Bears and Too Much Junk Food*.[34]

✔ Leer y disfrutar con *Charlotte's Web*,[35] o escuchar la cinta, grabada por su autor, E.B. White.[36]

✔ Leer y disfrutar con el *James Herriot's Treasury for Children*,[37] basado en la vida del veterinario inglés.

✔ Leer *Children Just Like Me*;[38] *Fathers, Mothers, Sisters, Brothers: A Collection of Family Poems*;[39] o *El mago de Oz*,[40] o ver juntos en vídeo esta película de 1939.

✔ Ver la serie *The Wishbone* (dog) *Classics* en PBS.

✔ Ver los vídeos de *E.T.*, *Babe* o *Homeward Bound*.

✔ Escuchar las cintas de *Ramona Forever*,[41] leído po
Stockard Channing, o *The Story of Dr. Doolittle*,[42] leíd
por Alan Bennett.

4. Desde los doce años y durante la adolescencia:

✔ Salir a pasear con un animal doméstico, o dar de come
a los animales en un parque natural.

✔ Jugar con una pelota Koosh® usando sólo los pies o lo
meñiques.

✔ Representar con mímica alguna situación embarazos
como llevar zapatos de distinto color u olvidar el propi
nombre.

✔ Interpretar sentimientos de hilaridad, desilusión, ir
tristeza, orgullo por algo que hemos conseguido, o sen
tirse incomprendido.

✔ Jugar juntos al solitario en el ordenador.

✔ Leer en voz alta los chistes del periódico.

✔ Leer y disfrutar con los juegos de palabras absurdos
estimulantes de libros como *Walking the Bridge of You
Nose*.[43]

✔ Leer las biografías de Kathleen Krull, llenas de chisme
extravagantes: *Lives of the Athletes, Lives of the Artist
Lives of the Musicians, Lives of the Writers (And What th
Neighbors Thought)*.[44]

✔ Turnarse para leer en voz alta la autobiografía de algun
persona admirada.

✔ Ver los vídeos *Apollo 13, Shiloh, The Amazing Pand
Adventure* o *To Kill a Mockingbird*.

✔ Escuchar la cinta de *A Wrinkle in Time*,[45] un texto escri
to y leído por Madeleine L'Engle.

La gracia de los índigo

El Dalai-lama estaba hablando con un grupo de personas. Le dijeron que quería verlo un niño que tenía cáncer y enseguida lo hizo subir al estrado con él. Con esa sonrisa efervescente suya tan característica, el Dalai-lama le pidió respetuosamente que le dijera al público lo que pensaba. Sin dudarlo, el niño se dio la vuelta para mirar al grupo y les dijo:

–Soy un niño con cáncer, pero antes que nada soy un niño y tengo que jugar, tengo que reír y necesito que veáis la alegría en mi corazón. Después, tal vez veáis que mi cuerpo tiene cáncer.

Esta historia sencilla tiene un significado profundo también para los niños índigo. Es cierto que son diferentes. Es cierto que son mayores. Es cierto que tienen un propósito especial. Es cierto que tienen inspiración. Es cierto que tienen talentos y aptitudes especiales. Todo esto es muy cierto, pero fundamentalmente son niños. Esto es algo que no podemos olvidar, y conviene que alimentemos eso que tienen de especial.

Como el niño índigo es muy especial, con él hay que utilizar unas técnicas disciplinarias especiales. A continuación, Robert Gerard nos ofrece más ideas y pautas:

La disciplina para los niños índigo

Dr. Robert Gerard

La disciplina es fundamental para los niños índigo. Como son muy creativos y despiertos, les gusta experimentar y explorar sus límites. Pero tienen que estar tranquilos y saber cuáles son los límites de seguridad y cuáles son las experiencias vitales que no contribuyen a su bienestar. A menudo veo a los padres que les «dicen» a sus hijos lo que tienen o lo que no tienen que hacer. De este modo reprimen su creatividad y no les dejan expresarse. Su reacción es colocarse a la defensiva y adoptar una actitud odiosa.

He acuñado la expresión «disciplina amorosa» para indicar la manera en que proceso la acción disciplinaria con la intención de atender a los intereses espirituales del niño. La disciplina amorosa presenta las siguientes características:

1. Mantener al niño informado y hacerlo partícipe.

2. Dar explicaciones sencillas para evitar malentendidos.

3. No reaccionar frente al niño.

4. Evitar dar órdenes.

5. Mantener la palabra.

6. Resolver cada situación en el momento.

7. No pegar ni utilizar un vocabulario insultante.

8. Dejar que nuestras emociones trasluzcan amor.

9. Cuando se dé una reprimenda, hacerlo como en un aparte.

10. Hablar de la situación después de la reprimenda.

11. Posteriormente, acercarnos y comprobar que no queden asperezas.

Lo más sorprendente es que nuestro hijo nos respetará por nuestra sabiduría y nuestra previsión, que lo ayudan a aumentar su energía índigo. A mi hija Samara le brindo libertad y creatividad en abundancia, pero siempre mantengo una actitud vigilante con respecto a su actitud y su comportamiento. A nivel superficial, parezco muy exigente, pero Samara conoce mis límites y lo que le tolero, y cada vez que le impongo una disciplina me da las gracias por ayudarla a resolver la situación.

No debemos exagerar el cuidado de nuestros hijos. En su interior, muchos padres temen el abandono y la pérdida del amor de sus hijos. Algunos se exceden y tratan de ganar su favor siendo demasiado indulgentes y condescendientes. Cuando el niño se da cuenta de que puede controlar el comportamiento del adulto, lo hace. Si puede, el índigo asumirá el papel de sus padres, lo cual complica la relación y obliga al niño a adquirir los defectos del padre y a no vivir su propio presente.

Los padres tienen que ser conscientes de su relación con los niños índigo. Me gustaría compartir con el lector el consejo que me dio un clarividente: «Robert, tu hija necesita orientación, amor y disciplina, no unos padres. Ella ya sabe cuál es su objetivo y su misión. Tienes que ser su guía.» Este consejo me ha sido muy útil.

La educación y el niño índigo

Uno se tenía que meter todo esto en la cabeza, le gustara o no. Esta coerción tenía un efecto tan disuasorio que, después de aprobar el último examen, durante todo un año no quise plantearme ningún problema científico. [...] De hecho, es casi un milagro que los métodos modernos de instrucción no hayan acabado por completo con el santo espíritu de la investigación, porque para mantener esta planta delicada, aparte de la estimulación, se necesita fundamentalmente libertad, sin la cual se desmorona sin remedio. Es un error muy grave pensar que se puede promover la satisfacción de ver y de buscar mediante la coerción y como una obligación.

Albert EINSTEIN

¿Qué le podemos decir al lector acerca de la educación? En síntesis, que tiene que cambiar para dar cabida a los niños índigo. Gran parte de este proceso se producirá debido a la increíble frustración que sienten los educadores, que claman por un sistema que les preste atención y se modifique en consecuencia. Es posible que parte del cambio se produzca cuando por fin se den cuenta de que la baja puntuación en los tests en realidad es la reacción de los niños frente a ellos, y que no implica que no sepan pensar o que no sean conscientes. Esto traerá como consecuencia que los planificadores, los organizadores y los psicólogos de la educación se pregunten si la conciencia de la enseñanza y la formación se adecua a los tests (una de las cuestiones más importantes que hay que plantearse).

Los siguientes análisis son obra de educadores que se preocupan mucho por este problema. A continuación, presentamos información sobre las alternativas escolares adecuadas para los índigo. Por último, ofrecemos algunos métodos alternativos para colaborar con estos niños; se trata de métodos nuevos que han dado resultados con niños difíciles.

Con todo esto, pretendemos infundir la esperanza en el lector, que no puede limitarse a dejar a los niños en manos del sistema educativo actual y marcharse. Hay muchas cosas más que se pueden hacer y lugares a los que se puede recurrir. ¿Vale la pena el esfuerzo? Por supuesto que sí.

Presentamos ahora a **Robert P. Ocker**, orientador en enseñanza media en el distrito escolar de Mondovi, en Wisconsin. Comerciante en esperanza y agente para el cambio, su pasión y su objetivo durante la mayor parte de su vida ha sido orientar a la juventud. Ha dado numerosas charlas, a públicos de todas las edades. Ayuda a los estudiantes a plantearse cómo solucionar los problemas, resolver los conflictos, asumir responsabilidades y formar el carácter. La Wisconsin School Counselors Association lo ha reconocido como uno de los futuros líderes educativos más destacados. Por lo que a nosotros respecta, Robert es un «progre».

❦ ❦ ❦

Un viaje centrado en el corazón: Una visión educativa para los pioneros del paradigma

Robert P. Ocker

En lo que respecta a la educación de los niños, estamos llegando a un momento decisivo, crucial, en el cual tiene que cambiar el paradigma. Existe la impresión generalizada de que, en este momento, la cuestión más profunda que tenemos que resolver es la manera de criar y educar a nuestros hijos. La educación requiere una nueva visión de los niños del siglo XXI, que brinde esperanza e inspiración a los niños del mundo. Esta visión aparece en los sueños infantiles. Necesitamos una comprensión global de la vida humana, a fin de poner en práctica una pedagogía auténtica y global que le sirva a la humanidad en el nuevo milenio, esa humanidad que, evidentemente, son los niños de hoy. Ellos se lo merecen y nuestro futuro depende de ello.

Los educadores tienen que reconocer que, así como exigimos la transformación de la actual estructura social, también tenemos que exigir la transformación del arte de la educación para que fluya desde un punto de partida diferente. Es obvio que podemos transformarlo, ya que el arte de la educación depende de los educadores.

Tenemos que desarrollar una nueva comprensión de la naturaleza humana y ofrecer nuestra orientación conforme con ella. Hemos de brindar a nuestros hijos y a nuestros alumnos el don de la orientación hacia la disciplina y la paz interiores.

Debemos captar la verdadera naturaleza de los niños a medida que se desarrollan y permitir que evolucionen como seres humanos. Ellos deben elegir la forma en que su naturaleza y su esencia madurarán hasta hacerse adultos.

Los educadores del siglo XXI aprenderán a conocer y a guiar al ser humano en desarrollo, otorgándole el don de la disciplina interior. Con inteligencia y sabiduría, orientaremos a los niños de carácter para que se conviertan en individuos responsables, con recursos y bondadosos.

Por lo tanto, como educadores, tenemos que convertirnos en pioneros del paradigma; debemos examinar nuestras suposiciones sobre el sentido, la finalidad y la función de la educación y adquirir una conciencia nueva. Debemos enseñar a los niños cómo pensar, en lugar de lo que deben pensar. Nuestra misión no consiste en transmitir conocimientos, sino más bien sabiduría. La sabiduría es el conocimiento aplicado. Cuando a los niños sólo les brindamos conocimientos, les estamos diciendo lo que tienen que pensar, lo que se supone que tienen que saber, y lo que queremos que crean que es verdad.

En cambio, cuando les damos sabiduría, no les decimos lo que tienen que saber o lo que es cierto, sino que les enseñamos a buscar su propia verdad. Evidentemente, no podemos dejar de lado el conocimiento cuando les enseñamos la sabiduría, porque sin conocimiento no hay sabiduría. Es imprescindible que se transmita cierta cantidad de conocimientos de una generación a la siguiente, pero debemos dejar que los niños descubran por sí mismos. El conocimiento se pierde a menudo, pero la sabiduría no se olvida jamás.

Preveo un sistema educativo basado en el desarrollo de las aptitudes y habilidades de los niños, más que en su memoria. Los niños son nuestros guías y debemos darles la capacidad para descubrir y crear sus propias verdades. El pensamiento crítico, resolver problemas, la imaginación, la sinceridad y la responsabilidad han de ser el quid de la educación de los niños del siglo XXI.

Mi visión del futuro de la educación se basa en el amor incondicional, que es la esencia del nuevo ser humano. Los educadores debemos rodearnos de colegas que se dediquen de corazón y alma a criar a los niños de hoy para que se conviertan en los hombres del mañana. Una educación verdadera se ocupa del cuerpo, el alma y el espíritu, para que sean intrínsecamente libres e independientes. Una educación verdadera se debe ocupar de dar vida a las personas. Los educadores prestaremos un gran servicio a la humanidad si somos pioneros a este respecto. Debemos renovar el sistema educativo para el mejoramiento de la humanidad. Si participamos en este viaje que parte del corazón, bienaventurados serán los niños así como todo el futuro de la humanidad.

Vamos a volver a escuchar a Robert, pero ahora queremos presentar a **Cathy Patterson**, profesora de educación especial en Canadá. Al igual que Debra Hegerle y Robert Ocker, trabaja todos los días con niños en un entorno educativo. Pero Cathy se ocupa de gestionar programas especiales para niños con problemas, y nos ofrece algunos comentarios al respecto.

ESTRATEGÍAS QUE SE PUEDEN USAR PARA ORIENTAR A LOS NIÑOS ÍNDIGO

Cathy Patterson

Soy maestra de educación especial y trabajo, dentro del sistema educativo, con un programa destinado a alumnos con trastornos graves de la conducta. Como puede imaginar el lector, a lo largo de los años he trabajado con distintos alumnos con deficiencias graves de la atención y diversos trastornos emocionales, y he brindado apoyo a sus maestros y a sus padres.

No obstante, también tengo experiencia con ciertos niños a los cuales se les diagnosticaron problemas de atención o de hiperactividad, que sin embargo ya no precisaron más medicación una vez satisfechas sus necesidades emocionales, tanto en su casa como en la escuela. También he conocido alumnos cuyos maestros y médicos suponían que eran hiperactivos hasta que comenzaron a reaccionar a distintas estrategias de comportamiento en casa y en la escuela. Yo opino que, si los alumnos reaccionan frente a estas intervenciones, esto significa que el diagnóstico es incorrecto.

Sin duda, hay niños que realmente tienen problemas de falta de atención e hiperactividad, posiblemente debido a desequilibrios neurológicos, o incluso a lesiones cerebrales, y que no pueden funcionar sin la medicación adecuada. Es posible que todos estos alumnos con problemas reales no sean niños índigo y que reaccionen de forma más favorable a la medicación que a los intentos por modificar su conducta, porque casi no tienen ningún control de sus impulsos.

En el apartado siguiente, quisiera analizar algunos de los nuevos cambios energéticos que he observado dentro del sistema educativo, así como algunos de los problemas y los viejos patrones de energía en torno a la disciplina que afectan a muchos niños que manifiestan trastornos emocionales. Es probable que muchos de estos niños sean índigo. Por último, como conclusión, voy a ofrecer algunas estrategias prácticas para que los padres y los maestros apoyen y otorguen poder a los niños, proporcionándoles, al mismo tiempo, las directrices y los límites necesarios.

Los viejos patrones de energía de las escuelas parten de la creencia fundamental de que los niños son recipientes vacíos que el experto, que es el maestro, tiene que llenar de conocimientos. En el sistema tradicional, los niños aprenden a convertirse en miembros activos de nuestra sociedad, aprendiendo todo lo que hace falta para conseguir un empleo. Ponen en práctica la capacidad de escuchar y aprenden a valorarse a sí mismos en función de la cantidad de trabajo escrito de calidad que producen. El maestro recurre a técnicas de avergonzamiento y compara a los alumnos entre sí, lo cual se supone que los motiva a producir más trabajos escritos. En este ambiente, cualquier niño que no obedezca sumisamente se considera que tiene problemas.

Afortunadamente, los educadores contemporáneos han desarrollado numerosas técnicas y estrategias más centradas en los alumnos, como la autoevaluación, los planes de educación orientados hacia el individuo, la evaluación de la carpeta de trabajos y las conferencias dirigidas por los propios alumnos. Por ejemplo, los maestros de enseñanza elemental de la provincia canadiense de la Columbia Británica ya no ponen una «F» para indicar «fracaso» sino que utilizan una «P» para indicar que el alumno está «progresando», lo cual indica que tarda un poco más en cumplir los objetivos del curso. Entonces el maestro debe trazar un plan para ayudar al niño a cumplir estos objetivos.

Algunos educadores también han presentado programas para dar responsabilidad a los niños y para validar sus aptitudes como líderes, incluyendo la mediación entre compañeros, la orientación recíproca y los programas para evitar que los niños más fuertes se aprovechen de los demás. Al mismo tiempo, los padres desempeñan un papel más activo en las escuelas, al incorporarse a las Asociaciones de Madres y Padres (las AMPA) con el objeto de realizar actividades para recaudar fondos para la escuela. Los padres que trabajan de forma voluntaria también participan activamente en las clases de primaria.

Uno de los últimos vestigios de la vieja energía en las escuelas tiene que ver con los métodos disciplinarios que se utilizan. Lamentablemente, todavía se deja a muchos niños en el pasillo cuando no hacen caso, y después se los envía al despacho del director, donde éste les echa un sermón sobre la buena conducta. El paso siguiente es enviarlos a casa. El problema de este sistema es que los niños aprenden a satisfacer su necesidad de atención y reconocimiento de forma negativa. Aprenden enseguida a disfrutar de la atención que obtienen cuando salen al pasillo. Las risitas y el hecho de que los señalen les brinda el reconocimiento de sus compañeros que tanto anhelan: todo el mundo sabe su nombre, sobre todo si esto ocurre con frecuencia.

Desde el nacimiento, los niños índigo tienen necesidad de reconocimiento y de ocupar una posición. Si no se los trata adecuadamente, pueden aprender a satisfacer estas necesidades a costa de echar a perder su educación. Enseguida se dan cuenta si tienen poder para hacer que los adultos pierdan el control con sólo esbozar una sonrisita. Realmente se convierten en reyes, con tanta atención. Además, enviarlos a su casa es la mejor recompensa, porque no tienen que hacer deberes y incluso pueden ver la televisión o jugar con videojuegos.

Probablemente, a los padres les horrorizaría ver el tiempo que pierden sus hijos en los pasillos de la escuela. Aunque les pongan deberes, a estos niños a los que nadie supervisa les interesa más llamar la atención de sus compañeros haciendo muecas o algo así.

Muchos alumnos llegan a la secundaria con lagunas importantes en su aprendizaje porque han pasado demasiado tiempo en el pasillo de la escuela. Además, hay muchos niños que cambian a menudo de casa, y estos son los que más lagunas tienen. Algunos llegan a acabar la primaria sin saber leer.

Estas viejas prácticas disciplinarias comienzan a cambiar, y creo firmemente que los padres son un factor importante de este cambio. Es necesario que los padres comiencen a preguntar en las escuelas por sus prácticas disciplinarias, y que pregunten si se satisfacen las necesidades de sus hijos. En la actualidad, formo parte de un comité que analiza alternativas en lo que respecta a estrategias, intervenciones y apoyo para los estudiantes. Ya no pertenecemos al sistema tradicional, que consideraba raros, anormales o inadaptados a los niños que no estaban sentados y quietos en clase, y cuya única alternativa era enviarlos a casa o remitirlos a un programa de educación especial.

¿La escuela satisface las necesidades de nuestros hijos?

Los niños necesitan seguridad, atención, respeto, dignidad y un lugar seguro del cual sentirse parte. Las siguientes preguntas pueden ayudar a los padres a averiguar si la escuela satisface estas necesidades. También he incluido, al mismo tiempo, algunas estrategias útiles.

1. ¿Existe un plan disciplinario general para toda la escuela? ¿Envían a los niños al pasillo y después a casa, expulsados, como solución a los problemas de conducta? Si así fuese, conviene sugerir alternativas.

2. ¿Qué ambiente impera en la clase? ¿Se cuelga de las paredes el trabajo de los alumnos? ¿El maestro trata a los niños con respeto? ¿Alaba a los alumnos y tiene una actitud positiva?

3. ¿El maestro dispone de formas positivas de otorgar a los alumnos poder y responsabilidad, como tener alumnos que lo ayuden, encomendar tareas especiales, disponer de un lugar donde figuren los mejores alumnos y organizar grupos de trabajo?

4. ¿Los alumnos intervienen en la toma de decisiones? ¿Se hacen conferencias dirigidas por los alumnos, consejos estudiantiles o asambleas de toda la clase? ¿Los alumnos pueden elaborar las normas de la clase?

5. ¿Existe una estructura en la clase? ¿Los niños conocen sus responsabilidades y las expectativas del maestro?

6. ¿El maestro divide las tareas en partes y no abruma a los alumnos con indicaciones? A los alumnos que tienen difi-

cultades para concentrarse hay que indicarles las cosas paso a paso, y puede que necesiten alguna indicación visual, como una tabla con estrellas, para saber cuánto tiempo les queda para acabar una tarea. Cuando consiguen una cantidad determinada de estrellas, disponen de tiempo para hacer lo que quieran, o para desempeñar otra tarea que ellos elijan.

7. ¿Conocen los niños la finalidad de la tarea que están haciendo? Si el niño pregunta para qué hacen algo, ¿el maestro le brinda una explicación amable, o sólo habla de las consecuencias?

8. ¿Los alumnos hacen pausas durante el día, para no estar todo el tiempo sentados, trabajando?

9. ¿El material es interesante y apropiado? ¿Los alumnos pueden preparan informes por su cuenta o reunir información de distintas formas sin dejar de aprender el mismo material?

10. Si los alumnos tienen dificultades para comprender el material, ¿el maestro lo adapta o lo modifica para que puedan llevar a cabo la tarea junto con el resto de la clase?

11. Las expectativas del maestro, ¿son claras y coherentes? ¿Hay una serie de consecuencias fijas si no se respetan las normas de la clase, o estas normas varían según el estado de ánimo del maestro?

12. ¿La estructura de la clase cambia constantemente o los alumnos saben por anticipado el tipo de trabajo que tienen que hacer durante el día?

13. Si los niños no prestan atención en clase, ¿se los aparta de la persona o el objeto que los distrae, por ejemplo de otros niños, de la puerta o de la ventana? ¿Siguen participando en làs actividades de la clase, o se sienten avergonzados y se desconectan de la clase?

14. Si el niño se porta mal, ¿está previsto un tiempo estructurado en otro entorno supervisado o simplemente se lo envía al pasillo?

15. El maestro y el personal de la escuela, ¿procuran mantener las emociones al margen de la disciplina? Conviene comprobar que no les griten a los niños constantemente, ni les den sermones sobre el comportamiento, porque de este modo se limitan a alimentar la necesidad de atención y reconocimiento de los niños de una forma negativa.

16. ¿Se limitan a decir que un niño es «malo» o, por el contrario, el personal de la escuela comenta que el niño ha hecho una «mala elección»? El personal escolar hace comentarios del tipo: «¿Ha sido esta una buena elección? ¿Qué hubieras hecho de otra manera? ¿Qué habría sido mejor?»

17. ¿El maestro sólo informa de los problemas, sin hacer hincapié en el comportamiento positivo?

18. ¿Hay símbolos visuales distribuidos en la clase que demuestran cuándo un niño trabaja bien, como tablas con estrellas, gráficos o certificados?

19. ¿El maestro enseña a los niños formas alternativas de resolver conflictos y estrategias para hablar consigo mismos?

20. ¿Los niños tienen oportunidad de obtener privilegios en la clase cuando cumplen las instrucciones y se concentran en su trabajo? ¿El maestro ha organizado un sistema de vales en la clase? Si no fuese así, es posible plantearlo para que lo establezca para algunos niños o para toda la clase.

21. ¿Existe un libro de comunicaciones que el maestro firma todos los días para que los padres sepan lo que los niños hacen en la escuela y sean conscientes también de los cambios positivos? Conviene consultar este libro todos los días y mantener conversaciones positivas con los niños acerca de su comportamiento en la escuela.

22. ¿Qué opinamos de la educación? ¿Es importante? ¿Apoyamos al personal de la escuela? ¿Nos desagrada el maestro de nuestro hijo? ¿Hemos criticado al maestro delante del niño?

¿El hogar satisface las necesidades de nuestros hijos?

Las preguntas siguientes pueden servir para asegurarnos de que el ambiente del hogar apoya a nuestros hijos y alimenta los dones que poseen.

1. ¿Nos parece que las opiniones de nuestros hijos son valiosas y que podemos aprender de ellas? ¿O somos nosotros siempre los encargados de enseñar y dar sermones en esta relación?

2. ¿Escuchamos a nuestros hijos y nos divertimos mucho juntos? ¿Dedicamos un tiempo para que los niños que llevamos dentro jueguen juntos?

3. ¿Respetamos su intimidad y su espacio personal?

4. ¿Les explicamos los motivos por los cuales tomamos ciertas decisiones?

5. ¿Alabamos con frecuencia a nuestros hijos, y les ofrecemos tres cumplidos por cada crítica?

6. ¿A veces reconocemos que nos hemos equivocado y que lo sentimos?

7. ¿Les enseñamos a nuestros hijos a sentir respeto y compasión por los demás?

8. ¿Dedicamos tiempo a enseñar nuestros hijos distintos aspectos del mundo, como para qué hace falta la lluvia? ¿Los escuchamos cuando intentan explicarnos su punto de vista del

mundo? Hemos de escuchar sus explicaciones, por más que ya sepamos lo que nos van a decir.

9. ¿Estimulamos con frecuencia a nuestros hijos o, por el contrario, siempre les decimos que jamás van a poder acabar alguna cosa?

10. ¿Hacemos cosas por nuestros hijos que ellos pueden hacer por sí mismos?

11. ¿Les damos responsabilidades en la casa, y les ofrecemos una opción en estas responsabilidades?

12. ¿Corregimos a nuestros hijos exageradamente? Si así fuese, conviene corregirlos sólo en las cuestiones que son realmente importantes. En realidad, no hace falta que estén sentados en la postura correcta a cada minuto del día. Pasemos por alto las minucias.

13. ¿Nos damos cuenta cuando nuestro hijo se ha portado bien y lo alabamos por ello?

14. ¿Celebramos reuniones familiares con regularidad para ver a quién le corresponden ciertas responsabilidades y qué cosas divertidas haremos juntos próximamente? ¿Nuestros hijos desempeñan un papel importante en estas reuniones y participan en la toma de decisiones? Durante las reuniones familiares, incluso se pueden acordar juntos las consecuencias de determinadas malas conductas y también los privilegios derivados de algo que se ha hecho bien.

15. ¿Hablamos con nuestros hijos sobre las distintas emociones y sobre las formas de expresarlas, o ciertas emociones no se pueden expresar jamás?

16. ¿Escuchamos a nuestros hijos cuando se quejan de que se sienten solos o deprimidos, o abandonados? ¿O simplemente no prestamos atención a sus sentimientos por considerarlos pasajeros?

17. ¿Tenemos expectativas y consecuencias claras y coherentes para los momentos en que los niños se portan mal?

18. ¿Alimentamos a nuestros hijos con una cantidad excesiva de azúcares y conservantes? ¿Tienen alguna alergia o manifiestan síntomas de hiperactividad después de comer ciertos productos?

El establecimiento de límites y directrices

Los padres no ayudan a sus hijos si les explican que son «niños índigo» y después les permiten portarse mal, sin fijar límites ni directrices. Hasta los niños que pueden llegar a elevar la conciencia del planeta necesitan límites. Cuando los tienen, aprenden a controlarse a sí mismos, algo fundamental para una convivencia pacífica. A los niños índigo hay que corregirlos y ponerles límites, utilizando un método que represente la nueva energía. Las siguientes sugerencias son estrategias efectivas que proporcionan disciplina y, al mismo tiempo, mantienen la dignidad del niño:

1. Para dar órdenes, podemos formularlas diciendo: «Necesito que me ayudes retirando tus zapatos del camino, por favor». La clave está en decir: «Necesito que me ayudes...»

2. Avisar a los niños que tendrán que prepararse para hacer algo, como por ejemplo cenar, dentro de un par de minutos.

3. Darles todas las opciones que sean posibles. Si en general no quieren sentarse a la mesa, ofrecerles la opción de acudir en un minuto o en dos. No es conveniente apartarse de las opciones si lo único que quieren es poner trabas, pero si ofrecen otra alternativa lógica, como preguntar si pueden venir a la mesa después de recoger el juego con el que estaban jugando, es preferible aceptarlo.

4. Ofrecer breves explicaciones de por qué queremos que se hagan las cosas.

5. Darles una orden por vez, para no abrumarlos con un exceso de indicaciones.

6. Sentarse con los niños y plantear determinadas consecuencias para los comportamientos negativos. Por ejemplo, podemos comentar: «Tienes la costumbre de dejar tus juguetes por todas partes y yo me tropiezo con ellos. ¿Qué podemos hacer? ¿Me ayudas a decidir qué tendría que ocurrir si no recoges tus juguetes?» Después tenemos que respetar estas consecuencias preestablecidas.

7. Disponer una silla aparte o un lugar tranquilo de la casa para que vayan los niños cuando tengan que pagar las consecuencias. No conviene enviarlos a su habitación, si está llena de juguetes estimulantes con los que pueden jugar mientras están castigados.

8. Cuando hay que hacerles una advertencia por mal comportamiento, se puede recurrir al sistema de contar hasta tres: se les pide a los niños que dejen de hacer algo y se cuenta hasta tres para que obedezcan. Si después de contar hasta tres no han dejado de hacer lo que estaban haciendo, se les envía aparte.

9. Las medidas disciplinarias no deben ir cargadas de emoción: no hay que echarle sermones ni discutir con el niño, sino explicarle las consecuencias: «Tommy, no voy a discutir contigo. No está bien que pegues y quiero que te apartes de los demás y vayas a sentarte en la silla ahora mismo». Conviene centrarse en las consecuencias y actuar casi con indiferencia. No hay que abrazarlos durante este tiempo. Este es un límite, y los niños tienen que aprender que cada acción tiene alguna consecuencia.

Si gritan y alborotan, hay que aumentar el tiempo, calculándolo en el reloj o haciendo marcas en un papel. No hay que discutir; es preferible decir algo como: «Voy a empezar a contar tu tiempo de castigo cuando estés listo». Al finalizar el tiempo, no hay que olvidar pedirle al niño que explique por qué ha sido castigado.

10. Incluso se puede poner un gráfico o una tabla en casa, en la nevera, de modo que cuando los niños se comporten correctamente durante un tiempo establecido, consigan una estrella o una cruz. Cuando obtengan una cantidad suficiente de estrellas o de cruces, pueden conseguir algún privilegio adicional, como hacer una salida especial. Este es un enfoque positivo del comportamiento.

11. Hay que recordar prestar atención cuando los niños se portan bien y alabarlos por cumplir nuestras expectativas: «Me alegro de que...», o «¡Qué bien que...!»

12. Pedirle al niño que repita correctamente algo que ha hecho mal: «Tommy, no está bien que entres corriendo en casa con los zapatos embarrados. Por favor, ¿me enseñas cómo lo haces correctamente?» Tommy se quita los zapatos. «Muchas gracias. Sabía que podías hacerlo bien. Así está mejor.»

13. Los niños se sienten más seguros con una rutina regular y responden mejor cuando tienen horarios regulares para comer, dormir y jugar.

14. Conviene procurar mantener la coherencia, por más que uno se sienta demasiado cansado para seguir el plan disciplinario. De lo contrario los niños aprenden que no es necesario cumplir las normas, porque estas van cambiando constantemente.

Espero que esta información resulte útil. Animo a los padres a que procuren que las escuelas se encarguen de proporcionar apoyo a los niños con trastornos emocionales, en lugar de seguir hábitos disciplinarios anticuados. Además, pienso que los padres deberían revisar sus propias actitudes con respecto a sus hijos para comprobar si son respetuosos con ellos y les brindan oportunidades de hacerse cargo de las situaciones. Por último, los padres tienen que establecer límites y directrices que son necesarios para el crecimiento y la evolución del niño. Las estrategias que he mencionado son útiles especialmente para los

niños índigo, porque son capaces de mantener su propio sentido de la importancia y de ser tratados con dignidad.

❖ ❖ ❖

Desde un punto de vista más personal, a continuación volvemos a presentar a **Robert Ocker**, un educador que adora a los
niños de todas las edades:

❖ ❖ ❖

HONRAR A LOS PEQUEÑOS COMO REGALOS

Robert P. Ocker

Estaba dando una clase sobre la manera de resolver conflictos
para unos niños de parvulario en Eau Claire, Wisconsin, y se me
ocurrió preguntar a la clase:

–A ver, niños y niñas, ¿qué es la violencia?

Una chiquilla preciosa, con los ojos radiantes como estrellas,
me respondió:

–Muy fácil, es una flor hermosa, de color morado [¡me estaba hablando de la violeta!]. Yo la huelo todos los días y me hace
feliz.

Se me llenó el alma de amor y paz. Su energía desprendía
sabiduría y fuerza. Cuando nuestra mirada se encontró en su
mar de estrellas, le dije:

–Sigue oliendo tus flores, pequeña. Tú sabes lo que es la paz.
Me preguntaba si podrías enseñarle a la clase lo que es el temor.
Podemos hacerlo juntos, como amigos.

Se limitó a sonreír y me cogió la mano. Era un regalo.

Los nuevos niños índigo (yo los llamo los «pequeños») han
venido a darnos una visión nueva de la humanidad. Son regalos
para sus padres, el planeta y el universo. Cuando honramos a
los pequeños como regalos, vemos la sabiduría divina que traen,
que contribuye a aumentar la vibración del planeta Tierra.

103

El paso más importante para comprender y comunicarnos con los niños nuevos es cambiar nuestra manera de pensar con respecto a ellos. Si cambiamos nuestro paradigma para honrar a los pequeños como regalos, en lugar de verlos como problemas, abrimos la puerta para comprender su sabiduría, además de la nuestra. Los pequeños honrarán nuestro esfuerzo, y la entrada al conocimiento quedará abierta. Cada niño que entra en nuestra vida llega a nosotros para recibir un don y, al mismo tiempo, nos ofrece un don: el don de experimentar y realizar lo que somos.

Vivir de forma instintiva

Trabajando con niños de todas las edades (desde el parvulario hasta que acaban la enseñanza secundaria), he observado que los más pequeños parecen comprender más que los adultos. Confían en sus instintos y su intuición. Un día, estaba hablando de comunicación con alumnos de primero, cuando me hizo tomar conciencia el don de un niño índigo. Hablábamos de la importancia de escuchar.

Este niño maravilloso se me acercó suavemente y me dijo con gran sabiduría:

—Señor Ocker, *listen* («escuchar») y *silent* («silencioso») son la misma palabra, sólo tienen las letras en distinto orden.

Sonreí y sentí lo brillante que era. Nos miramos y, sin decir nada, lo comprendimos todo. Con sus palabras instintivas, me enseñó el tipo de comunicación más sabio.

Los niños índigo viven por instinto. Es un proceso difícil para los pequeños que están atrapados y a la vez son agentes de la transición de la humanidad hacia la vida instintiva. Ellos encuentran desafíos todos los días, porque muchas culturas no hacen ningún caso de los instintos. Las culturas dominantes desconfían tanto de ellos que, en realidad, a los niños se les enseña, desde los primeros años, a temer a sus instintos.

Pero los niños perciben de forma intuitiva que su ego puede ser un aspecto positivo de su personalidad y que de hecho es necesario para manejar sus asuntos de manera efectiva. Y nuestra cultura refuerza esta sensación. Sin embargo, los niños índigo se sienten confusos y frustrados porque les enseñamos que está mal escuchar a su ego y que deben desarrollar una imagen social como una coraza protectora. Entonces, se esconden detrás de esta imagen para sentirse seguros y siempre tratan de relacionarse en un plano físico desde detrás de esa máscara. Los sistemas educativos, los medios de comunicación y las personas que están adaptadas a la cultura enseñan que desarrollar una «imagen de uno mismo» es una cuestión urgente de gran importancia, lo cual actúa como un veneno para los niños nuevos.

Estos niños aculturados siempre toman como referencia a los demás (padres, educadores y figuras de autoridad) para que los guíen, los dirijan y les ayuden a comprender la realidad. A menudo estos niños se aferran a esta orientación externa por el resto de su vida, y le atribuyen tan poco valor a la voz interior del espíritu que al poco tiempo prácticamente olvidan sus instintos. Como otros, en nuestra sociedad de sonámbulos, comienzan a calcular los valores de su vida partiendo de procesos de razonamiento rígidos y a menudo impregnados de angustia. Esta es la única medida de éxito que les enseñan a valorar.

Los niños de esta época ofrecen una nueva conciencia con respecto a la imagen de uno mismo. Aportan al planeta una nueva comprensión de la humanidad y una visión de la vida instintiva. Quieren vivir de forma espontánea, por instinto: ¡simplemente ser! Quieren decir las palabras correctas sin tener que pensarlas por anticipado y experimentar la pureza de una mente libre de una responsabilidad pesada y fuera de lugar. Quieren conocer el gesto adecuado, el comportamiento indicado y la respuesta creativa para cada situación. Esta es la visión de la humanidad que nos enseñan. Nos imploran que confiemos en nosotros mismos, en nuestros instintos, en nuestra intuición, que son derechos inalienables de todo ser humano.

Con la orientación adecuada, los niños índigo madurarán, conservando no sólo esta capacidad sino también desarrollándola, perfeccionándola al máximo. Ellos y sus sociedades vivirán de forma instintiva, de momento en momento, como nos invitan a que hagamos nosotros ahora mismo.

Una disciplina sin castigo

El castigo no sirve de nada con estos niños. Impone miedo, requiere criterio, crea intenciones de ira y provoca más conflictos. Estos niños se recluyen, se rebelan y se hunden en sí mismos, llenos de odio, lo cual es peligroso para su alma y para la vida de los demás. Conviene evitar los castigos.

La disciplina orienta a los niños, brindándoles consecuencias lógicas y razonables. Les muestra lo que han hecho mal, les concede la propiedad del problema, les ofrece formas de solucionar el problema que ellos han causado y mantiene intacta su dignidad.

Experimentar consecuencias lógicas y razonables le enseña al niño índigo que él ejerce un control positivo sobre su vida y que puede tomar decisiones y resolver sus propios problemas. Los niños necesitan esta orientación. Les brinda la capacidad de ser reyes y sabios y les otorga el poder de ser individuos responsables, ingeniosos y bondadosos. Les permite ser tal cual son.

Estos niños exigen dignidad y valoración. Interpretan nuestras intenciones, más que nuestras palabras. Tienen la sabiduría en el alma, son jóvenes de corazón. Hay que tratarlos con el mismo respeto y la misma responsabilidad con que nos trataríamos a nosotros mismos; ellos estarán a la altura de esta orientación.

Comprenderán, a través de nuestra ética del cariño y de la compasión que pretendemos, que compartir nuestro amor con ellos es amarnos a nosotros mismos y rendir homenaje al lugar donde todos seremos uno. Por lo tanto, hemos de decir lo que pensamos, pensar lo que decimos y hacer lo que decimos que haremos. Hemos de dejar que la integridad nos guíe. Si amoldamos estos mensajes para los pequeños, se convertirán en semillas de gozo.

Las elecciones son una parte fundamental de la disciplina y la responsabilidad. Si queremos que estos niños tomen decisiones sabias, hemos de darles la oportunidad de tomar muchas decisiones, incluso algunas no demasiado acertadas. A menos que las decisiones desacertadas sean peligrosas para la integridad física, la moral o la salud, conviene dejarles experimentar las consecuencias reales de sus propios errores y malas decisiones, por dolorosas que sean.

El doctor Foster Cline y Jim Fay, en su libro *Parenting with Love and Logic*,[46] han llevado a cabo una estupenda investigación sobre el trabajo con niños y sobre los conceptos efectivos de este trabajo con niños (y con personas de todas las edades). Estos principios son válidos para los niños. Los autores son pioneros del paradigma y se plantean lo que ocurre actualmente con la infancia y la manera de solucionarlo. Recomiendo este libro con entusiasmo.

Sólo para maestros

Son muchos los maestros que nos formulan la misma pregunta: «¿Qué puedo hacer dentro del sistema para ayudar a los niños índigo? No puedo introducir cambios; siento que tengo las manos atadas. ¡Siento una gran frustración!»

Jennifer Palmer es maestra en Australia. Como les ocurre a los maestros en todo el mundo, tiene que trabajar dentro del sistema y sin embargo es totalmente consciente de los nuevos aspectos de los niños índigo. Jennifer es maestra diplomada y licenciada en educación, tiene veintitrés años de experiencia y actualmente tiene que tratar con niños índigo en su clase.

ENSEÑAR A LOS NIÑOS

Jennifer Palmer

En clase, dedicamos algo de tiempo a analizar las expectativas de los alumnos, lo cual incluye lo que ellos esperan del maestro. Eso les enloquece. Pero entonces se dan cuenta de que lo que ellos esperan de mí tiene un doble sentido, y en consecuencia empiezan a ver que nosotros, como maestros, también esperamos de ellos ciertas cosas. Comienzan a ver la igualdad y los derechos de las dos partes.

Tenemos que convivir durante un año, como una gran familia. Es mejor que todos nos pongamos de acuerdo sobre las normas básicas, para que cada uno sepa lo que se espera de él. En las normas de mi clase aparecen más expectativas y derechos que en las normas tradicionales.

Las consecuencias dependen del tipo de ofensa, en lugar de ser autónomas, desprovistas de importancia. Todas las declaraciones son afirmativas, y no se utilizan en ellas la palabra «no» ni las prohibiciones. Podemos tardar una semana entera en diseñar todo el conjunto, concebirlo y ponerlo por escrito, en comparación con la antigua lista de lo que se debe y lo que no se debe hacer, inalterable durante décadas. Pero mediante este esfuerzo, todos esperamos pasárnoslo bien y crecer como personas lo mejor que podamos, durante ese período.

Comparto con mis alumnos los acontecimientos cotidianos que pueden afectar mi relación con ellos; por ejemplo, si no me encuentro bien, si he perdido algo, o me he lastimado, o me duele la cabeza, o comparto alguna afición que tenemos en común, como un deporte. Asimismo, si ellos están disgustados, tienen que expresarlo para que todos lo sepamos. Así nos comprendemos y nos apoyamos entre todos.

Saben que pueden contar conmigo para que los escuche, y que no voy a divulgar lo que me digan a menos que me autoricen a compartirlo con las personas adecuadas. Soy su amiga y su confidente.

El plan de estudios

Cada persona se atiende y se programa según diversas necesidades, en la medida de lo posible, atendiendo a su capacidad y su conocimiento.

Los temas y las unidades de trabajo se organizan en función de nuestras actividades: por ejemplo, trabajos en grupo, autoevaluación, análisis literario y material de investigación. A veces los alumnos participan en la elección de los temas y por supuesto tienen alternativas, dentro de ciertos parámetros, para dedicarse a los ámbitos que les interesan.

Esto brinda una amplia gama de complejidad y nos hace reflexionar mucho, además de tener en cuenta distintos estilos de aprendizaje. Suele suceder que los alumnos que tradicionalmente habrían recibido un apoyo especial eligen las tareas que requieren un nivel de análisis más avanzado.

Si bien esto requiere una cantidad enorme de trabajo de preparación, los resultados compensan ampliamente el esfuerzo. Las actividades están diseñadas para enseñar razonamientos tanto simples como complejos, e incluyen:

- ✔ observación;
- ✔ agrupación, clasificación;
- ✔ reformulación, recuerdo, revisión;
- ✔ comparación, contraste;
- ✔ captación, comprensión;
- ✔ razonamiento, consideración;
- ✔ aplicación;
- ✔ diseño, y
- ✔ creación.

La evaluación la puede llevar a cabo uno mismo, los compañeros o el maestro, y puede adoptar diversas formas, como un cuaderno de aprendizaje, una presentación, un cartel, una demostración práctica, un juego de roles, analizar un producto, criterios determinados o específicos, notas anecdóticas por escrito, una conferencia o un diario filmado. A menudo los alumnos lo negocian, y si el maestro ha elegido lo que se va a evaluar, evidentemente les informa de cuándo deben comenzar a trabajar. El aprendizaje en colaboración es una metodología práctica, efectiva y popular que utilizan los maestros en la actualidad.

Esta es una descripción bastante sucinta de mi manera de trabajar en las escuelas para colaborar y facilitar el aprendizaje y el desarrollo personal de los niños.

Escuelas alternativas para niños índigo

Se incluye a continuación la descripción de dos métodos de enseñanza alternativos de alcance mundial para los niños índigo. Al decir «alternativos» nos referimos a una opción diferente de los sistemas actuales, que no logran captar las necesidades cambiantes de los nuevos niños. Estos sistemas a menudo son públicos y dependen del ayuntamiento. De todos modos, no todas las escuelas públicas son inadecuadas para los niños índigo; de hecho, hemos observado cambios tremendos de percepción en poblaciones aisladas (habitualmente más pequeñas) donde hay un director con ideas avanzadas o un sistema que brinda mayor flexibilidad a los profesores. Estamos satisfechos con estos esfuerzos, pero son más bien excepcionales. Los padres tienen mucho que decir al respecto de si la escuela de sus hijos utiliza los puntos que nos presentaba Cathy Patterson unas páginas antes.

En definitiva, nos gustaría hacer una lista de todas las escuelas del mundo, agrupadas por países y por ciudades. Aunque es posible que alguien, al verla, se indigne: «¿Cómo es posible que hayan excluido esta escuela o aquella?» Reconocemos que acabamos de empezar y sólo conocemos unas pocas. Por esto, para nosotros este libro no es más que una introducción al tema. Sin embargo, ahora disponemos de un método para que el lector aporte información actualizada. Nuestra página web, cuya dirección es www.Indigochild.com, se puede utilizar como apéndice de este libro.

Aquí es donde el lector puede modificar la situación: si le parece que existen sistemas que deberíamos haber incluido, o dispone de información sobre magníficas escuelas para niños índigo en una ciudad determinada, lo invitamos a que nos escriba. En nuestra página web, mencionaremos toda la información adicional sobre escuelas alternativas de tipo índigo en todo el mundo. Las sugerencias que sean viables se incluirán en la página web. De este modo, los padres podrán contar con ellas al instante, sin tener que esperar a que se publique otro libro. ¡No cabe duda de que en este aspecto Internet resulta muy práctico! Evidentemente, queremos que todos dispongan de la información más actualizada, y no queremos promocionar ningún tipo de escuela por motivos comerciales.

Uno se puede preguntar qué tipo de escuelas podrían representar una alternativa. La respuesta es: una escuela que respete las normas y las sugerencias que hemos hecho. ¿Existen escuelas así? Pues sí, y muchas de ellas existen desde hace tiempo... incluso desde antes del fenómeno índigo.

Las principales características de estas escuelas son fáciles de detectar y son fundamentales. Se trata de las siguientes:

1. Se le da más valor a los alumnos que al sistema.

2. Se ofrecen a los alumnos opciones razonables sobre la manera de presentar las lecciones y a qué velocidad.

3. El plan de estudios es flexible de una clase a otra, y a menudo cambia en función de quién esté aprendiendo en un grupo determinado.

4. Los niños y los profesores (en lugar del sistema) son los responsables de establecer el nivel de aprendizaje.

5. Los profesores tienen gran autonomía dentro de los grupos de sus alumnos.

6. No se veneran los viejos paradigmas educacionales. Se aceptan ideas nuevas.

7. Los tests se cambian y reelaboran constantemente para adecuarlos a las aptitudes y la conciencia de los alumnos, al igual que la información que se les enseña y que ellos absorben. (No hay nada peor que someter a los niños a unos tests antiguos que están muy por debajo de su capacidad, porque pueden no entenderlos o descartarlos mentalmente y, por lo tanto, obtener malos resultados. Los tests deben evolucionar junto con la conciencia de los alumnos.)

8. A lo largo de toda su historia, la institución se ha ido renovando constantemente.

9. Es probable que despierte controversias.

Presentamos a continuación uno de los dos sistemas escolares que conocemos en el momento de escribir la primera edición de este libro.

Las escuelas Montessori en Estados Unidos

> *«Nuestro objetivo no consiste tan sólo*
> *en lograr que el niño entienda,*
> *ni mucho menos en obligarlo a memorizar,*
> *sino en despertar su imaginación para entusiasmarlo*
> *hasta lo más profundo de su corazón.»*
>
> Dra. María MONTESSORI

Es posible que el sistema Montessori sea la escuela más conocida de este tipo. Comenzó a funcionar en Roma, con la guardería infantil de la doctora Montessori en 1907, y desde entonces estas escuelas extraordinarias se han convertido en un sistema nacional de centros autorizados, con educadores que tratan a los niños como «aprendices independientes». En 1960 se fundó la American Montessori Society (AMS).

Cualquiera diría que su aplicación exclusiva de unos métodos de enseñanza revolucionarios ha sido diseñada para coincidir con todo lo que hemos descrito como necesario para la educación de los niños índigo. A continuación, explicamos la base de su filosofía, tal como se publica en su propio material informativo:

Lo que convierte a la enseñanza Montessori en algo único es que trata al niño como una totalidad. El objetivo fundamental del programa Montessori es ayudar a cada niño a alcanzar su pleno potencial en todos los aspectos de la vida. Las actividades promueven el desarrollo de la socialización, el crecimiento emocional y la coordinación física, además de la preparación cognitiva. Un plan de estudios holístico, dirigido por un profesor con una formación especial, brinda al niño la posibilidad de experimentar la alegría de aprender, el tiempo para disfrutar del proceso y para garantizar el desarrollo de la autoestima, y le proporciona las experiencias a partir de las cuales puede crear su conocimiento.

El método de la doctora Montessori, que tiene en cuenta el grado de desarrollo, se diseñó a fin de adaptarse a cada niño, en lugar de hacer que cada niño se adaptase al programa. Toda su filosofía parte del respeto por la individualidad del niño, y este respeto favorece el desarrollo de unas relaciones que parten de la confianza.

La organización Montessori también forma a sus profesores. En la actualidad existen más de tres mil escuelas Montessori en Estados Unidos, ya sean privadas, subvencionadas con fondos públicos o públicas, distribuidas en los suburbios acomodados, en comunidades de inmigrantes trabajadores, en el centro de las ciudades y en ambientes rurales. Asisten a ellas niños procedentes de la más amplia variedad de entornos sociales, culturales, étnicos y económicos.

Se puede solicitar más información a la:
American Montessori Society (AMS)
150 Fifth Avenue
New York, Nueva York 10011
(212) 924 – 3209

Las escuelas Waldorf en todo el mundo

«Lo que más preocupa a las escuelas Waldorf es
la calidad de la educación. A todas las escuelas
les vendría bien enterarse de la filosofía
que sustenta la educación Waldorf.»

Dr. BOYER,
director de la Fundación Carnegie para la Educación

Las escuelas Montessori son un sistema alternativo establecido y muy conocido. Asimismo, son de probada calidad las escuelas Waldorf, también llamadas escuelas Rudolf Steiner.

En 1919 se inauguró la primera escuela Waldorf del mundo en Stuttgart, Alemania. La primera escuela Waldorf de América del Norte, la Rudolf Steiner School de Nueva York, se inauguró

113

en 1928. En la actualidad, estas escuelas constituyen el movimiento educacional no sectario más grande y de más rápido crecimiento de todo el mundo, con quinientas cincuenta escuelas en más de treinta países. Este movimiento tiene mucha fuerza en Europa occidental, sobre todo en Alemania, Austria, Suiza, los Países Bajos, Gran Bretaña y los países escandinavos. Cuenta con alrededor de cien escuelas en Estados Unidos.

Ya en 1919, la finalidad explícita de la Free Waldorf School era producir seres humanos libres, creativos, independientes, morales y felices. Steiner resumía así su misión: «Aceptar a los niños con respeto, educarlos con amor, impulsarlos hacia adelante con libertad». ¿Quizás Steiner había oído hablar de los índigo? ¡No cabe duda de que era un educador progresista! Esta es una cita de un artículo del doctor Ronald E. Kotzsch, publicado en 1989 en el *East West Journal*:

Entrar en una escuela Waldorf es como atravesar el espejo de Alicia para entrar en un país de las maravillas educativo. Es un mundo sorprendente, a veces desorientador, de cuentos de hadas, mitos y leyendas, música, arte y experimentos de física, juegos en clase y festivales estacionales, de cuadernos de ejercicios escritos e ilustrados por los alumnos, un mundo sin exámenes, notas, ordenadores ni televisión. En definitiva, es un mundo donde la mayor parte de las ideas y las prácticas típicas de la educación estadounidense se han puesto de cabeza.

Se puede solicitar más información a la:
Association of Waldorf Schools of North America
3911 Bannister Rd.
Fair Oaks, California 95628
(916) 961 - 0927
www.ch.steiner.school.nz/waldir.html

Otras técnicas

Algunos de los procesos siguientes son realmente profundos. No encajan dentro de la categoría clásica de escolarización y educación que hemos comentado, pero de todos modos son cuestiones básicas del aprendizaje humano. Una de las cosas que me sorprende de ellos es lo intuitivos y los sencillos que son. Sin embargo, a menudo los dejamos de lado y nos los tienen que recordar unos hombres y mujeres perspicaces. Insisto en que los ofrecemos como una muestra de los numerosos procesos que sin duda se están aplicando en este momento con magníficos resultados. Aunque algunos resulten extraños para el lector, sólo ofrecemos aquellos con los cuales estamos absolutamente seguros de que se obtienen resultados.

El entrenamiento del amor – la energía del corazón

Jan y yo recorremos el mundo dando conferencias de autoayuda. Hablamos de lo fundamental para la actitud y el espíritu humanos más sanos, que es el amor hacia uno mismo y hacia los demás. Este increíble poder energético natural nos permite alcanzar la salud y la paz, equilibrar la personalidad y vivir más tiempo. Es nuestra herramienta, y la enseñamos en todas partes.

Recordemos las palabras de Robert Ocker en el apartado anterior. Decía que los niños «comprenderán, a través de nuestra ética del cariño y de la compasión que pretendemos, que compartir nuestro amor con ellos es amarnos a nosotros mismos y rendir homenaje al lugar donde todos seremos uno». En este libro hablamos mucho del amor. Ahora vamos a presentar a un investigador de sistemas que tiene un concepto práctico precisamente sobre esta cuestión.

Leímos un breve artículo en la revista *Venture Inward*[47] sobre el trabajo de **David McArthur** que nos produjo mucha alegría. Ha escrito un libro, junto con su difunto padre, Bruce, titulado *The Intelligent Heart*.[48] El señor McArthur, abogado y ministro de Unity, es el director de los departamentos de Poder personal y Religión del Institute of HeartMath en Boulder Creek, California.

The Intelligent Heart explica con sumo detalle y claridad que el amor es la clave de todas las cosas que decimos. Además, el señor McArthur dice que el corazón es el centro que controla efectivamente la distribución de energía a través de todos los centros de nuestro cuerpo. Se presentan en el libro las «firmas» electromagnéticas del corazón, que se miden por medio de electrocardiogramas; resulta impresionante comparar los atributos de la frustración y la ira con el reconocimiento y la paz. Los patrones caóticos de las emociones airadas (llamados «espectros incoherentes») son totalmente diferentes de los patrones ordenados y uniformes (los «espectros coherentes») de las emociones pacíficas.

En realidad, este libro trata del amor y de la manera de pasar del patrón caótico al ordenado, según nuestras necesidades; aunque se piensa que este proceso tiene su origen en el cerebro, en realidad tiene que ver con el corazón o, para ser más precisos, con las sensibilidades emocionales que llamamos nuestro «corazón». La información es práctica y muy completa, y se refiere a todos los seres humanos y no sólo a los niños. Es una magnífica introducción para aquellos a los que les agrada encontrar información práctica sobre aspectos de la emoción que suelen ser difíciles de controlar.

A continuación, deseamos poner en conocimiento del lector una técnica llamada Freeze-Frame. Por respeto a quienes la practican, no la vamos a presentar aquí, porque hay que enseñarla de forma correcta, con la estructura correcta y con toda la formación necesaria.

El ejercicio Freeze-Frame fue creado por Doc Childre y es una técnica básica del sistema HeartMath. El Institute of Heart Math ha desarrollado varios ejercicios para reducir el estrés. Freeze-Frame está diseñado para serenar el ritmo cardíaco y poner en marcha los patrones de espectro coherente que acabamos de mencionar. Recomendamos al lector que se ponga en contacto con la organización HeartMath[49] si le interesan el libro de Doc Childre, *Freeze-Frame: One Minute Stress Management*,[50] o el de David McArthur, *The Intelligent Heart*.[48]

La que nos sugirió el método Freeze-Frame fue **Pauline Rogers**, que se puso en contacto con nosotros. Ella es conocida por su trabajo activo en el ámbito del desarrollo infantil. Ha recibido el premio a la defensa del desarrollo infantil que concede la California Child Development Administrators Association (CCDAA), y ha recibido una beca de investigación Sue Brock para estudiar la defensa en el campo del desarrollo infantil. Por su impresionante currículum, se nota que ha dedicado toda la vida a la infancia, y nos llamó para ofrecernos toda la ayuda que pudiera brindarnos.

Le preguntamos cuáles eran los mejores métodos que se enseñan en la actualidad para ayudar a los niños. Nos dijo que el método Freeze-Frame® de resolución de problemas servía para todo el mundo, no sólo para los niños. También nos comentó que en las clases se usaban juegos nuevos, no competitivos.

Pauline utiliza una versión ligeramente modificada del método Freeze-Frame para niños pequeños, porque es fácil de aprender. Dice que «el ejercicio enseña tolerancia, paciencia y responsabilidad para tomar conciencia de las respuestas desde el nivel del corazón. Es una manera de resolver problemas evitando la confrontación, y también se puede utilizar para tomar decisiones. Recomiendo encarecidamente el Freeze-Frame como un instrumento para la enseñanza y como un instrumento para la vida.»

Juegos no competitivos para la vida

Pauline Rogers

Otra manera de enseñar la tolerancia es a través de juegos no competitivos, como los que aparecen en libros tan magníficos como *The Incredible Indoor Games Book*[51] y *The Outrageous Outdoor Games* Book.[52] Hace años, descubrimos que los niños aprenden a través del juego. Los inestimables métodos de enseñanza High Scope aprovechan las actividades de la vida cotidiana y los juegos para enseñar a los niños a convivir. En la actualidad hay varias escuelas que aplican estos métodos.

Es imprescindible que el trabajo con niños índigo incluya todos los niveles de desarrollo: físico, mental, emocional, social y espiritual. Si no se trata al niño como una totalidad, se corre el riesgo de producir el desarrollo desigual que se consigue con las demás escuelas, que enseñan y demuestran muy poca responsabilidad social y personal. Los adultos deben actuar como modelos de rol.

También recomiendo los siguientes libros de Planetary Publications: *A Parenting Manual, Teen Self* Discovery y *Teaching Children to Love*, de Doc Lew Childre;[50] *Meditating with Children*, de Deborah Rozman;[53] *The Ultimate Kid*, de Jeffrey Goelitz,[54] y *Joy in the Classroom*, de Stephanie Herzog.[55]

❖ ❖ ❖

Disciplinas ayurvédicas para niños

Supongo que todo el mundo habrá oído hablar de Deepak Chopra, tal vez uno de los nombres más conocidos en el campo de la autoayuda. Entre otras cosas, el doctor Chopra enseña esa «ciencia de la vida», de cinco mil años de antigüedad, que es el Ayurveda, un proceso que arrasa en todo el planeta cuando volvemos a tomar conciencia de su sabia aplicación a la salud y a la vida diaria.

Joyce Seyburn, que ha trabajado con el doctor Chopra, ha tomado su ciencia y la ha aplicado concretamente a la infancia. Su último libro, *Seven Secrets to Raising a Healthy and Happy Child: The Mind/Body Approach to Parenting*,[56] conduce al lector a través del yoga, la respiración, la nutrición, el masaje y los conceptos ayurvédicos con la intención de nutrir a los padres y, de este modo, prepararlos para que nutran a sus hijos. A continuación, Joyce nos presenta una sinopsis de este hermoso libro.

Siete secretos para criar a un niño sano y feliz

Joyce Golden Seyburn

Estoy convencida de que al nutrir a nuestros hijos les proporcionamos las bases necesarias para soportar todos los cambios, el estrés y las dificultades con los que tendrán que enfrentarse a lo largo de su vida. A continuación, presentamos siete maneras importantes de nutrir a nuestros hijos.

El primer secreto es ocuparnos de él cuando está en el vientre materno, desde el momento de la concepción. Hemos de llevar un estilo de vida equilibrado, haciendo un poco de ejercicio con regularidad, comiendo alimentos nutritivos, descansando lo suficiente y nutriéndonos a nosotros mismos.

El segundo secreto consiste en averiguar su tipo mente/cuerpo o *dosha*. La información sobre los *dosha* deriva del Ayurveda, o «ciencia de la vida», un sistema total de prevención de la salud que tiene cinco mil años de antigüedad y procede de la antigua India. Para averiguar el *dosha* del niño, tenemos que observar sus hábitos de comida y sueño, su sensibilidad a la luz y al ruido y su forma de relacionarse con los demás.

El tercer secreto consiste en encontrar el equilibrio entre la forma de centrarnos a nosotros mismos y de calmar y tranquilizar al bebé o al niño. La mejor manera de lograrlo es mediante algún tipo de meditación, ya sea oral o silenciosa. Los niños no necesitan meditar, pero sí que necesitan formas de centrarse y de serenarse. Otra forma de lograr este objetivo es a través de los sentidos, utilizando la música, dando paseos al aire libre, con la aromaterapia o algo similar.

El cuarto secreto es el masaje corporal cotidiano, que ayuda al bebé con la digestión y la resistencia a las enfermedades y mejora los patrones de sueño y el tono muscular. Para los niños mayores y los adultos, el masaje ayuda a aliviar la tensión muscular y también libera endorfinas bajo la piel, que crean una sensación de bienestar.

El quinto secreto es enseñar yoga y técnicas respiratorias al bebé y a los niños mayores. Esta práctica constante nos ayuda a estar alerta y mejora la coordinación, además de regular el hambre, la sed, el sueño y la digestión.

El sexto secreto consiste en tomar las decisiones nutricionales adecuadas que mejor convengan para cada tipo cuerpo/mente. Si los padres dan ejemplo, siguiendo las prácticas que acabamos de mencionar, los hijos ya tendrán arraigado el hábito de una vida equilibrada y sana.

El séptimo secreto consiste en recurrir al descanso, el masaje, los tónicos y la alimentación para facilitar el parto y evitar la depresión posparto, y para nutrir al bebé y a la madre.

Si la madre nutre a su hijo y sigue estos consejos, tanto ella como el niño podrán disfrutar de una vida más tranquila y estable.

El tacto: más pruebas de que es más importante de lo que parece

Es posible que uno se niegue a salir corriendo para introducirse en un sistema de salud que tiene cinco mil años. No importa, puede ser que, si esperamos lo suficiente, el sistema se ponga a nuestro alcance. El cuarto secreto de Joyce Seyburn que acabamos de mencionar ya está plenamente aceptado.

En un artículo publicado en la revista *Time* en julio de 1998, titulado «Touch Early and Often», Tammerlin Drummond[57] nos brinda la siguiente información:

> Según unos estudios llevados a cabo en el Touch Research Institute, los bebés prematuros que reciben masajes habitualmente tres veces al día, por lo menos durante cinco días, se encuentran mucho mejor que otros bebés tan delicados como ellos que no reciben ningún masaje. A los bebés nacidos a término y a los que son algo mayores también les hace bien el masaje.

En el mismo artículo se cita a la doctora Tiffany Field, la psicóloga infantil de Miami que fundó el Touch Research Institute hace seis años. Ella dice que el masaje estimula los nervios vagos que a su vez estimulan procesos que facilitan la digestión, entre otras cosas. Según Field, como aumentan de peso rápidamente, los bebés prematuros que reciben masajes salen del hospital una media de seis días antes, con lo cual se ahorran unos diez mil dólares de la cuenta del hospital. Teniendo en cuenta que en Estados Unidos nacen al año unos cuatrocientos mil bebés prematuros, el ahorro potencial es bastante notable. Añade Field que ocho meses después del parto, los bebés prematuros que han recibido masajes tienen más motricidad y mayor desarrollo mental. En el capítulo cuatro se presentan métodos alternativos de curación y equilibrio, así como también ciertos regímenes diarios que es posible que uno ni siquiera haya pensado que existían. Insistimos en que los incluimos porque funcionan.

Más anécdotas tiernas sobre los índigo

Una vez más, vamos a finalizar con historias reales sobre estos niños tan especiales que son los índigo. Las anécdotas siguientes demuestran la sustancia y el significado profundo del fenómeno índigo y nos ayudan a conocer a algunos de estos niños nuevos.

El otro día, mi hija me pidió un remedio para la tos. Cuando dudé en dárselo, me dijo: «¿Sabes, mamá? En realidad, no es el remedio lo que me sirve... sino que como yo pienso que me hace bien, pues me hace bien».

En otra ocasión, estaba sentada al lado de la madre de una niña de tres años, esperando a que mi hija acabara una clase de equitación. Ella me contó que su hija la volvía loca, porque estaba todo el tiempo haciéndole preguntas que ella no sabía responder, y la hija se sentía frustrada. Entonces, le dijo a su madre:

–Se supone que tienes que saber todas las respuestas. ¡Lo dicen las normas!

–¿Qué normas? –le preguntó su madre.

–Las normas de las madres. Se supone que tienes que darme todas las respuestas –insistió la niña.

Cuando la madre le volvió a decir que ella no tenía todas las respuestas, la hija dio una patada al suelo.

–No me gusta esto, ser una niña –dijo–. ¡Quiero ser adulta ahora mismo!

Otro día de la misma semana, la niña se enfadó mucho con su padre porque le ponía limitaciones, de modo que le dijo, furiosa:

–Tienes que ser agradable conmigo. ¡Me quisisteis y por eso me tuvisteis, así que ahora tenéis que ocuparos de mí!

Linda Etheridge, maestra

Mi esposa y yo le decimos a Nicholas, de dos años, que lo queremos mucho. A veces, nos responde que él también nos quiere, pero la mayoría de las veces, coincide con nosotros:

Yo también me quiero mucho.

John Owen, padre

Una vez, mis ángeles me contaron que las estrellas también son ángeles y que se llaman «ángeles estrellas». Me dijeron que cada estrella es el ángel de alguien que vive en la Tierra. Y la estrella de los deseos es el ángel de todos. Y se supone que los ángeles estrellas protejan a todos los que vivimos en la Tierra, pase lo que pase.

Megan Shubick, ocho años

capítulo tres

Los aspectos espirituales de los índigo

Advertencia: Se recomienda a las personas que se sientan molestas con la metafísica de la nueva era o con los temas espirituales en general que no lean este capítulo. No quisiéramos que la información incluida aquí predispusiera a nadie en contra del libro ni de los principios que se presentan en los demás capítulos.

Para algunas personas, este tema es una estupidez que va en contra de las enseñanzas espirituales comunes en el mundo occidental. Pueden pensar que contiene información contraria a las cuestiones doctrinales que les enseñan desde que nacen sobre Dios y la religión establecida. Por lo tanto, podría hacer que uno se cuestionara si acepta la información de calidad que aparece en los capítulos siguientes.

Para otros, en cambio, constituye el Santo Grial de todo el mensaje.

Vamos a limitarnos a narrar lo que hemos visto y oído. No tenemos el menor interés en convencer al lector de ninguna filosofía espiritual. Si se percibe alguna tendencia en el texto, es que la hay, pero tiene que ver con el amor y el tratamiento de estos niños nuevos, y no con la religión ni la filosofía.

Pero al lector que dude de la metafísica le recomendamos que pase directamente al capítulo cuatro, donde nos referimos a la salud, sobre todo a la falta de atención y la hiperactividad. El hecho de pasar por alto este capítulo no cambia lo fundamental de nuestro mensaje sobre los niños índigo.

Para los demás lectores

Este capítulo incluye una serie de anécdotas procedentes de todo el mundo, e incluso una profecía que describe a los niños índigo como «aquellos que saben de dónde vienen y quiénes eran antes».

Una personalidad televisiva como Gordon Michael Scallion (*Prophecies and Predictions*) predijo la llegada de los nuevos «niños azul oscuro», y hay otros historiadores espirituales que señalan predicciones similares en textos antiguos.

¿Es verdad la reencarnación, es decir, que haya una vida antes de esta vida? Las innumerables historias de los niños que les cuentan a sus padres lo que eran antes, ¿son una fantasía común en una mente rica e inteligente o un recuerdo profundo al que hemos de prestar atención?

¿Qué les decimos a nuestros hijos cuando nos cuentan lo que fueron antes, o cuando nos hablan de sus «amigos ángeles» o de otros aspectos espirituales que no han adquirido de ninguna fuente de la que tengamos conocimiento? ¿Y cuando empiezan a corregir nuestra doctrina religiosa? ¿Qué hacemos entonces?

Ojalá tuviéramos respuestas para todas estas preguntas. Lo único que le podemos recomendar al lector es que jamás menosprecie a los niños por transmitir esta información. Si esto va en contra de sus creencias, lo mejor es no hacerle caso. Aunque nosotros le recomendaríamos que tomara papel y lápiz. Estos «mensajes» se irán organizando más adelante y es posible que no afecten ninguna formación religiosa posterior. La mayoría de los niños olvidan estos episodios a partir de los siete años, más o menos. Con respecto a la religión, tenemos pruebas fehacientes de que los niños están impacientes por acudir a la iglesia. Esta faceta espiritual es un atributo totalmente nuevo de los niños humanos, y vale la pena mencionarla, en su totalidad.

Pero antes de comenzar, vamos a definir algunos de los términos que vamos a utilizar en este capítulo:

✔ VIDA ANTERIOR: La idea de que el alma humana es eterna y que un alma eterna participa, con el tiempo, en más de una vida humana.

✔ KARMA: La energía de una vida anterior o de varias; se supone que contribuye a modelar el potencial de aprendizaje y los rasgos de la personalidad en la vida actual.

✔ AURA: La fuerza vital en torno a una persona, que a veces se «ve» de forma intuitiva con distintos colores que tienen un significado.

✔ VIBRACIÓN: También llamada «frecuencia». Se habla de «vibración elevada» para describir un estado de iluminación.

✔ ENERGÍA VIEJA: El estado anterior, que suele corresponder a un estado sin iluminación.

✔ TRABAJADOR DE LA LUZ: Una persona con una vibración elevada, iluminada, que hace su trabajo espiritual. Por lo general se utiliza este término para referirse a un no iniciado.

✔ REIKI: Sistema de equilibrio de la energía.

Jan y yo respetamos mucho a la especialista que presentamos a continuación. Su trabajo en homeopatía nos ha impresionado e incluso nos ha equilibrado unas cuantas veces. La doctora **Melanie Melvin** es asesora y miembro del Instituto Británico de Homeopatía. Tiene una página web en Internet, cuya dirección es: www.drmelanie.com. Aunque su aportación abarca numerosos temas, Melanie considera que su trabajo está muy arraigado y se funde con lo espiritual.

El respeto por los niños índigo

Dra. Melanie Melvin

Los índigo vienen al mundo respetándose a sí mismos y absolutamente conscientes de que son hijos de Dios, y se sienten bastante confundidos y consternados si sus padres no tienen la misma sensación de ser, por encima de todo, seres espirituales. Por lo tanto, es esencial que los padres se respeten a sí mismos. No hay nada que los índigo desprecien más que unos padres que no se ganan el respeto de sus hijos sino que, por el contrario, depositan en el niño su poder y su responsabilidad parental.

Cuando nuestro hijo, Scott, tenía dos años y medio, entró corriendo en la cocina, en dirección al suelo húmedo que yo acababa de fregar. Todavía de rodillas, extendí un brazo para evitar que cayera y resbalara. Se puso a la altura de la situación, me miró directamente a los ojos y, con gran fuerza y determinación, me dijo: «No te pases con Scottie». Se dio cuenta de que le había faltado el respeto y se estaba haciendo valer. ¡Me quedé impresionada por el espíritu indomable que albergaba un cuerpo tan pequeño!

Esta técnica no se puede fingir con los niños. El respeto por uno mismo tiene que venir desde dentro. Si uno se limita a seguir las técnicas que recomienda algún «experto», estos niños se dan cuenta. Uno tiene que ser sincero y ser como es uno realmente, todo lo que uno puede ser. Tiene que ser un modelo de rol para sus hijos, porque ellos aprenden fundamentalmente siguiendo el ejemplo de sus padres, más que sus palabras. Si estos niños perciben que el ejemplo de sus padres no tiene integridad, se alejarán. De todos modos, nunca van a imitar a sus padres al cien por cien, porque sin duda tienen su propia identidad.

Encontré un ejemplo de una madre que trataba de «fingir una técnica» con su hija un día en que la suya estaba jugando con la mía. La madre vino a recoger a su hijita de tres años, que era muy independiente y obstinada. La madre trataba de ser amable y una y otra vez le decía a la niña que era hora de irse, pero le daba todo el poder a la hija, que tan sólo sentía desdén por la debilidad de su madre.

A medida que esto pasaba, la madre se sentía cada vez más frustrada y enfadada, pero seguía hablando con dulzura y en tono de súplica. Al final, no pude resistirlo más y le dije a la niña:

–Si no te vas cuando tu madre quiere, la próxima vez que quieras venir a jugar tu madre no te va a traer.

La pequeña me miró, comprendió y se marchó con su madre.

Si la madre hubiese sido honesta y hubiera actuado con respeto y fuerza, le habría bastado con decir:

–Tengo que ir a casa, ¿qué necesitas para prepararte para que nos vayamos?

Entonces, la situación se hubiese desarrollado de forma más plácida. Cuando los índigo sienten que uno los trata con integridad y respeto, reconociéndolos como personas con derechos, están más dispuestos a cooperar y a ser honestos con uno. En cambio, si perciben manipulación y culpa, pierden los estribos.

Hemos de respetarnos a nosotros mismos, respetar a nuestros hijos como seres espirituales que son y esperar que nos respeten a su vez. Viendo a otros niños que trataban a sus padres de forma irrespetuosa, mis hijos me dijeron: «Mamá, ¡eso tú no nos lo hubieras tolerado nunca!», y me respetaban y apreciaban por ello. Uno de los errores que veo con mayor frecuencia en los padres modernos es que hacen lo imposible por no «herir ni lastimar» a sus hijos psicológicamente. ¿Y el daño que les hacen al darles rienda suelta en un mundo demasiado inmenso para que ellos lo manejen sin la orientación de sus padres?

Hemos de tratar a nuestros hijos como seres iguales a nosotros espiritualmente, pero al mismo tiempo con la conciencia de que nosotros somos los padres y, por lo tanto, los que ocupamos el puesto de responsabilidad. Ellos no son responsables, pero los respetamos. Les damos todas las opciones y toda la libertad que son capaces de manejar. Por ejemplo, pueden elegir lo que quieren comer entre las cosas que uno ha preparado, pero los padres no pueden cocinar a la carta, preparando un plato diferente para cada miembro de la familia. He visto algunas madres que se desviven por complacer a todo el mundo. Esto es una falta de respeto hacia ellas. Si un miembro de la familia se sacrifica, los demás no se benefician. La situación familiar ha de apoyar a todos los miembros.

Los niños más rabiosos que he visto, en mi carácter de psicóloga y de homeópata, son aquellos cuyos padres no les ponen límites. He visto niños que hacían todo lo posible por hacer enfadar a sus padres sólo para que estos pusieran límites a su conducta. Si dejamos que nuestros hijos nos controlen, estamos abdicando de nuestro papel de padres.

Cuando nuestro hijo tenía dos años, le dije que no tocara algo que estaba encima de la mesa de centro. Él lo tocó sólo para ponerme a prueba. Me di cuenta de que era una prueba y le di una palmada en los dedos. Entonces él volvió a tocarlo una y otra vez, y cada vez yo le daba una palmada. Se le caían las lágrimas y a mí se me partía el corazón, pero sabía que si cedía le haría más daño todavía, porque eso querría decir que había podido con su madre, que se suponía que era mayor, más fuerte, más digna de confianza y capaz de protegerlo, ¡y eso es terrible para un niño! Después del incidente, nos abrazamos; estaba feliz y nunca más tuvo necesidad de llegar a esos extremos. Si yo hubiese cedido, habríamos tenido que repetir la situación muchas veces hasta aprender la lección de ser fuertes, no demasiado compasivos y conscientes de la situación en general.

Cuando un niño índigo manifiesta habitualmente una conducta desafiante, suele ser porque siente que no lo respetan, o porque siente que uno no se respeta a sí mismo, al entregarle a él el poder. Es posible que, de vez en cuando, el niño ponga a prueba la autoridad de sus padres. Si nos respetamos a nosotros mismos y a nuestros hijos, no nos equivocaremos. El respeto se basa en el amor y, si amamos realmente a nuestros hijos y no los utilizamos para satisfacer nuestra necesidad de ser amados y aceptados, todos sacaremos el máximo provecho.

Libertad de elección

La libertad es muy importante para los niños índigo. La auténtica libertad va acompañada de la responsabilidad por las decisiones tomadas, decisiones que deben ser adecuadas al grado de madurez del niño. Por ejemplo, cuando era preadolescente, la familia de una amiga suya invitó a nuestra hija Heather a ir a Disneyland con ellos. Pero ella estaba resfriada y los padres de su amiga fumarían en el coche, lo cual siempre le daba mareos. Además, había ido a Disneyland hacía poco y no estaba segura de si merecía la pena gastarse el dinero en volver tan pronto. Pero evidentemente a cualquier niño le cuesta decirle que no a Disneyland, y tampoco quería darle un disgusto a su amiga.

Estaba confundida, abrumada por la decisión y no se sentía bien. Yo me daba cuenta de que era una prueba demasiado grande para su nivel de sabiduría, y que realmente quería quedarse en casa pero no podía decir que no. De modo que le dije que tenía que quedarse en casa. Lloró de desilusión, pero después se sintió aliviada y me dio las gracias por no haberla dejado ir.

En cambio, cuando tenía dieciocho años, Heather se recuperó de una infección viral justo a tiempo para ir a un baile de la universidad, el sábado por la noche, del cual volvería a casa el domingo de madrugada. El domingo por la noche tenía planes para ir a bailar con sus amigas, a una hora de viaje, y tenía que conducir ella. Estaba pensando si iría, porque tenía demasiadas actividades para el fin de semana y, aunque sabía que podía sufrir una recaída, merecía la pena porque sabía que se lo pasaría muy bien. Le dije que podía quedarse en casa si quería, pero me dijo con firmeza que quería ir, de modo que respeté su opinión.

En ambos casos, respeté sus deseos profundos, intervine cuando me pareció que necesitaba ayuda y tomé distancia cuando ella tomó una decisión firme. En ambas situaciones hacían falta respeto y criterio, y a Heather le sirvieron de experiencia. Como estar vivos trata fundamentalmente de adquirir experiencia, ninguna decisión es equivocada, porque uno siempre aprende, escoja lo que escoja. Como padres, hemos de orientar, educar y estimular, pero hemos de dejar que nuestros hijos aprendan todo lo posible de las consecuencias naturales y lógicas de sus actos. Sobre todo los índigo adoptan una actitud desafiante si piensan que alguien les está imponiendo su voluntad.

Los índigo ya se sienten diferentes de los demás. Cuando les cuelgan la etiqueta de hiperactividad y de falta de atención, creen que esta diferencia es para mal, lo cual provoca desaliento, depresión y un círculo vicioso de comportamientos negativos y malos humores, que les impide disfrutar de su potencial y sus dones.

Detrás de esta incapacidad para estarse quietos o para concentrarse, hay un dolor emocional. Cuando los tratan como si fueran malos, al principio se enfadan al ver que se devalúa su propio valor. Sin embargo, igual que el lavado de cerebro, una devaluación abrumadora al final acaba por surtir efecto. Conocí a una índigo así: una niña rubia, de ojos azules y aspecto angelical. Acababa de entrar a la clase de cuatro años en la escuela Montessori. De pronto le daba un berrinche y se ponía a gritar de tal manera que los vecinos llamaban a la escuela para ver qué le estaban haciendo los maestros a esa pobre niña. Pero en realidad era «Angel» la que daba puntapiés a los maestros y acosaba a los demás niños, contemplándose a sí misma en el espejo con gran satisfacción.

La niña estaba enfadada con su madre porque no la respetaba y no le daba libertad. Estaba enfadada con sus maestros porque le daban demasiada libertad para maltratar a los demás. Esta pequeña índigo no estaba demasiado impresionada por los adultos que encontraba en su vida. Se sentía más capaz y más lista que ellos a cierto nivel, y sin embargo menospreciada en otro, de modo que se dedicaba a demostrar quién era mejor. En secreto esperaba que alguien diera la talla.

A un profesional que ve las cosas desde fuera y no está tan involucrado emocionalmente siempre le cuesta menos mantener la distancia y la perspectiva. De modo que, durante nuestras sesiones, lo primero que hice fue establecer quién daba las órdenes. Me mostré firme, cariñosa, justa y respetuosa, y esperé lo mismo de ella. Lo segundo que hice fue darle un remedio homeopático, lo cual facilita enormemente mi trabajo como psicóloga. El remedio estimula las células del cuerpo para superar la falta de armonía. Un día después de darle el remedio, me llamaron sus maestros para preguntarme qué había pasado porque había ocurrido un milagro. Angel se comportaba como un ángel: nada de berrinches, ni de puntapiés, ni de acosos.

Sin embargo, yo sabía que mi misión no estaba cumplida.

Teníamos que trabajar con los adultos ahora que Angel estaba más equilibrada; de lo contrario, el medio volvería a desequilibrarla, y la próxima vez no respondería tan bien. Necesitaba que su madre y sus maestros fueran fuertes, firmes y cariñosos, para que ella pudiera confiar en ellos y sentirse segura para dedicarse a hacer lo que tenía que hacer. Todos necesitamos una sensación de seguridad fundamental antes de poder dedicarnos a cumplir nuestros objetivos.

Al aplacarse su ira, salió a la superficie el daño que había debajo: sentía que no les caía bien a los demás niños y que era diferente en el mal sentido. Otro remedio homeopático para el dolor y la pérdida, junto con algunos consejos, la ayudaron a curar sus heridas emocionales. También procuramos que se socializara un poco más.

No queremos que los índigo sean como los demás niños, pero cuesta mucho ser diferentes. A veces se sienten solos y que no se integran en el grupo, y eso duele. No obstante, tampoco sirve decirles que no son diferentes, porque ellos saben que lo son. Por el contrario, hemos de ayudarles a ver que la diferencia es valiosa. Podemos preguntarles si les gustaría ser como todos los demás, poniendo ejemplos concretos; lo más probable es que digan que no. Esto les recuerda su decisión de ser quienes son.

Los índigo independientes

Por lo general, los índigo son criaturas independientes. De modo que cuando van a la suya, no tenemos que tomarlo como una cuestión personal. Tienen unos objetivos muy claros, aunque a veces nos da la sensación de que arremeten contra nosotros como un tren de carga.

Mi esposo y yo vimos a una madre con su hija en un restaurante. La madre esperaba que su hija se quedara allí, sin hacer nada, mientras ella desayunaba. Debía estar pensando en su propia infancia, cuando a los niños se los podía ver, pero no se tenían que sentir. Los niños son inquietos por naturaleza, porque tienen mucho que aprender; y esto se amplifica con los índigo, que tienen muy claros sus objetivos.

Esta niñita, de unos tres años probablemente, estaba sentada en una trona sin bandeja protectora, porque se suponía que la trona estuviera junto a la mesa; pero, como era demasiado alta, la madre la había alejado unos treinta centímetros para que la niña no pudiera subirse a la mesa. La madre nos dijo que esperaba que permaneciese allí sentada porque ella se lo pedía. Pero mi marido, Sid, y yo miramos a la niña durante uno o dos minutos, nos miramos entre nosotros y exclamamos al mismo tiempo: «Índigo».

Nos habíamos fijado en la mirada intensa y tan natural de la niña, y en que se sentía igual que los adultos que estábamos en la habitación. No se mostraba tímida ni temerosa, ni siquiera preocupada por conseguir nuestra aprobación. Estaba de pie sobre la trona.

Pero no estaba de pie por desafiar a su madre; no tenía ni idea de estar haciendo nada malo. Estaba de pie por alguna motivación interna. Por más que estaba a bastante altura, no me daba miedo de que se cayera, y a ella tampoco; tenía un equilibrio perfecto. Tenía total confianza en sí misma, y nos inspiraba confianza a los demás.

La que me preocupaba era su madre. Si esperaba manejar a esta niña con ideas pasadas de moda, tenía para entretenerse. Le dije a la madre con empatía: «¡Sabe lo que quiere!», queriendo decir que eso es un rasgo positivo. Su madre respondió: «¡No cabe duda!», con una mezcla de exasperación y orgullo.

La niña oyó lo que hablábamos, se lo tomó con calma y siguió a su aire: tomando sus propias decisiones, haciendo caso de sus propias intuiciones, valores, motivaciones y criterios. Si la madre le hubiese dado algo qué hacer y le hubiese comunicado su preocupación por la posibilidad de que cayese, es probable que hubiesen llegado a un acuerdo y que las dos quedasen más satisfechas.

En la medida en que la preocupación por los demás atenúe la independencia del índigo, es mejor no infundirle la culpa, el temor a las opiniones de los demás y la falta de confianza en su propia intuición a las que han tenido que hacer frente las generaciones anteriores.

Son lo que comen

Este es otro aspecto en el cual los niños nuevos no tienen la misma herencia que nosotros. Comer no es tan importante para ellos. No suelen consumir gran cantidad de comida, lo cual preocupa bastante a muchos padres, por irónico que parezca, con lo nerviosos que nos pone nuestro peso. Ellos comen lo que necesitan para alimentar su cuerpo; no morirán de hambre.

Además, su hígado es capaz de metabolizar más comida basura que nosotros, aunque muchos de ellos parecen preferir alimentos vivos como frutas y verduras, además de carnes y pescados. Tienden a comer menos cantidad y no se preocupan por la siguiente comida.

Estos niños no reaccionan ante la culpa, las artimañas, el temor ni la manipulación, de modo que, si recurrimos a estas técnicas, lo único que conseguiremos será que nos pierdan el respeto. Si algo nos preocupa o disponemos de información nutricional que ofrecerles, conviene que la compartamos con ellos. Después damos un paso atrás y dejamos que tomen sus propias decisiones. La sabiduría de su cuerpo les dirá lo que necesitan con mucha mayor claridad si no están contaminados por modas pasajeras y temores, y por las cosas que deberían o que no deberían hacer.

En la década de 1970 se llevó a cabo un experimento con gran cantidad de niños de dos años y medio, o menos. A la hora de las comidas, les presentaban una amplia variedad de platos y les dejaban comer lo que ellos quisieran, sin hacer comentarios. Contrariamente a lo que esperaban los investigadores, los niños elegían una variedad de alimentos nutritivos y no exageraban con los dulces. Un niño que tenía raquitismo bebió aceite de hígado de bacalao hasta que se curó. Si los niños de mediados de la década del setenta hacían esto, ¿por qué no vamos a confiar en que los índigo elijan lo que necesita su cuerpo?

Estos niños son compasivos con otros seres vivos: el planeta, la vida en general, los animales, las plantas y las demás personas. Reaccionan ante la crueldad, la injusticia, la inhumanidad, la estupidez y la falta de sensibilidad. Aunque quieren cosas, no son materialistas (a menos que los consientan demasiado) y suelen ser generosos.

Las investigaciones en el campo de la psicología siempre demuestran que los padres que son sensibles y se esfuerzan por ayudar a sus hijos a su vez tienen hijos sensibles que se esfuerzan por ayudar a los demás. Se ha comprobado recientemente que cuando alguien ayuda a otro disminuye su ritmo cardíaco, mientras que las personas que no suelen colaborar tienen un ritmo cardíaco más elevado. Además, los que ayudaban (¡no estamos hablando de dependencia mutua!) lo hacían incluso cuando no estaban obligados a hacerlo; lo hacían porque les salía del corazón.

Resumiendo, los niños que manifestaban empatía también solían ser asertivos y tener un ritmo cardíaco más bajo; además, eran más sanos emocional, mental, social y físicamente. Los menos altruistas eran siempre los que tenían una vida más desgraciada.

La investigación indica también que el sentido ético procede de la empatía, que es algo que se aprende cuando a uno lo tratan con compasión. Respetemos la habilidad inherente que tienen nuestros hijos para sobrevivir y alcanzar su potencial. Ellos llegan con problemas y aptitudes muy concretos para esta experiencia. No nos preocupemos por lo que elijan; tenemos que confiar en la sabiduría del plan, y ofrecerles orientación y apoyo durante el camino.

Hemos de ser nosotros mismos, y reconocer nuestros problemas y nuestros errores; así se sentirán libres para hacer lo mismo. Hemos de ser honestos con nuestras emociones. Que sepan que los queremos.

Ayudar a los demás no sólo procede del corazón sino que además es bueno para el corazón. Tenemos pruebas concretas de que el altruismo es sano, emocional y físicamente. Incluso antes de adquirir la capacidad de verbalizar los principios morales o de conceptualizarlos, los niños manifiestan empatía.

Mi hijo, Scott, la manifestó cuando tenía diecisiete meses. Un día me sentía mal y al límite de mis fuerzas, y me eché a llorar. Cuando Scott vio mis lágrimas, traté de alejarme, pero él me preguntó por qué lloraba, de modo que le dije que estaba disgustada. Me pidió que lo cogiera en brazos y se puso a señalarme los cuadros que había en las paredes y los juguetes que podían interesarme, que es justamente lo que yo habría hecho para llamar su atención si él se hubiese encontrado disgustado. Estaba haciendo por mí lo que yo había hecho por él, ¡y funcionaba!

En otra ocasión, Heather trataba de que le prestara atención, y yo le dije:

—Mamá no te puede hacer caso ahora.

Scottie estaba cerca y dijo con énfasis:

—¡Pero ella te necesita!

Él tenía menos de tres años, y Heather tenía alrededor de ocho meses. Hasta los niños pequeños pueden captar las necesidades emocionales de los demás.

El desarrollo moral nace de la compasión. Un código ético procede del corazón y no de un conjunto de normas rígidas. En momentos de crisis, el que manda es el corazón, no la cabeza. El valor y el coraje surgen de un sentimiento habitual de generosidad y de la disposición a arriesgarse en beneficio de los demás, y no del pensamiento lógico sobre los pro y los contra de una situación.

Al final, no es la mente la que determina si estamos actuando bien, sino el corazón.

Voluntad firme, alma fuerte

Estos niños están totalmente decididos a conseguir lo que se proponen. Lo malo es cuando nos dan la lata hasta que consiguen lo que quieren. Es preferible decir: «Dame tiempo para pensarlo», en lugar de decir que no de buenas a primeras. Por lo general, tienen buenos motivos para lo que quieren, con lo cual es posible que nos hagan replantearnos la respuesta y echarnos atrás.

Es mejor escuchar sus motivos y después pensarlo con cuidado antes de responder, porque si decimos que no y después cedemos, enseguida aprenden a insistir para salirse con la suya. Lo cual no significa que les demos todo lo que nos piden sino, por el contrario, que tengamos muy claro por qué les decimos que sí o que no a lo que nos piden.

El sentido de responsabilidad

La primera regla es tener menos reglas y más pautas y principios de comportamiento. Si los índigo tienen valores y principios, pueden encontrar la mejor manera de hacer las cosas. Hemos de ayudarles a elaborar un código ético que nazca del corazón, de modo que, cuando no estemos presentes, sus relaciones y sus decisiones procedan de un lugar de amor, en lugar de depender de una figura de autoridad que les diga lo que tienen que hacer, o de esperar a que esta figura de autoridad desaparezca para hacer exactamente lo que les dé la gana.

La mayoría de los seres humanos no reacciona bien ante las órdenes. Es mejor ser un confidente y un asesor cariñoso y digno de confianza que no ser más que alguien que impone una disciplina. Hay que definir muy bien los límites, antes de imponerlos. Las demandas han de estar orientadas al nivel del niño; hay que dar cabida a la irresponsabilidad infantil y dejar que el niño aprenda de las consecuencias lógicas y naturales. Conviene discutir las cuestiones con los niños y dejarles opinar. Si confiamos en ellos, es probable que sean dignos de confianza.

El amor es la clave

Hemos de tener en cuenta que este hijo nuestro ha tenido tantas vidas (más o menos) como nosotros y, por lo tanto, que es un ser espiritual igual que nosotros, con sus propias experiencias, talentos, karma y rasgos de la personalidad. Los niños se han encarnado para estar con nosotros. Nos han escogido como padres para aprender ciertas lecciones, adquirir experiencia, desarrollar determinados aspectos de su personalidad y trabajar para reforzar los aspectos más débiles de su desarrollo espiritual.

Pero esto no nos absuelve de nuestras responsabilidades como padres, aunque sí de ser totalmente responsables por aquello en lo que se han convertido nuestros hijos. Como seres espirituales, son iguales que nosotros. Esta vez han elegido ser hijos nuestros; puede que nosotros fuéramos hijos suyos en alguna otra vida. Los padres dicen a menudo: «Espera a tener tus propios hijos. ¡Espero que sean igualitos a ti!» Puede ser que por eso nuestros hijos hayan llegado a ser hijos nuestros esta vez. Nos parecemos más a nuestros hijos, y ellos a nosotros, de lo que queremos admitir.

La máxima oportunidad de crecer que tenemos es a través de nuestras relaciones con los demás. Sólo en la medida en que nos vemos reflejados en ellos nos llega el *feedback* de lo que somos. Si podemos ver las cuestiones que nos plantean nuestros hijos como una oportunidad para desarrollar tanto nuestra personalidad como la suya, los problemas nos parecerán mucho menos problemáticos. Las dificultades sólo aumentan cuando nos preocupamos, echamos la culpa o tratamos de evadirnos de los desafíos que ellos nos plantean. Fijémonos en lo que nos cuesta manejar en nuestros hijos, y veremos lo que podemos aprender. En la medida en que lo resolvamos, ya no habrá enfrentamientos con ellos y la relación mejorará. No olvidemos el sentido del humor en la situación o la relación, y hemos de tener en cuenta el amor que sentimos por este ser humano, tan especial para nosotros.

Hemos de sentirnos honrados porque nos han escogido por un motivo, y ponernos a la altura de la situación. Hemos de brindarles nuestro tiempo, nuestra atención y a nosotros mismos: en esto consiste el amor. Los niños recuerdan los acontecimientos importantes que han pasado con nosotros, pero no recuerdan con qué frecuencia se produjeron, de modo que hemos de entregarnos plenamente, cada vez que podamos.

Ahora regresa a nuestras página **Robert Ocker** que, como educador y «especialista en el corazón», posee más información.

Un viaje centrado en el corazón

Robert P. Ocker

Trabajando con un grupo de apoyo para escolares de nivel medio sobre el manejo de la ira, les pedí que escribieran una experiencia significativa en su vida. A continuación, tenían que compartir sus respuestas oralmente. Era mi intención, como coordinador, que los niños se centraran en la autoestima.

Un chaval de octavo se puso de pie con gran confianza y preguntó:

–¿Sabéis cuál ha sido la experiencia más significativa de los últimos cien años?

Los miembros del grupo se miraron entre sí, después me miraron a mí, y dijeron que no. Entonces este índigo respondió con toda sinceridad:

–¡Yo!

Los demás chavales se echaron a reír, como suelen hacer a esa edad cuando se sienten incómodos o cuando no comprenden algo. Percibí que la energía de la habitación tenía de pronto una vibración más baja. Con suavidad y respeto, abordé el don que tenía esta persona, lo miré a los ojos confusos con sabiduría y le dije respetuosamente:

–¡Seguro que sí! Me alegro de que estés aquí. Estamos agradecidos por tu aportación: le has enseñado al grupo que la risa y la paz son más poderosas que la ira. ¡Gracias!

El niño índigo respondió a la sonrisa que había en mis ojos con una sonrisa cálida y rió. Volvió a cambiar la energía de la habitación: esta vez era una energía de paz.

La confianza de los índigo es un factor fundamental para determinar su éxito futuro. Preservar la estima innata de un niño es mucho más importante que la adquisición de aptitudes técnicas. Hemos de compartir con ellos el conocimiento que necesitan, pero sin dejar de mantener la confianza inherente en sí mismos, porque así es como manifiestan su confianza en Dios.

Como sostiene Ken Carey en su libro *The Third Millennium*:

Muchos de estos «pequeños» no han olvidado al Ser Supremo que brilla a través del filtro de su individualidad. El papel de los adultos es ayudarles a crecer de manera tal que no se olviden, facilitar la encarnación de los espíritus eternos que bailan por encima de sus vidas.

La primera vez que vemos su belleza y su perfección, cuando afirmamos la realidad eterna de su esencia, cuando la vemos en sus ojos, no podemos evitar impulsarla. Tenemos que extraer lo mejor de ellos y de todas las personas que encontremos. No podemos conceder ninguna energía a las ficciones de aquellos que no conocen su inmortalidad, sino ver el espíritu que pretende encarnarse allí, dentro de esa individualidad. Hemos de reconocer ese Ser, relacionarnos con él, darle impulso; ayudar a que otra dimensión de la eternidad penetre sigilosamente en nuestro tiempo. Hemos de contribuir al despertar de esta nueva generación.

El poder del juego: la puerta del universo

«Se puede llegar a saber mucho más de una persona después de una hora de juego que después de un año de conversación.»

PLATÓN

Traté de llegar hasta el niño a través de las palabras;
pasaron de largo sin que él las escuchara siquiera.

Traté de llegar hasta el niño a través de los libros;
sólo conseguí que me mirara perplejo.

Desesperado, me di la vuelta.
—¿Cómo puedo llegar hasta él? —exclamé.

Me susurró al oído.
—Ven —me dijo—. ¡Juega conmigo!

(Autor anónimo)

Cuando jugamos con los pequeños, los ángeles juegan con las estrellas. El poder del juego abre las puertas del universo, donde todos jugamos con el Creador a un juego jubiloso, un juego amoroso: dar y recibir. Hemos de respetar y de aprender de la intención de jugar de los pequeños. Ellos nos enseñarán la inocencia de su corazón que abraza el amor incondicional. Ellos heredarán la tierra con este amor.

Dentro de la mente y el corazón de los niños están sus imaginaciones y sus visiones del planeta Tierra. Esta es la misión de los índigo: preparar a la humanidad para el canto universal del amor. Estas visiones inspirarán el mismo canto en todo el universo. Escuchemos estas visiones. Veamos su esperanza y guiémosla, porque es la visión del mañana en las imaginaciones de hoy.

Sintamos las ganas de jugar que tienen estas imaginaciones. En esta energía podemos encontrar la libre elección, que acelerará el universo. Esta energía tocará para nosotros el canto de las estrellas y el canto del universo. Escuchemos las imaginaciones de los pequeños. Escuchémoslas e inspirémoslas. Los pequeños están perdiendo su capacidad para soñar con un universo dentro de su corazón. Comprendamos sus intenciones y guiémoslos para que tomen decisiones que ayuden al planeta a crecer hacia la paz. Es una paz que ellos conocen. A través de la paz, nos enseñan a comprender mejor a la humanidad.

Riamos con los pequeños

¡La clave es la risa! Escuchemos cómo ríen los pequeños; cuando ellos ríen, las estrellas rebosan de alegría. Porque su risa es alegría y esperanza por la luz nueva que ilumina el planeta Tierra, el planeta de la libre elección, el planeta de la risa. ¿No están demasiado serios nuestros hijos? ¿Y las personas mayores? ¿No les están enseñando a los pequeños con su ejemplo? Riámonos con esto y comprendamos que los pequeños también tienen que hacerlo. Se lo exige el corazón. Se lo exigen las estrellas. Se lo exige el universo. La risa es necesaria para que el planeta siga vibrando con amor, alegría y paz. ¡Riamos con los pequeños!

❖ ❖ ❖

A continuación, la última entrega de la entrevista que le hizo Jan a Nancy Tappe.

❖ ❖ ❖

La espiritualidad de los índigo

Nancy Ann Tappe,
en una entrevista con Jan Tober (3ª parte)

–Nancy, ¿algunos de estos índigo están aquí por primera vez?

–Pues sí, algunos. Algunos ya han pasado por la tercera dimensión y hay otros, me parece, que vienen de otro planeta. Son los índigo interplanetarios, por eso los llamo interdimensionales. Pero los otros tres tipos, el artista, el conceptual y el humanista [véase el capítulo uno] ya han pasado por aquí y han pasado por el sistema del color.

–¿Vienen con su karma?

–Sí, vienen con su karma. No están libres del karma. Si nos fijamos en los índigo entre que nacen y los dos años, ellos recuerdan otras vidas anteriores.

Es otra historia que me encanta contar. Tengo kilómetros de historias sobre mi nieto Colin. Un día volví a casa después de trabajar y allí estaba mi hija Laura con él, porque vivieron conmigo los primeros cinco años de su vida.

Y ella me dijo:

–Mamá, esto te va a encantar. Deja que Colin te cuente lo que me ha dicho hoy.

Y Colin dijo:

–No, no quiero contarlo. No quiero contarlo.

Pero Laura insistió:

–Venga, cuéntale a la abuela; a ella le encantan estas historias.

Entonces él dijo, muy rápido:

141

–Le contaba a mamá de cuando vivíamos en Land Magog; entonces ella no era mi madre, sino que era mi amiga, y entonces vino la historia y dejamos de estar ahí.

–¡Qué interesante! –dije.

Me miró riendo y dijo:

–¿Sabes? Me lo acabo de inventar.

–Sí, ya lo sé –le dije–. Todos nos inventamos algo de vez en cuando.

Pues bien, ¿de dónde habrá sacado un niño de dos años el nombre de Magog?

Y he notado, a lo largo de los años, que muchos índigo, a esa edad, hablan de otros tiempos. Tenía unos clientes en Laguna Beach, en California, que habían sido alumnos míos varios años. Me llamaron un día y me dijeron:

–Nancy, tenemos un problema grave. ¿Podemos ir a hablar contigo?

–Por supuesto –les dije–. Venid cuando queráis.

Cambié la hora de la comida y les hice un hueco.

El problema era que, hacía tres días, su hijita de dos años se había despertado por la mañana y les había informado de que estaba embarazada y que tenía que regresar a Nueva York. Les dijo que tenía una hija en la guardería y que ella era actriz de teatro. Entonces recurrí a mis poderes de vidente para localizarla, y les dije:

–Pues bien, por lo que puedo ver, sí que era actriz de teatro, pero la sala ardió. Mientras todos trataban de salir, ella tropezó y se le cayó encima una piedra y quedó atrapada. Pero no murió en el incendio, sino ahogada, porque cuando llegaron los bomberos, no se dieron cuenta de que estaba allí y abrieron la manguera, así que se ahogó.

A ella le vino el recuerdo a la cabeza y no había dejado de llorar desde entonces, poniéndose histérica, diciendo que «tenían que llevarla a Nueva York».

Llevaba así tres días y mis clientes me dijeron que tenían que hablar conmigo porque no sabían qué hacer. De modo que les dije:

–Muy bien, lo que tenéis que hacer es simplemente volver a casa, sentarla y decirle: «Vamos a ver, Melanie, escucha: estás viendo otra vida. Tu hija es más grande que tú y hay otra persona que la cuida. No estás embarazada y no tienes nada que hacer en Nueva York. Estás viendo otra vida.» Habladle como si fuera una persona mayor.

Así lo hicieron y después me contaron:

—¿Sabes? No ha vuelto a tocar el tema. No ha vuelto a mencionarlo hasta el día de hoy.

Historias de índigos

Nuestro hijo trajo a vivir a casa a su novia, que estaba embarazada. Estuvieron casados muy poco tiempo, y se separaron cuando todavía eran adolescentes. Ella se fue y pensaba dar al bebé en adopción. Creo que es lo peor que me podía pasar en la vida. ¡El primer nieto que íbamos a tener y lo iba a criar otra persona! Afortunadamente, cambiaron de idea y se volvieron a juntar.

Una mañana, más o menos seis semanas antes de la fecha en que tenía que nacer el bebé, me levanté y comencé con mi rutina de todas las mañanas antes de salir a trabajar. Observé una columna de luz brillante en una esquina de la sala de estar. Muy sorprendida, me quedé mirándola un rato hasta que pareció desvanecerse. Me imaginé que había sido el sol o algo así, pero al día siguiente todavía estaba ahí. Esta vez corrí todas las cortinas y siguió estando allí. Le conté a mi marido, cuando bajó a desayunar, pero en realidad no me creyó.

La columna de luz se me apareció todas las mañanas durante una semana. Se lo conté a toda la familia, pero nadie me creía. El lunes por la mañana, una semana después de la primera vez que vi la luz, volvió a aparecer. Esta vez, mi marido estaba saliendo del dormitorio, así que la vio. Nos quedamos los dos atónitos. En mi interior, tenía la certeza de que se trataba de un ángel que nos enviaban para prepararnos para el bebé. La luz siguió apareciendo hasta que nació el bebé y yo seguí viéndola durante un par de meses después de su nacimiento.

Cuando nació, me di cuenta de que era muy especial, aunque no sabía hasta qué punto. Cuando la tenía en brazos, percibía cierta familiaridad, pero no sólo porque fuera mi nieta, sino como si ya hubiera estado antes con ella. A veces, me parecía que era ella la que me tenía en brazos a mí, en lugar de al revés. Cuando tenía alrededor de tres meses, solía alzar los brazos hacia el techo y yo le preguntaba si veía al ángel. Aunque parezca extraño, casi podía ver el «sí» en sus ojitos castaños.

A medida que fue pasando el tiempo, se fue haciendo más evidente que teníamos en las manos una niña muy especial. Tenía sus propias prioridades, pasara lo que pasase, y siempre ha tenido unos horarios de dormir de lo más extraños. No le gusta quedarse dormida. Cuando tenía alrededor de dieciocho meses, me dijo que no le gustaba soñar.

Cuando tenía dos años, encontró algunas de mis muñecas viejas, de cuando yo era pequeña. Ponía de pie a la más grande y la llamaba «Olive». Que dijera Olive una niña de dos años era bastante impresionante, sobre todo cuando ese era el nombre de mi madre, aunque en realidad casi nunca hablábamos con ella de mi madre, que murió dos años antes de que naciera Jasmine.

También decía a veces cosas como: «Es hora de marcharnos, Ed». Mi padre se llamaba Ed. Mis padres vivieron juntos cuarenta y dos años, hasta que él murió.

A Jasmine hay que darle por lo menos tres opciones para las cosas importantes. No deja que le leamos, salvo Goodnight Moon. Prefiere jugar sola, ver películas para niños, jugar en la tierra, enviarle besos a la luna, abrazar a los árboles y hacer lo que ella llama «mini Reiki» cuando alguien se hace daño.

Recuerda la sangre en el vientre de su madre, cuando estuvo allí antes de nacer. Dice que la sangre le hacía daño y que no quería estar allí. Acepta el hecho de que sus padres no vivan juntos, los quiere a los dos y a las personas que tienen en su vida. Quiere a todos los niños y es una auténtica conciliadora. Se llama Jasmine Brooke VanEtta, y tiene tres años y medio.

Mary y Bill VANETTA

Soy el padre de Nicholas, de dos años, un niño índigo. Desde que él nació, la tiroides de mi esposa, Laura, había aumentado de tamaño. Un miércoles le pidieron que se sometiera a una biopsia que se programó rápidamente para el viernes siguiente.

Mientras tanto, yo estudiaba el programa EMF Balancing de los Dubro [véase el capítulo cinco]. Descubrir y trabajar con esta energía que nos rodea a todos y cada uno de nosotros fue una experiencia maravillosa. Pensé que sería una oportunidad magnífica para darle un buen uso a esta energía. Mientras rezaba para que mi esposa sanara, visualicé un collar curativo verde (muy apropiado, porque mi esposa se dedica al comercio minorista en joyería) en torno a la tiroides de Laura y seguí enviándole energía durante toda la semana, mientras esperábamos los resultados de la biopsia. No soy demasiado sensible a esta energía y en realidad no podía verla, aunque confiaba en que estuviera allí y cumpliera su cometido.

Una semana después del día en que Laura recibió la llamada para que se hiciera la biopsia, estábamos sentados a la mesa, desayunando, cuando Nicholas señaló la cara de su madre y dijo: «verde». ¿Podía ser que el niño viera la energía? Me quedé absolutamente boquiabierto. No le había mencionado el experimento a nadie, y muchísimo menos a mi hijito de dos años. Y sin duda no le había contado nada a su madre, porque para ella mi interés por cuestiones metafísicas era cosa de brujería.

Por supuesto, mi esposa enseguida supuso que Nicholas señalaba su nariz y fue a buscar una caja de pañuelos. Pero cuando se puso a mirar, no encontró nada. Y Nicholas repetía:

—Mamá, tienes la cara verde.

Lo único que puedo suponer es que él sí que veía el collar de energía verde que yo había creado para Laura. ¡Estaba allí! ¿Serviría para algo? Evidentemente, lo interpreté como una buena señal.

Esa misma mañana, un poco más tarde, Laura recibió la llamada de su médico que habíamos estado esperando. Ya tenía los resultados de la biopsia y eran negativos. No era nada importante.

John OWEN,
padre de Nicholas, de dos años

Yo había soñado que podía atraer el papel hacia mi mano, como si estuviera imantada. El sueño parecía tan real que me encontré tratando de dar la vuelta a la página de un libro sin tocarla. Aja me vio y me preguntó lo que estaba haciendo.

–Nada –le dije.

–¿Estás tratando de dar la vuelta a la página sin tocarla? –preguntó.

Le dije que sí y me dijo:

–Lo que tienes que hacer es cerrar los ojos, amar a Dios y ver que esto ha ocurrido. Y habrá ocurrido.

Entonces me dijo que lo intentara y, como niña que es, dio la vuelta a la página mientras yo tenía los ojos cerrados.

Cheryl ROYLE,
madre de Aja ROYLE, de seis años

Matthew se ajusta perfectamente a la descripción de un niño índigo. Cuando vino a verme, la pasada Navidad, hice que le diera un masaje mi sanadora intuitiva, la señora Bobbi Harris. Él no sólo dijo que veía «luces que se movían sobre su cabeza» en la habitación, que estaba iluminada por una luz tenue, sino que añadió:

–A veces, la electricidad pasa dos veces por mi cerebro.

Ha dicho que quería volver con Dios, e incluso ha hablado de incineración.

Sunny GREENBERG,
abuela de Matthew, de siete años

Algunos de los últimos libros de la doctora Doreen Virtue llevan por título *The Lightworker's Way, Angel Therapy* y *Divine*

Guidance. Como se puede ver por los títulos, es directora espiritual. En realidad, lo que pone sobre la mesa es una espléndida fusión entre información práctica sobre el mundo real y espiritualidad. A continuación, la esencia de su mensaje. Aunque en el capítulo cuatro encontraremos más información de la doctora Virtue sobre la falta de atención y la hiperactividad, es importante conocer su opinión acerca de la relación entre los aspectos espirituales de los índigo y estos diagnósticos, de modo que también los presentamos aquí.

Ser padres de un niño índigo

Dra. Doreen Virtue

Mis puntos de vista sobre los niños tienen un origen bastante ecléctico. Tengo dos hijos adolescentes, soy psicóloga y he dirigido un programa para adolescentes adictos a sustancias químicas. Además, me he dedicado toda la vida a estudiar metafísica y a realizar sanaciones a través de la clarividencia, trabajando con el reino angelical. Y como cualquiera, he sido niña y recuerdo los problemas emocionales que implica crecer.

¿Acaso el lector no recuerda su infancia, cuando se sentía como un adulto dentro del cuerpo de una persona pequeña? Casi todo el mundo recuerda que se sentía mayor, o adulto, cuando era un niño. Yo creo que esto tiene que ver con el ciclo de la reencarnación. Nuestra alma es vieja y, a menos que entremos directamente, tenemos que comenzar cada vida a partir de la infancia.

Sin embargo, los adultos suelen tratar a los niños como si fueran... digamos, niños. Olvidan que hablarle a un niño no es diferente de hablarle a un adulto. Los niños esperan y merecen el mismo respeto y la misma atención que concedemos a los adultos.

No es casual que, en estos años previos al cambio de milenio, se haya disparado la cantidad de diagnósticos de hiperactividad o de falta de atención. La cantidad de jóvenes que toman Ritalina (metilfenidato) para la hiperactividad se ha más que duplicado entre 1990 y 1995, según un estudio llevado a cabo en 1996 por la Facultad de Medicina de la Universidad John Hopkins.

La Drug Enforcement Administration (DEA) informa que las recetas de este fármaco han aumentado un seiscientos por ciento durante esta década. Según la DEA, la Ritalina es tan popular que en algunas escuelas la toman el veinte por ciento de los alumnos. El periodista John Lang los llama «la generación Rx», y añade una estadística que no presagia nada bueno: si continúa el mismo ritmo de incremento de su uso, en el año 2000 la tomarán alrededor de ocho millones de alumnos estadounidenses.

El problema es que la Ritalina mejora el comportamiento en la escuela, pero no en casa, según un estudio importante. Además, se considera tan insidiosa que no dejan ingresar en las fuerzas armadas a las personas que han sido tratadas con Ritalina después de los doce años. Es evidente que los fármacos no son la solución.

Este incremento de la medicación con psicofármacos en la infancia demuestra la desazón que produce el cambio a nivel mundial. Estamos en el umbral, a punto de dejar atrás un mundo viejo, basado en la competencia, los celos y la codicia, para entrar en una nueva era que parte de la cooperación, el amor y el conocimiento de nuestra unicidad. La energía vieja cede paso a la energía nueva.

Parece que todos, incluso los individuos más densos espiritualmente, nos damos cuenta de estos cambios. En mi consulta de asesoramiento espiritual recibo llamadas y concierto entrevistas con altos ejecutivos, que quieren saber qué está ocurriendo y cómo tener una vida más llena de sentido. Hace unos años, estos hombres ni siquiera se habrían planteado nada que les hiciera pensar en fenómenos psíquicos. En cambio ahora están dispuestos a buscar respuestas en su interior, porque se dan cuenta de que el mundo de la empresa y los logros materiales no les proporcionan felicidad ni seguridad.

Sin embargo, por más que la gente común acepte, o al menos investigue, los cambios que se avecinan, seguimos aferrados colectivamente a nuestros viejos compromisos, es decir, que nos resistimos a hacer las cosas de otra manera. Por ejemplo, seguimos juzgando, compitiendo y creyendo en carencias y limitaciones. Y no somos del todo honestos con nosotros mismos ni con los demás, ocultándonos a menudo tras la amabilidad o lo políticamente correcto.

Los niños que se han encarnado recientemente son distintos de los de generaciones anteriores. Hay buenos motivos para llamarlos «niños de la luz», «niños del milenio» y «niños índigo». Tienen plena conciencia, son sensibles y absolutamente psíquicos. Además, no toleran en absoluto la falta de honestidad ni de autenticidad. Se dan cuenta enseguida cuando alguien miente.

Imaginemos entonces lo difícil que resulta para estos niños encontrarse inmersos en un sistema educativo como el actual, tan poco auténtico, donde se dicen cosas como: «Supongamos que nos gusta estar aquí. No hablemos de lo tristes que estamos por vernos obligados a venir a este sitio a aprender / enseñar cosas que no sabemos si van a tener una aplicación práctica en la vida real».

En casa, los adultos a menudo tratan a los niños de forma deshonesta. Por ejemplo, a veces los padres ocultan a sus hijos cosas que van desde sus verdaderos sentimientos hasta su costumbre de beber. Pero estos niños intuitivos saben cuándo algo va mal. Le piden a su madre o a su padre que les confirmen estos sentimientos y, si les niegan la verdad, la frustración los vuelve locos. Los niños no saben conciliar la disparidad entre lo que sienten en su interior (la verdad) y lo que les dicen los adultos (mentiras).

Los niños índigo se han encarnado ahora por un motivo muy sagrado: para recibir una sociedad nueva, basada en la honestidad, la cooperación y el amor. Cuando lleguen a la edad adulta, nuestro mundo será muy diferente del actual. Ya no habrá violencia ni competencia. Recordaremos nuestra capacidad para expresar nuestras necesidades, de modo que ya no tendremos que competir con los demás. Como renacerán nuestras capacidades telepáticas naturales, será imposible mentir. Y como todo el mundo se dará cuenta del carácter único de todos los seres vivos, la amabilidad será la base de la sociedad.

Provocamos una gran deuda kármica si somos un obstáculo en la misión divina de los niños. Es de suma importancia que los ayudemos a prepararse para el éxito espiritual, para lo cual hemos de ser muy honestos con ellos. Cuando preguntan algo, aunque nos hagan sentir incómodos, hemos de decirles la verdad. Muchas veces, en mis oraciones, pido consejo para hablar con mis propios hijos, para poder decirles la verdad cariñosamente. Si decirles la verdad nos hace sentir incómodos, que ellos lo sepan. No hace falta que sean nuestros confidentes, pero sí que es importante que compartamos nuestros sentimientos con ellos. De este modo, nos convertimos en un modelo de rol positivo para que aprendan a hacer caso de sus emociones.

La sanación espiritual de la relación padre - hijo

Detrás de cada padre que me pregunta: «¿Qué puedo hacer con mi hijo?» se esconde la afirmación «Quiero que mi hijo cambie». La pregunta de los padres delata su convicción de que el objetivo es conseguir que el niño haga lo que debe hacer.

Cada vez que tratamos de conseguir que alguien haga algo, estamos imponiéndole nuestra voluntad a un individuo, lo cual rara vez funciona y casi siempre provoca una lucha por el poder, sobre todo en el caso de personas tan intuitivas como los niños índigo. Igual que los animales, ellos captan el temor bajo nuestro afán de controlarlos. Se rebelan contra nuestros intentos por «ganar», porque nuestro temor los asusta. Quieren sentirse en paz y seguros. Cuando los presionamos, se sienten inseguros y temerosos.

Por lo tanto, si nos molesta algún aspecto del comportamiento de nuestro hijo, lo primero que tenemos que hacer es resistir el impulso de reaccionar de inmediato. Es mejor tomarnos cinco o diez minutos, retirarnos al cuarto de baño o a algún otro lugar privado, cerrar los ojos y respirar profundamente; implorar la intervención espiritual de Dios, nuestros ángeles y los maestros ascendidos. Un método particularmente poderoso consiste en visualizarnos a nosotros mismos poniendo toda la situación en manos del Espíritu Santo. A menudo visualizo a los ángeles con un cubo gigantesco, en el cual coloco todo lo que me molesta. Cuando siento una sensación de paz, sé que las soluciones están en camino. Este método siempre obra milagros.

En segundo lugar, no hemos de perder de vista nuestras prioridades. Nosotros hemos elegido venir a la Tierra como trabajadores de la luz durante el cambio de milenio. Nosotros hemos elegido ser padres de un niño índigo. Estas misiones son nuestras máximas prioridades y todo lo demás tiene menos importancia. Cuando revisemos nuestra vida desde el plano de la otra vida, nuestros mayores triunfos serán los momentos en los que modelamos el amor por nuestros hijos. Lo que no tendrá ninguna importancia es si teníamos la cocina en perfecto orden, o si nuestro hijo obtenía buenas notas. Lo único que importa es el amor.

En tercer lugar, visualicemos el tipo de relación que nos gustaría tener con nuestro hijo. Hace años que recomiendo este método a los padres y siempre he obtenido magníficos resultados. Una madre estaba desesperada con su hija, y se quejaba constantemente de lo «mal» que se comportaba. La interrumpí en mitad de una frase y le dije:

—Dices que tu hija tiene muchos defectos. ¿Esto es lo que quieres realmente?

Me miró como si me hubiera vuelto loca y me dijo:

—No, ¡claro que no!

—Pues bien —le respondí—, lo que decimos lo sentimos como verdadero. Tú dices que tu hija se comporta mal y, mientras digas que es verdad, eso será lo que experimentes.

Mi clienta, que era una mujer con sentido metafísico, supo al instante lo que quería decir: que tenía que cambiar su manera de pensar. La ayudé a visualizar a su hija como una persona cariñosa, próxima, amable y todo lo demás que ella deseaba. Visualizó con gran detalle, viéndose a sí misma con su hija yendo juntas al cine, por ejemplo. Pocos días después, me contó que su hija estaba actuando tal cual la había visualizado. La sanación fue instantánea y ya lleva varios años.

Tal vez a alguien le dé vergüenza y se cuestione si esto no será una manera de imponer su voluntad a su hijo. En realidad, creo que este método de visualización es producto de nuestro conocimiento de que todos somos un solo ser. No hay personas aisladas, sino tan sólo una ilusión de que los demás están separados de nosotros. La visualización subraya la verdad de que todos somos una imagen externa de nuestros propios pensamientos, sentimientos y expectativas.

Después de todo, ¿no nos comportamos de distinta forma con distintas personas? ¿Acaso no somos «más simpáticos» con las personas a las cuales es evidente que les caemos bien? ¿No somos más propensos a estar de peor humor cuando estamos con personas «negativas»? A nuestros hijos les pasa lo mismo. Cuando los vemos como hijos de Dios, sagrados, felices, perfectos y hermosos, ellos exudan naturalmente esas cualidades.

Un cambio de frecuencia con nuestro hijo índigo

En las tiendas de comida sana y en las revistas de vida natural se pueden encontrar «remedios» a base de plantas medicinales y esencias florales para tratar la hiperactividad. Es probable que estos métodos sean muy efectivos. De hecho, si nosotros creemos que son eficaces, lo serán.

De todos modos, no soy demasiado partidaria de recurrir a ningún tipo de tratamiento externo. Estoy segura de que aquellos que defienden los medicamentos y la aromaterapia tienen las mejores intenciones, de modo que les ruego que no me interpreten mal. Mis convicciones parten de la filosofía de que toda enfermedad es una ilusión y que, si la diagnosticamos, le ponemos un nombre o la tratamos, la convertimos en algo real. Además, hacemos que empeore.

Es importante que no etiquetemos ni juzguemos a nuestros hijos considerando que están «rotos» de alguna manera. Seamos incluso cuidadosos con la expresión «niño índigo», y no dejemos que el nombre nos haga pensar que nuestros hijos son especiales o diferentes. Todos y cada uno de los hijos de Dios son idénticos, porque todos somos lo mismo. La única diferencia es que, en este sueño del mundo material en el cual todos parecemos separados, los niños índigo tienen una misión única que cumplir. Literalmente, son seres del futuro, encarnados en un planeta que sigue arraigado en el pasado.

Veamos entonces a nuestros niños índigo desde el plano más alto. Rindamos homenaje al ángel que llevan dentro, como dice siempre Kryon, del mismo modo que rendimos homenaje al ángel que llevamos dentro nosotros. Teniendo esto en cuenta, compartamos con Dios la paternidad de nuestros hijos índigo.

De mis conversaciones con Dios y con los ángeles, he aprendido que es esencial ocuparse mucho del cuerpo. El motivo no tiene nada que ver con la vanidad ni con la estética, sino que resulta que un cuerpo armonioso y bien nutrido es más receptivo a la orientación divina. La importancia espiritual de seguir una alimentación natural, con poca carne, o nada en absoluto, la promueven muchas de las orientaciones orientales, así como también la escuela pitagórica de filosofía, que es la cuna de la metafísica moderna y la sanación espiritual.

El motivo es que los alimentos contienen frecuencias vibratorias. Los que contienen las frecuencias más altas hacen que el cuerpo resuene a un ritmo más elevado, lo cual nos ayuda a mantenernos centrados en nuestro estado de auténtico yo. Cuanto más elevada sea nuestra frecuencia, más intuitivos seremos para captar los mensajes de Dios, nuestros espíritus guías y los ángeles.

Los alimentos vivos y frescos, como las verduras, las frutas y los cereales germinados, son los que tienen la frecuencia vibratoria más elevada. Los productos muertos, congelados, secos o recocidos son los que la tienen más baja. También son bajas las vibraciones del azúcar, los colorantes alimenticios, los conservantes y los pesticidas (que poseen la energía de la muerte) que se rocían sobre los alimentos inorgánicos.

Nos ayudamos a nosotros mismos y a nuestros hijos a conseguir la frecuencia espiritual más elevada, necesaria para la nueva energía de la nueva era, si seguimos un régimen fundamentalmente vegetariano, sin sustancias químicas. De hecho, este es precisamente el consejo que dan los expertos con respecto a la alimentación para el tratamiento de la hiperactividad.

Los medios de comunicación (la televisión, las revistas, el cine, la radio, Internet y los periódicos) también tienen frecuencias vibratorias. Los medios que se basan en la negatividad, el miedo o la carencia son los que tienen las frecuencias más bajas. Los que defienden el verdadero amor espiritual tienen las frecuencias más elevadas. Es importante mantener la frecuencia de la casa lo más elevada posible, de modo que conviene no estar todo el día pendientes de las noticias y no conservar en casa periódicos ni revistas negativos. Va bien rezar para pedir intervención y orientación espiritual para mantener a nuestros hijos alejados de los medios con temas negativos. Las oraciones funcionan con mayor rapidez y son más efectivas que los sermones o las reprimendas.

Por último, no hay que olvidar el poder del perdón para obrar milagros en todos los aspectos de nuestra vida, sobre todo las relaciones. Como dice *Un curso de milagros*: «No te olvides de que no puede haber ninguna forma de sufrimiento que no esconda algún pensamiento que no perdona, ni puede haber ninguna forma de dolor que el perdón no pueda sanar».

Veo que las dificultades de ser padres de un niño índigo se complican cuando los padres tienen problemas matrimoniales o divorcios complicados. Lo interesante es que, tras dieciocho meses de estudiar cuestiones familiares relacionadas con la hiperactividad, los doctores Patrick J. Kilcarr y Patricia O. Quinn llegaron a la siguiente conclusión:

Aparentemente, los dos factores más críticos e influyentes eran la actitud del padre hacia su hijo y si creía en él o no. Las madres, por naturaleza y a menudo incondicionalmente, manifiestan su amor hacia sus hijos, sobre todo cuando estos suelen tener más necesidad o ser más dependientes, como los que son hiperactivos. En cambio los padres, si no entienden cómo se manifiesta la hiperactividad en sus hijos, a veces muestran una desilusión permanente como consecuencia de la cual esconden sus emociones.

Muchos de los padres entrevistados tenían dificultades para determinar qué conductas estaban relacionadas con la hiperactividad y qué conductas negativas eran intencionadas por parte del niño, lo cual solía provocar en ellos una mayor sensación de frustración y hacía que prestasen demasiada atención a los comportamientos problemáticos. Este patrón puede mantener al padre y al hijo bloqueados dentro de un ciclo de interacción negativa. Los padres que mostraban una comprensión profunda de los efectos de la hiperactividad en sus hijos por lo general lograban evitar este tipo de ciclo destructivo, concentrándose en las conductas positivas.

Con esto no pretendo culpar a los padres de nada. De hecho, he comprobado que si la madre del niño índigo de algún modo le echa las culpas al padre, la situación empeora. Es imprescindible que todas las personas relacionadas con el niño estén dispuestas a perdonarse a sí mismas, al otro progenitor, al niño, a los maestros, a los médicos y a todos.

Cuando mantenemos en la conciencia la energía de la falta de perdón, literalmente nos centramos en la energía vieja. Entonces existimos en el universo paralelo que gobierna el ego. En ese mundo, rigen los problemas y triunfa el caos. Sin embargo, cuando estamos dispuestos a perdonarnos a nosotros mismos y al mundo, volvemos a centrarnos en el verdadero mundo del amor y el espíritu, en el cual todo se sana armoniosamente. Por suerte, no es necesario tratar de perdonar; basta con estar dispuestos a hacerlo. Esta ventanita de la disposición es suficiente para que la luz del Espíritu nos sane de todas las falsas ilusiones que tenemos en nuestros pensamientos.

Tener como hijo a un niño índigo verdaderamente es un don para el mundo, y si enfocamos la situación con el Espíritu, es un don para uno mismo y para el niño. Él está aquí para enseñarnos, y viceversa. Si mantenemos conversaciones de corazón a corazón, aprenderemos del niño unas verdades espirituales increíbles. Además, desarrollaremos una mayor proximidad y sensación de confianza.

Y no debemos olvidar que Dios es el verdadero padre o madre del niño índigo. Si constantemente recurrimos a Él para que colabore con nosotros, criar a un niño índigo se convierte en una de las partes más significativas y agradables del propósito de nuestra vida divina.[5]

La evolución espiritual

Nos dicen los metafísicos y sus fuentes que estos nuevos niños que llegan al planeta tienen mucha más conciencia espiritual, lo cual no significa que todos los índigo vayan a convertirse en ministros ni gigantes espirituales, sino que llegan con una conciencia diferente de la que teníamos nosotros.

Suponiendo que sea cierto, ¿por qué será así? Insistimos en que, según la mayoría de las fuentes espirituales, no sólo fueron esperados sino que son una prueba de la evolución de la conciencia humana, más allá de la «energía vieja» de generaciones anteriores. Son conciliadores, almas viejas y sabias, y una esperanza suprema para lograr mejores cosas en este planeta. Les interesa que haya paz en casa, entre sus padres. Se preocupan por cosas que van mucho más allá de las habituales en los niños y muestran una sabiduría que nos deja estupefactos. Ya vienen dotados de instintos humanitarios, que se manifiestan desde el principio. Saben que este es su lugar. Son un paso más en la evolución de la humanidad.

Muchos historiadores espirituales y religiosos toman nota de este fenómeno planetario y creen que realmente desencadena un cambio en la profecía global. Es una oportunidad mucho mayor para la humanidad, que va mucho más allá del cambio de milenio. Invalida algunos de los peores finales que contemplan las escrituras y refuerza otra información espiritual según la cual los seres humanos pueden introducir cambios en su propio destino, pueden cambiar el futuro y superar el temor y el odio. Nos permite albergar esperanzas de que todas las predicciones catastrofistas acerca del año 2000 no son más que tonterías en la era de los índigo.

❖ ❖ ❖

No se nos ocurre nada mejor para establecer un nexo con el próximo capítulo que presentar una historia que nos cuenta **Laurie Joy Pinkham.**

Aquí la presentamos como madre, aunque también es licenciada en enseñanza preescolar por la Universidad de New Hampshire, aparte de ser doctora en Teología.

Laurie comparte sus experiencias y sus esfuerzos con los niños índigo. Aunque habla de temas espirituales, el lector notará otra referencia a la falta de atención y la hiperactividad. ¿Por qué sigue apareciendo este diagnóstico por todas partes, en este libro? ¿Qué tiene que ver con los niños índigo?

Esta es la historia de Laurie. Conviene tenerla presente al leer el siguiente capítulo sobre la Ritalina, el diagnóstico de falta de atención y las sugerencias sanitarias alternativas para todos estos índigo mal diagnosticados.

¡Mis queridos índigos!

Reverenda Dra. Laurie Joy Pinkham

He criado a dos niños índigo, y mis tres nietas también son índigo. Mis hijos nacieron en la década de 1970 y mis nietas, en la de 1990. Durante todos estos años, la tarea no ha sido fácil. Siempre supe que mis dos hijos eran diferentes; a pesar de que cada uno de ellos tenía su personalidad, los dos eran muy distintos de sus compañeros.

Mark, mi hijo mayor, siempre ha sido muy sensible y distante con la mayoría de las personas. De bebé, se pasaba horas enteras en la cuna, «hablando» con los animalitos de sus móviles y sus peluches. No le gustaba que lo tomaran en brazos ni que lo abrazaran, sino que prefería la comodidad de sus guías «invisibles» y los límites de su cuna.

Su capacidad verbal se hizo evidente a una edad muy temprana. A los dieciocho meses ya se expresaba en oraciones completas. A los dos años, era un prodigio haciendo construcciones con los Legos® y con los Lincoln Logs®, y le gustaba mucho la música, sobre todo Mozart, Chopin, Beethoven y la música barroca en general.

Scott, mi hijo menor, era muy cariñoso y no le gustaba nada estar aquí. Desde que respiró por primera vez, no paraba de llorar. Diría que se pasó tres años llorando. Durante los primeros nueve meses de su vida, apenas dormía. De hecho, lo llevaba en un Snuggli® casi todo el tiempo. Aparentemente, el latido de mi corazón y la proximidad y el calor de mi cuerpo eran lo único que lo nutría y lo consolaba, brindándole una sensación de seguridad que le permitía dormir a ratos.

Lo más difícil de educar a estos niños fue que no tenía a mi disposición ninguna referencia. Miraba a los demás padres y me preguntaba qué les pasaría a mis hijos, por qué se comportarían de esta manera. No teníamos amigos íntimos, porque nuestros hijos no eran «normales» y por lo tanto la gente no nos invitaba a su casa. Nos sentíamos muy solos.

Siempre me han gustado los niños y siempre supe que tendría dos, por lo menos. Para tratar de comprenderlos mejor, me licencié en enseñanza preescolar y, en la década de 1980, puse en práctica un programa de guardería. Durante esta época observé a niños de orígenes distintos. Estos niños contaban unas historias increíbles sobre sus ángeles, sus guías y sus amigos imaginarios. Me gustaba mucho escucharles, y me consolaba pensar que algún día estos niños se considerarían normales y que estas historias eran la realidad que llegaríamos a comprender.

Mis dos hijos han sido poco comunes en lo que respecta a sus experiencias. Scott me despertaba por la noche para que lo acompañara afuera, a ver las naves espaciales que él veía. Yo me levantaba, salía y me limitaba a escuchar cuando él me contaba lo que veía. ¡Porque yo no veía nada! Sabía que era importante para él; además, no podía dejarlo salir solo en plena noche a los siete años. Durante este período, que duró hasta que cumplió los catorce, solíamos hablar de todas las cuestiones metafísicas que él conocía.

Su hermano Mark me llamaba a su habitación por la noche y me preguntaba si veía al hombre espacial, o los platillos voladores. Tampoco los veía, claro, aunque me habría gustado mucho. Yo aguardaba, con la esperanza de que algún día yo también podría verlos. Ahora miro atrás y me pregunto si eran mis hijos los que me despertaban.

En 1984, tras grandes dificultades en la escuela, a Scott le diagnosticaron falta de atención e hiperactividad. Yo no sabía nada sobre este tema, de modo que me dediqué a aprender. A medida que leía, me di cuenta de que Mark también tenía problemas de falta de atención, aunque sin el factor de la hiperactividad. Entonces encaramos la paternidad de un modo totalmente diferente, comprendiendo y esforzándonos para que sus vidas y las nuestras fueran lo más tranquilas posibles. No fue fácil, porque no teníamos referencias.

Nuestros hijos practicaban todos los deportes habituales, lo cual contribuyó a unirnos a todos y, además, les ayudó a sentirse aceptados. Durante la mayor parte de su infancia, habían sido parias sociales; la única manera de sobrellevarlo había sido mediante peleas y un comportamiento reactivo. Ellos no comprendían por qué les pasaban estas cosas y a los dos les entristecía la falta de comprensión de sus compañeros.

Probamos distintos tipos de medicación, cada una de las cuales funcionó durante bastante tiempo. La Ritalina y la Dexadrina eran las principales opciones en el campo médico en aquella época. Por donde vivíamos no había ningún homeópata, y la medicina alternativa no era tan aceptada ni accesible en 1983.

Acudimos a diversos especialistas en busca de respuestas que ayudaran a ambos niños; la mayoría de las veces fue como chocar contra un muro de ladrillos, y el consejo que nos daban era que usáramos un régimen de conducta muy restringido y controlado que nunca nos pareció adecuado y que generaba mucho odio dentro de la estructura familiar, cada vez que lo probábamos. Además, producía más problemas de comportamiento.

Comprendí que aceptar que eran diferentes era primordial para tratar de ayudarlos. Después de todo, estos niños abrían camino a muchos otros niños con falta de atención e hiperactividad que venían detrás. Colaboré en la creación de un grupo local de apoyo para otros padres a cuyos hijos les estuviera pasando lo mismo, lo cual dio lugar a que se fundara la sección New Hampshire del Children with Attention Deficit Disorder (CH.A.D.D.).[65] Lo bueno de esto fue compartir las experiencias con otros padres; pudimos hablar de las frustraciones que sentíamos todos como colectivo y resolver problemas a través del método del ensayo y el error.

Cuando mis hijos entraron en la adolescencia, fue más difícil ayudarlos. Las conductas típicas de la adolescencia, sumadas al diagnóstico médico y a los problemas de aprendizaje, comenzaron a agotarnos a todos. El sistema escolar sólo estaba estructurado para ser punitivo, en lugar de prestar apoyo; no comprendía a estos niños que marcaban el camino, lo único que interesaba era que todos se portaran bien.

Cuando Mark tenía quince años, nos dijo que se quería ir a vivir con un amigo, y decidimos hacer la prueba. La situación en casa no era demasiado buena, de modo que esperamos que esta separación la mejorara, aunque en realidad la empeoró.

Mark se metió en dificultades, con lo cual acabó en un centro tutelar infantil; esto agravó sus problemas de conducta. Lo enviaron allí por su comportamiento impulsivo y por querer ser como todo el mundo. Era incapaz de prever las consecuencias de sus actos; simplemente, no se daba cuenta. Después de los hechos, se quedaba perplejo, como si no pudiera creer que no se hubiera dado cuenta de que lo que hacía le traería problemas. La primera serie de incidentes incluyó hurtar de una tienda *El libro de las runas* y, algunas semanas después, a raíz de una apuesta, robó el coche del padre de un amigo suyo.

Cuando salió del centro tutelar, estuvo varios años entrando y saliendo de situaciones difíciles, que siempre incluían la incapacidad de prever las consecuencias de sus actos. Se entristeció y se endureció. Como madre, no sabía cómo apoyarlo pero sin justificar su conducta. Sabía que en esencia era una persona maravillosa, pero no tenía la menor idea de cómo tratar los problemas de conducta de un niño con falta de atención y con un desequilibrio hormonal.

Scott, mi hijo menor, también era duro. Destacaba en deportes, sobre todo en hockey, y también en música, arte y la redacción de historias imaginarias; pero en cambio el resto de las asignaturas le planteaba muchas dificultades. Para él no había puntos intermedios. Su comportamiento social siempre era competitivo. Siempre quería ganar, tanto en los juegos de mesa como en las discusiones.

En el solsticio de invierno de 1991, fui a visitar a Mark al piso que compartía con unos amigos y les llevé un paquete con alimentos básicos. (La última vez que fui a su casa, lo único que tenían en la nevera eran perritos calientes, salchichas ahumadas y cerveza.) En cuanto entré por la puerta, me quedé perpleja al ver una imagen de Cristo en lo alto de las escaleras. La reconocí porque pertenecía a una iglesia que estaba en la misma calle.

Les dije que, puesto que ambos habían participado en el incidente, tenían cuarenta y ocho horas para devolver la imagen a la iglesia; de lo contrario, llamaría a la policía y les diría dónde estaba. Todos los días llamaba a la rectoría y siempre me decían lo mismo: «No, no nos han devuelto la imagen».

Al tercer día, llamé a la policía municipal y les dije dónde estaba. Fueron al piso de Mark, recuperaron la imagen y lo arrestaron. Como Mark ya no era menor de edad, lo enviaron a la cárcel del condado por un año.

Es interesante ir revisando esta época. Lo pusieron en libertad bajo fianza, pendiente de juicio. Pero no se presentó al juicio y lo arrestaron el once de enero de 1992, el 11:11, una fecha metafísica importante, en la cual se activaba un acceso espiritual a la iluminación.

Cinco meses después, los remordimientos obligaron a Scott a confesar que en realidad había sido él el que robó la imagen y la llevó al piso de Mark. Se presentó ante el tribunal y confesó ante un juez que lo había hecho él; lo enviaron a un centro tutelar durante noventa días.

Mi matrimonio también estaba llegando a su fin por esa época. Como padres, mi marido y yo estábamos desorientados sobre la manera de ayudar a estos niños. Mirando hacia atrás, reconozco que fue una gran oportunidad en mi propia vida. Todo esto (denunciar a mi hijo, salir de mi matrimonio, el hecho de que la policía llegara durante la celebración del 11:11 y mi despertar espiritual) había comenzado a fluir desde el momento en que llegué a ser maestra de Reiki, en 1988. Ahora sé que mi hijo Mark y yo teníamos un convenio. Ahora lo conversamos abiertamente y nos hace reír. Hemos sanado un período muy difícil de nuestra vida, y sabemos que podríamos haberlo hecho de otra forma, pero esto es lo que elegimos.

En 1997, Mark volvió a la cárcel del condado por infracciones de tránsito, multas por exceso de velocidad, huir del lugar del accidente y multas pendientes de pago. Durante esta época, algo me dijo que no lo visitara. Algo me «dijo» que era mejor esperar y darle tiempo para que se diera cuenta de las consecuencias de su comportamiento, que era su oportunidad para aprender y para su próxima iluminación.

Seis meses antes de que saliera de la cárcel, comencé a enviarle libros. Le envié todos los libros de Kryon de Lee Carroll, además de los libros de las *Conversaciones con Dios*. Los leyó todos, con la excusa de que no le quedaba más remedio, pero comenzó a compartir los libros con los demás presos: ¡leían el material y lo comentaban! Me dio la impresión de que nuestro espíritu había completado el círculo: desde mi primer despertar para aceptar a los hombres del espacio y los guías y los ángeles, pasando por su despertar en una cárcel del condado, hasta su misión de ayudar a otros a despertar y escuchar, enseñándoles el camino.

Mark ya ha salido de la cárcel, hace Reiki, trabaja y cría a sus dos hijas, Kathryn y Emma, y enfoca la vida de otra manera. Lucha con las diferencias que encuentra en su interior, pero también está abierto a verse desde una perspectiva diferente. Estoy convencida de que este antiguo niño índigo está aquí para ayudar a los demás, para ser el padre de dos jovencitas que no van a pasar desapercibidas.

Scott trabaja en el campo de la medicina y tiene una hija, Kayley, a la que yo llamo «Kibit». A pesar de encontrarme en la otra punta del país, cuando estaba a punto de nacer, lo supe y me di prisa para regresar a tiempo. No me sorprendió, al recoger mis mensajes, encontrar la llamada de Scott desde el hospital. Llegué a tiempo para presenciar el nacimiento de Kayley Isabel.

Este bebé me «habló» unos instantes después de nacer. Su vida corría peligro y había que trasladarla a un centro médico importante. La tomé en brazos y le dije que no se hiciera ningún problema si tenía que regresar al mundo de los espíritus. Entonces me dijo que estaba allí para verme y que pasarían cuatro meses antes de que nos volviéramos a ver. Todo esto me lo comunicó mirándome a los ojos.

Scott y yo discutimos, y efectivamente pasaron cuatro meses hasta que pude volver a tener a Kibit en los brazos. Scott comenzó a contarme cosas sobre ella: que siempre le daba la impresión de que ella lo sabía todo sobre él. Recuerdo que me dijo que le parecía que le leía el pensamiento y que lo miraba fijamente todo el tiempo. Cuando ella creció, se pusieron de manifiesto su habilidad verbal y su independencia. A los catorce meses, ya hablaba con frases completas. Sabía de dónde venía y me lo decía. Se sentaba en la cuna y me miraba fijamente y «hablaba» sin abrir la boca.

El propio Scott siempre ha sido «afortunado». Siempre ha sabido, de forma innata, cuándo le iría bien y cuándo le iría mal, y casi siempre ha acertado. Me habla mucho de Kayley, porque sabe que ella también es diferente.

Hasta que otras personas no comenzaron a hablar de los niños índigo, ninguno de nosotros tenía ninguna referencia de quiénes eran estos niños insólitos, a veces incomprendidos y a menudo muy dotados. Me maravilla pensar en la próxima generación de estos seres extraordinarios, que saben lo que quieren y quiénes son, y que no se avergüenzan en absoluto de preguntarlo ni de comentarlo. Dicen que estuvieron aquí antes y que saben lo que éramos nosotros antes. Kayley me habla de eso actualmente. Me habla de sus ángeles y sus guías y de lo que le dicen. Scott escucha a su hija y ahora comprende por qué luchó por crecer.

Emma, la hija de Mark, es pequeña todavía pero ya presenta indicios de ser índigo. Habla y tiene una motricidad increíble. Tiene el cuerpo largo y flexible, los ojos vivaces, y señala las cosas invisibles que todavía no alcanzo a ver, aunque sé que me dice a quién ve a mi alrededor y que estos seres son mis guías y mis ángeles. Ella les sonríe, les habla... y después me mira a los ojos y me dice en silencio quién soy.

La otra hija de Mark, Kathryn Elizabeth, habla de su angelito. Sonríe y alarga la mano y se van juntos a jugar al cajón de arena, a excavar túneles y a hacer pasteles de barro, y a conversar sobre el futuro.

Me ha sido útil saber que mis hijos son dones que me han sido confiados. Con el tiempo, hemos ido llegando a distintos acuerdos, y es una bendición saber que lo mismo ocurre con mis nietas. Quiero mucho a mis hijos, y siempre les digo lo especiales que son, que estoy agradecida por haber pasado por dificultades y que el viaje nos haya acercado. Sé que mis hijos han servido de referencia a muchos. Han despertado mi alma en este viaje, y han creado a mis nietas, que saben exactamente quiénes son.

Más historias de índigos

Cuando mi hija Marlyn tenía apenas tres años, un día estábamos diciendo juntas una oración que comienza: «Ahora me voy a dormir...». Cuando acabamos, Marlyn me preguntó cuál era la oración que solía decir yo, y me pidió que la dijera en voz alta, de modo que comencé a rezar el padrenuestro y se me sumó de inmediato. Yo sabía que no lo había escuchado antes, por lo menos no en su cuerpo actual, de modo que le pregunté cómo lo sabía tan bien. Me dijo que antes lo decía «todo el tiempo». La felicité por su buena memoria.

Estuvimos hablando un buen rato sobre lo fuertes que son algunos de estos recuerdos y lo importante que era respetarlos. Este tipo de conversación era bastante frecuente, y a mí me parecía bastante normal, al no tener hermanos y teniendo poca experiencia con niños tan pequeños. Sólo cuando algunos amigos me indicaron que esas conversaciones eran muy adultas, me di cuenta de que no eran tan normales.

En una ocasión, ella iba en el asiento trasero del coche; en el delantero íbamos una amiga y yo, conversando sobre algunos de los adornos más esotéricos de un templo al cual asistíamos, y que algunos parecían demasiado centrados en la figura del jefe de la organización, aunque de todos modos se notaba, sin duda, la verdad esencial. Marlyn interrumpió diciendo que debíamos hacer un esfuerzo por comprendernos mutuamente y también a «la verdad», refiriéndose, evidentemente, a la figura de la que hablábamos. Mi amiga se quedó horrorizada; en cambio yo me di cuenta enseguida de que, como el alma de Marlyn es tan mayor, es muy natural que ella percibiera esta necesidad.

Terry SMITH,
madre de Marlyn, que ahora tiene doce años

Mi hija Stef, de quince años, y yo vivimos en una comunidad rural religiosa que respeta las tradiciones holandesas. Sé que hay un lugar para nuestras palabras y rezo para que nos conduzcan hasta allí.

Hablando sobre lo que pensaban sus compañeros de escuela sobre el cielo, me dijo: «El cielo es otra palabra para referirse al más allá, aunque sigue siendo limitada».

Hablando del cielo, dijo: «Dios no ha parado de crear; el universo cambia. Él construye a las personas y las cosas para que aprendan a amarlo».

Hablando de la predestinación, dijo: «Dios no sabe lo que vas a hacer. Él te hizo con amor y con Su conocimiento. Uno tiene que hacer lo que le parece correcto. Tú tienes un destino; ¿lo quieres? Si le pegas a alguien, Dios no tiene ningún plan para ti; es tu decisión. Dios tuvo un pensamiento: Él creó a la humanidad, y la humanidad trató de llegar a ese pensamiento. Ahora soy el pensamiento, y ahora soy humana. Soy, al mismo tiempo, una parte de Dios y de la creación. Soy el creador y la criatura.»

Laurie WERNER,
madre de Stef, de quince años

165

Nuestra hija índigo

Te miro a los ojos, y me sostiene tu mirada,
tan sabia, tan alerta y tan consciente.

Siento que te conozco, que te he visto antes.
¿De dónde vienes? Quiero saber más.

¿Te acuerdas de un lugar remoto
con otro nombre y otro rostro?

No te preocupes si no comprendemos
el mensaje que traes a esta Tierra.

Sabemos quién eres; sabemos para qué estás aquí.
Para responder a nuestras preguntas, lo tienes claro.

Ya sé que no te sientes integrada aquí.
No te frustres; siempre estaremos cerca.

Nuestra familia está cerca, mental y espiritualmente.
Te comprendemos, y conocemos a los que son como tú.

Nos ofreces amor y nos mantienes unidos.
Tocas nuestro corazón con la suavidad de una pluma.

¿Por qué has elegido ser nuestra hijita?
¿Qué mensaje nos traes a este mundo?

Tienes un espíritu dulce, apacible y sereno.
Eres muy especial, nuestra hija índigo.

por Mark Denny,
escrito para su hija Savannah, de dos años

capítulo cuatro

Cuestiones de salud

Este capítulo no trata concretamente sobre la falta de atención ni sobre la hiperactividad. En la actualidad, existe una cantidad de información realmente excepcional sobre estos temas, y no pretendemos ser autoridades en todo lo que esto implica. No obstante, como se utiliza tanto un fármaco llamado Ritalina para tratar a niños que tal vez sólo sean índigo, queremos que el lector conozca la información más reciente que tenemos sobre esta droga.

Los lectores que pretenden encontrar en este capítulo tratamientos alternativos, sin medicamentos, para aquellas personas que realmente tienen problemas de falta de atención o de hiperactividad, también tendrán respuesta. Sin embargo, el capítulo está dedicado a todos aquellos a los que se les ha diagnosticado falta de atención o hiperactividad por error, ¡cuando en realidad sólo son niños índigo! En muchos casos, lo que funciona para los niños con problemas de falta de atención funciona también para la experiencia con los índigo, sobre todo en nutrición y en los sistemas de comportamiento alternativo. Vamos a repetir una información que ha ido apareciendo a lo largo del libro:

1. ¡No todos los niños índigo tienen problemas de falta de atención ni de hiperactividad!

2. ¡No todos los niños con problemas de falta de atención o de hiperactividad son índigo!

Antes de presentar nuestra pieza del puzzle, queremos rendir homenaje a los líderes de la investigación sobre la falta de atención y la hiperactividad, que ayudan al planeta con sus escritos. Aunque son muchos, a continuación incluimos una breve selección de las listas de best-séllers de los libreros; son libros conocidos sobre la falta de atención que sirven de ayuda, literalmente, a millones de padres. Puede que, después de la publicación de este libro, tengamos una lista de más libros concretamente sobre los índigo. En ese caso, el lector los encontrará en nuestra página web: www.Indigochild.com.

Algunos libros recomendados sobre la falta de atención y la hiperactividad

1. *Driven to Distraction*, del doctor Edward Hallowell. Para muchos, el mejor libro sobre el enfoque médico de la falta de atención.[58]

2. *Helping Your Hyperactive ADD Child*, de John F. Taylor. Otro libro extraordinario, considerado el texto más completo sobre el tema de los niños con problemas de falta de atención e hiperactividad.[59]

3. *Raising Your Spirited Child*, de Mary Sheedy Kurcinka. Abarca la manera de tratar ciertas características desde el punto de vista de los padres.[60]

4. *The A.D.D. Book*, del doctor William Sears y la doctora Lynda Thompson. Escrito por un pediatra y una psicóloga infantil, este libro ofrece una idea general sobre un tratamiento para niños con problemas de falta de atención, sin recurrir a fármacos.[61]

5. *Running on Ritalin*, de Lawrence Diller. Un libro que debe-

rían leer todos los padres que tratan a sus hijos con Ritalina.[62]

6. *No More Ritalin: Treating ADHD Without Drugs*, de Mary Ann Block. En realidad, este libro representa el tema que trata este capítulo.[63]

7. *Ritalin: Its Use and Abuse*, de Eileen Beal.[64] (En realidad, en el momento de escribir este libro, todavía no está publicado, pero está en fase de revisión.)

También hay organizaciones que tratan concretamente de ayudar a los padres de niños con problemas de falta de atención. La más notoria en el momento de escribir este libro es **CH.A.D.D.**[65] (Children with Attention Deficit Disorder). Esta organización invita a los padres a ponerse en contacto con ellos, y ha recogido y organizado información procedente de todo el país. Son el centro que reúne toda la información actualizada. Su página web es otra de las que conviene consultar.

Otra organización extraordinaria es **Network of Hope**.[66] Este grupo, que tiene su sede en Florida, es una organización sin ánimo de lucro, fundada por un grupo de ciudadanos preocupados. Explican en su página web: «Todos estamos de acuerdo en que "nuestros hijos son nuestro principal recurso". Somos un grupo de estadounidenses, que estamos unidos con el corazón, y decidimos unirnos a los demás y compartir esta esperanza con todas las familias.» Su página web también brinda mucha información nutricional.

¿Curamos o anestesiamos?

En lo que va del libro, hemos oído a padres que estaban desesperados, con hijos que parecían tener un problema de falta de atención pero que en realidad no lo tenían. A algunos les habían diagnosticado falta de atención y han pasado por toda la rutina, tomando los fármacos correspondientes. Como ya hemos dicho, aparentemente esto ha servido de ayuda, pero ¿les ha servido a los padres o a los hijos? Sin duda, es posible que algunos niños se hayan tranquilizado y se hayan conformado, pero ¿esto ocurrió porque les habían anestesiado su «conciencia evolucionada»?

Este capítulo va dirigido a los lectores que se preguntan si su hijo tendrá realmente problemas de falta de atención o si será uno de los nuevos índigo. Presentamos a continuación una información de la **doctora Doreen Virtue** sobre el diagnóstico de la falta de atención y los índigo, y después algunos tratamientos alternativos para la falta de atención que hemos encontrado en nuestros viajes, que también sirven para los índigo que tienen problemas con el mundo que los rodea.

Algunas de las alternativas pueden parecer extrañas, pero no las incluiríamos si no conociéramos su efectividad.

¿Es sano conformarse?

Dra. Doreen Virtue

A los niños índigo a menudo los califican de hiperactivos porque se niegan a conformarse. Cuando vemos una película de Clint Eastwood, aplaudimos su carácter rebelde. En cambio, cuando lo mismo se manifiesta en los niños, los drogamos.

Escribe el terapeuta Russell Barkley, autor de *Hyperactive Children: A Handbook for Diagnosis and Treatment*:[67] «Si bien la falta de atención, el exceso de actividad y el escaso control de los impulsos son los síntomas que con mayor frecuencia se consideran comunes en los niños hiperactivos, por mi propio trabajo con estos niños llego a la conclusión de que el inconformismo también es un problema fundamental».

Llevo muchos años trabajando en el campo de la psiquiatría. Recuerdo que cuando hacía prácticas de orientación, trabajé con un psiquiatra muy importante. Todos los días, docenas de personas aguardaban pacientemente en la sala de espera, porque él siempre los recibía con una hora de retraso. A cada paciente le dedicaba un máximo de diez minutos; detrás de su enorme escritorio, tomaba notas a máquina mientras el paciente hablaba. Al final de cada sesión, siempre recetaba algo.

Reconozco que al principio lo criticaba por aplicar un tratamiento con medicamentos en lugar de usar una terapia verbal. Después me di cuenta de que se limitaba a hacer lo que hacen todos los médicos. Si le damos a alguien un martillo, golpeará algo. Si alguien consulta a un médico, seguro que este le recetará algún medicamento para aliviar sus dolencias. Me recuerda el viejo axioma: «No trates de enseñarle a cantar a un cerdo. Aparte de perder el tiempo, fastidiarás al cerdo.» En otras palabras, la gente es lo que es. Así que no me extraña que, cuando los educadores se hartan de rebeldías y envían a los niños al psiquiatra infantil y al médico de cabecera, estos les receten Ritalina.

De todos modos, seamos justos: algunos psiquiatras condenan públicamente el uso de la Ritalina. «La Ritalina no corrige los desequilibrios bioquímicos, sino que los produce», revela el doctor Peter R. Breggin, director del Centro Internacional para el Estudio de la Psiquiatría y la Psicología y profesor adjunto del Departamento de Asesoramiento de la Johns Hopkins University,[68] que afirma:

> La hiperactividad es un diagnóstico controvertido que tiene muy poco o ningún fundamento científico ni médico. Un padre, un profesor o un médico bien puede sentir que no está solo al rechazar enérgicamente el diagnóstico y negarse a aplicarlo a los niños.
> No hay pruebas de ninguna anormalidad física en el cerebro ni en el cuerpo de los niños que pueda calificarse rutinariamente como hiperactividad. No presentan ningún desequilibrio bioquímico conocido, ni tienen «los cables cruzados».

El doctor Breggin añade que hay algunas pruebas de que la Ritalina puede provocar daños permanentes en el cerebro infantil y en su funcionamiento. La Ritalina disminuye el flujo sanguíneo al cerebro y provoca otras disfunciones graves en el cerebro del niño, que se está desarrollando. Y prosigue:

> Los niños no presentan trastornos, sino que viven en un mundo trastornado. [...] Cuando los adultos les brindan un ambien-

te mejor, tienden a mejorar rápidamente su perspectiva y su comportamiento. Pero algunas veces los niños y los adolescentes pueden llegar a sentirse tan alterados, confundidos y autodestructivos que internalizan el dolor o se vuelven rebeldes compulsivos. Jamás habría que darles la impresión de que están enfermos ni son deficientes, ya que la causa fundamental de sus conflictos son la escuela y la familia.

A los niños les va bien que los orienten mientras aprenden a hacerse responsables de su propia conducta, pero no que los acusen por el trauma y el estrés a los que están expuestos en el ambiente que los rodea. Necesitan sentirse fuertes, en lugar de recibir diagnósticos humillantes y fármacos que los anulan. Prosperan, sobre todo, cuando los adultos se preocupan y prestan atención a sus necesidades básicas como niños.

Distintos enfoques de los niños índigo

La misión fundamental que tenemos todos es aislarnos a nosotros y a nuestros hijos de los coletazos de la vieja energía en la cual estamos insertos. En lugar de drogarlos o de obligarlos a obedecer los viejos estándares energéticos, hay otras maneras de establecer la armonía en las familias con niños índigo.

Por ejemplo, la doctora Mary Ann Block, osteópata y autora del libro *No More Ritalin: Treating ADHD Without Drugs*,[63] trata a los niños con un diagnóstico de hiperactividad comprendiendo su manera única de razonar. Ha observado que estos niños trabajan fundamentalmente con el lado derecho del cerebro, es decir, que tienen tendencia a ser visuales, creativos, artísticos, físicos y espaciales. Nuestro sistema educativo, que requiere un método más de biblioteca, que trabaja con el lado izquierdo del cerebro, no se adapta bien al estilo de pensamiento natural de los niños en los que predomina el lado derecho.

Según la doctora Block, «además, los niños tienden a aprender a través del tacto». Esto significa que aprenden mejor con las manos. Durante los primeros años de escuela, como suelen ser muy listos, pueden compensarlo; pero cuando llegan a cuarto o a quinto curso, el maestro se pone al frente de la clase, explica y escribe trabajos en la pizarra. Se supone que los niños tomen apuntes y que copien correctamente las tareas, pero estos niños tienen dificultades para aprender en el entorno de la clase. Escribe la doctora:

Aunque ellos ven y escuchan la información, el cerebro no la procesa igual a través del oído y la vista. Siguen esforzándose por tratar de aprender pero, como aprenden a través del tacto, es posible que cojan un lápiz y lo echen al aire, o se metan las manos en los bolsillos, o se apoyen en la persona que tienen delante, y así se meten en problemas cuando lo único que pretendían era aprender como mejor saben, a través del tacto. De modo que, a pesar de ser brillantes, a menudo les ponen el rótulo de que tienen dificultades de aprendizaje o que son problemáticos.

Cuando la doctora Block dice que estos niños son táctiles y dan mucha importancia a las sensaciones, se refiere a su sensibilidad y su clarividencia natural. Esto significa que los niños índigo reciben y envían información a través de sus sentimientos físicos y emocionales. La clarividencia es una forma de comunicación psíquica que se suele llamar «intuición» o «telepatía». Creo que todos somos telepáticos por naturaleza y qué, en el nuevo mundo, vamos a recuperar esta capacidad. No castiguemos a los niños índigo por conservar una habilidad que nos beneficiaría a todos. Prosigue la doctora Block:

Como las personas que aprenden a través del tacto tienen dificultades para aprender a través del oído y la vista, a menudo requieren una estimulación táctil que les ayude a aprender mediante los demás sentidos. Esto significa que tal vez necesiten tocar algo mientras miran y escuchan. A los niños les damos una pelotita blanda para que la aprieten. Conviene dejar que el niño tenga en una mano la pelota o algún otro objeto mientras escucha, lee o escribe, tanto en la escuela como en casa. Es posible que invocar el tacto mientras trata de aprender mejore su aprendizaje auditivo y visual, además de reducir su comportamiento activo e inaceptable en clase.

Es posible que las personas que aprenden a través del tacto no escuchen a su padre o su madre cuando los llaman o les hablan.

Conviene llamarlos primero para llamarles la atención, antes de darles una instrucción oral. Si estamos cerca de ellos, conviene tocarles con suavidad el hombro o el brazo para ayudarlos a «aterrizar» y a continuación darles las instrucciones verbales.

❖ ❖ ❖

¿Qué hacer?

Entonces, un niño puede tener problemas de falta de atención, o ser índigo, o las dos cosas. En cualquier caso, seguro que el lector, como padre, tiene que resolver un desequilibrio en su casa, un día sí y otro también. ¿Qué se puede hacer al respecto? Sentarnos a pensar no nos ayuda, ni a nosotros ni a nuestros hijos. Es posible que el lector ya haya hecho algo, que antes de comenzar el tratamiento de su hijo haya averiguado sobre los problemas de falta de atención, que se haya puesto en contacto con otros padres, que haya consultado a algunos médicos. Eso está muy bien, y se supone que es lo que debería hacer. Pero ahora queremos que sepa que hay algo más. Nuestra intención es infundirle esperanzas, no incrementar su confusión.

Antes que nada, queremos dejar algo bien claro. Ninguno de estos colaboradores o autores pretende que ningún padre se sienta culpable por medicar a su hijo. No estamos aquí para señalar a nadie con el dedo ni para acusarlo. Simplemente queremos presentar un debate sobre la Ritalina y que el lector sepa que hay tratamientos alternativos. También queremos que se plantee la posibilidad de que tal vez su hijo no tenga problemas de falta de atención o de hiperactividad, después de todo. Si parte de la información que hemos ofrecido hasta ahora «encaja» con su hijo, suponemos que el lector querrá saber lo que hacen los demás.

Sanadores, educadores y especialistas de la industria infantil han llenado este capítulo de informes sobre cómo solucionar unos problemas que parecen tener como síntomas la falta de atención y la hiperactividad (que, como ya hemos dicho, también se aplican a muchos índigo). No todos estos métodos son aceptados, pero ya sabemos que al principio todo el mundo rechaza las curas revolucionarias. La historia reciente está llena de ejemplos de este tipo. Esto nos recuerda la revelación sobre la curación de las úlceras, cuando se descubrió que las causan unas bacterias. La industria médica protestó y abucheó hasta el último minuto, y hasta que el médico que lo descubrió no estuvo a punto de matarse por hacer experimentos en su propio cuerpo, las empresas farmacéuticas no quisieron aceptarlo. Es posible que con este libro ocurra algo similar; el tiempo lo dirá.

Queremos presentar algunos informes y datos sobre la Ritalina. Parte de la información es reciente, otra parte es más antigua, pero es importante que el lector lo sepa todo. Recientemente, la revista *Time* dedicó su sección principal a este fármaco, y decía:

> Hace tiempo que el ritmo en que aumenta el uso de la Ritalina preocupa a los críticos. Algunos médicos tienen que enfrentarse con padres preocupados por el futuro de sus hijos que les exigen el medicamento y, si se lo niegan, van a buscar a otro médico que les dé lo que ellos piden. Algunos padres se sienten presionados para medicar a sus hijos, simplemente para que su comportamiento concuerde más con el de los demás niños, por más que ellos mismos estén bastante satisfechos con la conducta de sus hijos, a pesar de sus peculiaridades, sus berrinches y demás. [...]
>
> La producción de Ritalina ha aumentado más de siete veces en los últimos ocho años, y el noventa por ciento se consume en los Estados Unidos. Estas cifras apoyan la acusación de que los distritos escolares, las compañías de seguros y las familias estresadas recurren a la medicación como una solución rápida para unos problemas complicados que se podrían solucionar mejor con clases más reducidas o recurriendo a la psicoterapia o a la terapia familiar, o introduciendo cambios fundamentales en el ambiente frenético en el que se mueven todos los días tantos niños estadounidenses. [...]
>
> Hasta los médicos que han visto los efectos positivos, a veces milagrosos de la Ritalina advierten que esta droga no sustituye a una mejora de las escuelas, la enseñanza creativa y que los padres dediquen más tiempo a estar con sus hijos. A menos que un niño aprenda a arreglárselas, los beneficios de la medicación desaparecen en cuanto pasan sus efectos. [...]

A lo largo de los últimos años, la tendencia ha sido clara: el porcentaje de niños con un diagnóstico de hiperactividad (o de falta de atención) que salían de la consulta del médico con una receta dio un salto del 55 por ciento en 1989 al 75 por ciento en 1996.1

En la corriente dominante de la ciencia y la medicina, comienzan a aparecer el «pánico a la Ritalina» y algunos enfoques alternativos y de sentido común para niños a los que se les ha diagnosticado falta de atención o hiperactividad. Comienzan a plantearse preguntas técnicas básicas sobre este fármaco tan utilizado: ¿Es cierto que la Ritalina es efectiva? ¿Tiene efectos secundarios? ¿Qué dicen los expertos?

Esta es la opinión del doctor J. Zink, un terapeuta familiar que vive en California, autor de diversos libros sobre la educación de los hijos, publicada en el mismo número de la revista *Time*: «No vamos a negar que la Ritalina es efectiva; pero ¿por qué lo es, y qué consecuencias tiene su abuso? En realidad, no lo sabemos».[1]

La siguiente cita, que data de 1984, comparte el mismo sentimiento; está tomada de *How to Raise a Healthy Child... in Spite of Your Doctor*, del doctor Robert Mendelsohn.[69]

Nadie ha sido capaz de demostrar nunca que medicamentos como el Cylert y la Ritalina mejoren el rendimiento académico de los niños que los toman. El efecto principal de la Ritalina y otras drogas similares es el manejo a corto plazo del comportamiento hipercinético. Se droga al alumno para facilitarle la vida al maestro, en lugar de volverla mejor y más productiva para el niño. Si la víctima fuera hijo mío, los riesgos potenciales de estos fármacos serían un precio elevado que no estaría dispuesto a pagar para que el maestro se sintiera más cómodo.

Teniendo presente esta afirmación, presentamos la cita siguiente, tomada de una reunión de los Institutos Nacionales de Salud, celebrada en 1998, tomada del mismo número de *Time*. En quince años, la situación con respecto a la Ritalina apenas ha cambiado.

Evidentemente, la Ritalina sirve a corto plazo para reducir los síntomas de la hiperactividad. Pero cada vez son más los niños que llevan años tomando este fármaco, sin que se hayan hecho estudios suficientes para comprobar si produce efectos duraderos en el rendimiento académico o el comportamiento social.

La Ritalina puede afectar el ritmo de crecimiento del niño, aunque según las últimas investigaciones sólo retrasa su desarrollo, pero no lo frena. A pesar del incremento de la cantidad de recetas destinadas a niños de menos de cinco años, no tenemos pruebas de que estos fármacos sean seguros ni efectivos para niños tan pequeños.[1]

Los efectos secundarios de la Ritalina

Es posible que lo que vamos a comentar ahora sea totalmente nuevo para el lector; por lo general, sólo lo saben los médicos. Puede que nos dé escalofríos, al menos eso esperamos. Como citaba el doctor Robert Mendelsohn en su libro *How to Raise a Healthy Child... in Spite of Your Doctor*,[69] el siguiente fragmento está tomado textualmente de *The Physician's Desk Reference*. El informe lo proporcionó el fabricante de la Ritalina, Ciba-Geigy, por imperativo legal.

Al leer el siguiente texto, conviene que el lector se fije en que la empresa reconoce que «no sabe cómo actúa la Ritalina», ni de qué manera afectan sus consecuencias el estado del sistema nervioso central. Reconoce también que se desconoce si es segura a largo plazo. Al mismo tiempo, hay que tener en cuenta que los comentarios entre paréntesis corresponden al doctor Mendelsohn.

El nerviosismo y el insomnio son las reacciones adversas más comunes, aunque por lo general se controlan reduciendo las dosis y no tomando el medicamento por la tarde y la noche. Produce también otras reacciones como la hipersensibilidad (por ejemplo, erupciones cutáneas), urticaria (hinchazón, comezón en la piel), fiebre, artralgia, dermatitis exfoliativa (caída de la epidermis en forma de escamas), eritema multiforme (inflamación aguda de la piel), con los descubrimientos histopatológicos de la vasculitis necrotizante (destrucción de los vasos sanguíneos), y la púrpura trombocitopénica (un trastorno grave de la coagulación de la sangre), anorexia; náuseas; vértigo; palpitaciones; dolor de cabeza; disquinesia (dificultad para realizar movimientos voluntarios), somnolencia; cambios en la presión sanguínea y el pulso, que tanto pueden aumentar como disminuir; taquicardia (frecuencia excesiva de las pulsaciones cardíacas), angina (ataques espasmódicos de intenso dolor cardíaco); arritmia (irregularidad en las contracciones cardíacas); dolor abdominal, pérdida de peso durante la terapia prolongada.

En muy pocos casos se ha hablado del síndrome de Tourette. Se ha mencionado la psicosis tóxica en pacientes que toman este medicamento; leucopenia (disminución del número de leucocitos en la sangre) y / o anemia; ha habido algunos casos, muy pocos, de pérdida de cabello. En los niños, se pueden producir con mayor frecuencia los siguientes síntomas: pérdida de apetito, dolor abdominal, pérdida de peso durante terapias prolongadas, insomnio y taquicardia; sin embargo, también se puede producir cualquiera de las demás acciones adversas que se acaban de mencionar.

Lo que sigue a continuación se refiere a sustancias nuevas, formas de terapia mucho más extravagantes, y mucha información práctica sobre nutrición. Comenzamos con un informe de **Keith Smith**,[70] iridólogo y fitoterapeuta, residente en California, que ha obtenido un éxito extraordinario utilizando métodos muy poco ortodoxos, de algunos de los cuales no es consciente casi nadie. Parte de su informe es bastante técnico, para los que lo prefieren así, aunque también le hemos pedido casos clínicos, porque nos parece que cualquiera los puede comprender.

Le pedimos a Keith que presentara sus métodos y también que se planteara concretamente el interrogante de los índigo y las personas que tienen problemas de falta de atención. Una vez más, no habríamos presentado ninguna información si no hubiéramos visto que funcionaba. Las teorías que hoy pueden resultar extravagantes suelen constituir la ciencia del mañana.

La polaridad invertida crónica en los niños especiales de hoy

Keith Smith

Para todos los niños, nuestra finalidad debería ser curar, más que tratar. Revisando la información sobre los problemas de falta de atención, la hiperactividad y los problemas de aprendizaje, me quedé atónito al ver un informe sobre la labor del Instituto Nacional de Salud Infantil y Desarrollo Humano. Esta organización menciona en su resumen que «el apoyo a proyectos relacionados con problemas de aprendizaje y del lenguaje se ha incrementado de 1,75 millones en 1975 a más de 15 millones en 1993», lo cual representa un total acumulativo de alrededor de ochenta millones de dólares, sólo en investigación.[71]

Bajo el título de «Direcciones de la investigación futura sobre los problemas de aprendizaje» y con el subtítulo de «Tratamiento / Intervención», aparece la siguiente afirmación:

> Una revisión de la bibliografía sobre los problemas de lectura y otros problemas de aprendizaje indica que no hay ningún método o enfoque del tratamiento / la intervención que, por sí solo, produzca avances terapéuticos a largo plazo que sean clínicamente significativos en niños a los que se les hayan diagnosticado problemas de aprendizaje. Lamentablemente, hasta la fecha existe muy poco apoyo científico para el uso de intervenciones particulares o combinaciones de intervenciones en distintos tipos de problemas de aprendizaje.[72]

Según mis cálculos, precisamente esta organización ha destinado 155 millones de dólares para la investigación, sin obtener ningún remedio. Según otro documento obtenido en Internet [mediconsult.com],[73] se calcula que entre tres y cinco millones de niños sufren de hiperactividad. Si les sumamos los que tienen problemas de aprendizaje, la cifra se eleva a diez millones de niños, o más.

En este documento, el Instituto Nacional de Salud Mental, el organismo que se encarga de la investigación sobre el cerebro, las enfermedades mentales y la salud mental a nivel nacional, sostiene que:

La hiperactividad se ha convertido en una prioridad nacional. Durante la década de 1990, declarada por el presidente y por el congreso la «década del cerebro», es posible que los científicos localicen los fundamentos biológicos de la hiperactividad y aprendan a prevenirla o a tratarla de una manera incluso más eficaz.

Si una organización gasta 155 millones de dólares y hay otros organismos públicos que gastan millones, me pregunto cuánto dinero y cuánto tiempo de investigación se habrán destinado, sin que sea visible todavía ninguna cura.

Soy fitoterapeuta y aplico un enfoque holístico de la salud. Me quedé tan atónito ante toda esta información porque en mi práctica profesional la falta de atención o la hiperactividad en general se considera una de las enfermedades que mejoran o se alivian con mayor facilidad. (No somos médicos, por lo tanto no curamos, pero nos permiten aumentar el bienestar y aliviar los síntomas, dentro del alcance de nuestra práctica.) En este informe, he incluido tres casos, aunque no costaría nada presentar trescientos o tres mil casos similares. No recuerdo ningún caso de falta de atención o de hiperactividad en los que no se obtuvieran resultados tan positivos como los mencionados, a menos que el paciente no tomara la medicación que le recomendaron.

La polaridad invertida crónica

Descubrí la polaridad invertida crónica como un remedio para el síndrome de fatiga crónica hace varios años, por pura casualidad. Desde entonces, me he dado cuenta de que muchos de los síntomas de la hiperactividad en los niños eran idénticos a los síntomas de la polaridad invertida crónica, tal como se presenta en los adultos.

Cuando comencé a hacer pruebas con niños con hiperactividad, se confirmaron mis sospechas. Casi todos los niños con hiperactividad que han venido a mi consulta tienen polaridad invertida crónica. Cuando añadí a mi plan nutricional previo la planta que cura este trastorno, comenzaron a ocurrir cosas maravillosas: los niños comenzaron a reaccionar con una mejoría. La mayoría de los niños se pusieron «bien».

Todos los sistemas y procesos del cuerpo físico son eléctricos. Nuestros procesos mentales, el sistema inmunológico y el corazón forman parte de un amplio sistema que se maneja eléctricamente. El cuerpo humano es un sistema eléctrico que contiene y genera su propia energía. Cuando actúa la electricidad, se crean campos magnéticos, y los campos magnéticos tienen polaridad, es decir, que tienen un polo norte y un polo sur. Si sometemos un imán a tensión, invierte su polaridad; en esencia, los polos norte y sur cambian de lugar.

Puesto que el cuerpo humano es eléctrico y tiene un campo magnético sutil, ciertas condiciones, como el estrés, invierten sus polos norte y sur, su polaridad, más o menos como ocurre con el imán. Esto puede ser un proceso transitorio, y como tal lo tratan la gran mayoría de los profesionales de la medicina alternativa u holística. Sin embargo, en mi práctica he comprobado que la inversión de la polaridad suele ser un proceso duradero, bastante difícil de curar si no se conocen del todo las distintas formas que presenta.

Esto me indujo a descubrir que la inversión de la polaridad se suele volver crónica y que parece un factor importante como causa del síndrome de fatiga crónica, la depresión, la ansiedad, la fibromialgia, las enfermedades autoinmunes, el cáncer, la hiperactividad y muchos trastornos más que no parecen «sanar» con tratamientos estándar. Los procesos y los síntomas de las distintas enfermedades originan confusión sobre la manera de tratar este problema, que suele pasar desapercibido hasta que los síntomas se vuelven pronunciados.

El sistema eléctrico del cuerpo

El estado de polaridad invertida debilita la «energía eléctrica» del cuerpo. Una de las causas principales es el estrés prolongado. A medida que se debilita la carga eléctrica del cuerpo, aparecen síntomas que son como señales de advertencia. Si la carga física desciende por debajo de los cuarenta y dos hercios, el sistema inmunológico no es capaz de resistir las enfermedades. En las primeras etapas de la polaridad invertida crónica, las llamadas de atención del cuerpo pueden consistir en dolor de espalda, un desgarro muscular o dolor de cabeza; si no hacemos caso de estos síntomas y frenamos un poco para «recargar» las pilas, es posible que los síntomas empeoren hasta convertirse en fatiga extrema, depresión, ansiedad, migrañas, fibromialgia, aturdimiento o dolor crónico en alguna zona débil.

Con la polaridad invertida, se desactiva el sistema normal de autoconservación, y las habituales señales eléctricas al sistema inmunológico parecen destruir, en lugar de proteger.

Advertencia del autor a los sanadores: en algunas enfermedades, como la púrpura trombocitopénica intersticial, la descripción del manual de Merck pone: enfermedad por la cual el bazo misteriosamente comienza a destruir glóbulos rojos. Para detener este trastorno que suele ser incurable, se quita el bazo. Según una frase de esta descripción: «parecería como si los glóbulos rojos tomaran una carga eléctrica opuesta...»

¿Es posible que invertir nuestra carga eléctrica en las zonas vulnerables del cuerpo en realidad no sea más que un último intento por corregir unas situaciones de estrés tan destructivas que nos condenan a estados de mayor quietud, como sillas de ruedas, asilos o camas de hospital?

Algunos de los principales síntomas de la polaridad invertida crónica coinciden exactamente con los de la hiperactividad, como la mala memoria a corto plazo y la falta de concentración. Por lo general obtengo una respuesta afirmativa cuando describo la sensación de tener «niebla en el cerebro». Otro diagnóstico muy práctico es pedirle al paciente que imagine que su cerebro es una bombilla eléctrica y que me indique la parte que necesita más energía y la que brilla más. Entonces les pregunto si alguna vez han experimentado un oscurecimiento parcial, o si se pueden imaginar cómo se sentirían si las luces se atenuaran. Habitualmente, los adultos responden: «¡Así es exactamente como me siento!»

Imaginemos la situación de desventaja de un escolar que

tuviera el «cerebro nublado», teniendo en cuenta que lo que más exigen las tareas escolares es concentración y buena memoria a corto plazo.

Nueve síntomas necesarios para el diagnóstico

Según las pautas de diagnóstico de la Asociación Estadounidense de Psiquiatría, para hacer un diagnóstico de falta de atención o de hiperactividad hacen falta nueve síntomas de falta de atención o nueve síntomas de hiperactividad / impulsividad que se hayan desarrollado antes de los siete años, hayan durado por lo menos seis meses y sean tan graves que interfieran con las actividades sociales o escolares normales. Los síntomas específicos son los siguientes:

Falta de atención

1. Apenas presta atención a los detalles y comete errores por descuido.

2. Le cuesta prestar atención.

3. No escucha cuando le hablan.

4. No continúa ni acaba sus tareas.

5. Le cuesta organizarse.

6. Evita los trabajos que requieren un esfuerzo mental o una concentración sostenidos.

7. Suele perder cosas que son necesarias para la escuela o para otras tareas cotidianas.

8. Se distrae fácilmente.

9. Suele ser distraído en las actividades cotidianas.

Hiperactividad / Impulsividad

1. A menudo está inquieto o se retuerce.

2. Se suele poner de pie cuando tiene que quedarse sentado.

3. Corretea o se sube a cosas en lugares inadecuados.

4. Le cuesta participar en juegos tranquilos o en otras actividades.

5. Está en movimiento constante o parece tener un motor que lo impulsa.

6. Habla demasiado.

7. Suelta respuestas de forma prematura.

8. Le cuesta esperar su turno.

9. Suele interrumpir o importunar a los demás.

Análisis del iris: el tipo «flor» y el tipo «joya»

La técnica Rayid para analizar el iris del ojo es demasiado compleja para describirla aquí en su totalidad, pero en resumen, el tipo de iris conocido como «flor», o tipo emocional, corresponde habitualmente con la falta de atención del niño y la depresión del adulto. El tipo de iris conocido como «joya» corresponde habitualmente con la hiperactividad o la impulsividad en el niño y con la ansiedad en el adulto.

Utilizando la polaridad invertida, el análisis nutricional, la técnica Rayid y otras que aplica la medicina alternativa complementaria, se puede hacer un análisis exacto de nuestros hijos únicos y especiales. Considerando los casos uno por uno, a partir de los síntomas de cada individuo, a menudo se obtienen resultados muy buenos, como demuestran los siguientes estudios de casos.

Primer estudio

Paciente: Una niña de cuatro años, con los síntomas típicos de falta de atención / hiperactividad.

Historial: La niña nació siete semanas antes de tiempo, y pasó cinco días aislada en una unidad neonatal de cuidados intensivos. Según su madre, siempre había sido «enfermiza e inquieta» y rara vez dormía más de tres horas seguidas. Era una niña muy emotiva y durante nuestra primera visita manifestó los síntomas clásicos de hiperactividad. Su madre contó también que sufría con frecuencia de vómitos y sudoración nocturna.

Tratamiento médico: después de varias pruebas y de que le diagnosticaran hiperactividad y falta de atención, se sugirió la Ritalina si continuaban los síntomas cuando la niña comenzara a ir a la escuela. Sus padres prefirieron buscar alternativas a la terapia con fármacos.

Alternativa complementaria: antes de nacer, esta niña especial se apareció a sus padres en un sueño, durante el cual les dio su nombre, bello e insólito. Sus ojos eran del tipo corriente / flor, lo cual indica un tipo de personalidad sensible / emotiva.

La investigación puso de manifiesto una polaridad invertida crónica y, según comentarios de sus padres, gran sensibilidad al azúcar. Cuando se siguieron investigando los factores de estrés relacionados con su trastorno, se comprobó que al trauma de su nacimiento prematuro había que añadir que sus padres tenían dos empleos y se habían mudado tres veces antes de su llegada al mundo. Su madre sufrió de náuseas y vómitos continuos durante el embarazo, y con frecuencia tuvieron que atenderla por deshidratación en la sala de urgencias.

Durante mi primer examen, observé que los dos padres llevaban una vida muy estresada. La niña había sido bombardeada con estos síntomas y emociones durante el embarazo, y la situación estresante continuó después del parto. Descubrí que la niña había adoptado el mismo método que su madre de vomitar para aliviar el estómago, su centro emocional.

Se aplicó el programa fitoterapéutico nutricional estándar para la polaridad invertida crónica. Se hizo lo posible por eliminar el azúcar de la alimentación diaria, reservándolo para ocasiones especiales. Se sugirió a ambos padres que la abrazaran más y que pasaran con ella más tiempo de calidad para satisfacer las necesidades de su tipo de personalidad sensible / emocional.

Resultados: la niña se ha adaptado bien a la guardería. Han desaparecido todos los síntomas de su comportamiento hiperactivo. Ahora duerme con normalidad durante toda la noche, ha dejado de tener sudoración nocturna y ya no vomita. Un psicólogo que la ha examinado recientemente ha comentado que tiene un «vocabulario extraordinario para una niña de cuatro años».

Análisis: la investigación demuestra que los padres hiperactivos, a menudo con posibles problemas neurológicos o psicológicos, son más propensos a tener hijos con trastornos como falta de atención e hiperactividad. Asimismo se ha destacado que tener un hijo hiperactivo aumenta el riesgo de que sus hermanos también se vean afectados. De este modo, los científicos hablan de una predisposición genética a este trastorno, y la comunidad médica sigue sin encontrar un tratamiento eficaz.

Según mi experiencia, la polaridad invertida crónica es contagiosa, aunque no la provocan los gérmenes sino la proximidad. Si colocamos una batería cargada junto a una descargada, la carga de la primera se reducirá. Los niños que viven con padres «estresados» (con polaridad invertida crónica), o los fetos en el útero de una madre así, se conectan con su polaridad mientras los padres, sin darse cuenta, reducen la carga eléctrica del niño. Esto suele ocurrir antes del nacimiento y a menudo continúa mientras el niño se desarrolla por su cuenta, sin ninguna intervención que le permita romper el ciclo. Pronostico que, al final, la investigación acabará por demostrar que esto produce desequilibrios químicos en el cerebro, y los constantes trastornos nerviosos producen estos síntomas.

Segundo estudio

Paciente: Un niño de siete años, al que se le diagnosticó falta de atención / hiperactividad y distrofia muscular.

Historial: la distrofia muscular se descubrió después del

nacimiento del niño, con las consiguientes limitaciones físicas. Los síntomas de hiperactividad se detectaron y fueron graves desde el principio. Tenía dificultades para permanecer sentado y quieto, para aprender, para concentrarse y para obedecer órdenes. En la escuela, era incapaz de escribir su nombre, nunca acababa los ejercicios de ortografía y era incapaz de aprender matemáticas, ni siquiera al nivel más elemental.

Tratamiento médico: actualmente, este niño recibe atención permanente en un hospital infantil, además de fisioterapia. Un psiquiatra le recetó Ritalina tras un rápido examen que duró diez minutos. Esto hizo que su madre buscara una terapia distinta, sin fármacos.

Alternativa complementaria: la investigación y su historial indicaban que este niño fue producto de un matrimonio sumamente estresado y de un parto difícil. Yo ya había tratado a la madre por polaridad invertida crónica, y cabe destacar que ahora está divorciada y tiene una relación menos estresante. Los cambios de estilo de vida a menudo contribuyen a la recuperación tanto de los padres como de los hijos con esta polaridad.

Además, este niño obtuvo resultados positivos en los exámenes sobre polaridad invertida crónica y recibió el tratamiento fitoterapéutico habitual para niños para invertir este trastorno. Como era incapaz de tragar pastillas, le mezclaban las hierbas con zumo de manzana o de otras cosas, con proteínas líquidas, o incluso con Ovaltine®, para facilitar la digestión. Se continuó el tratamiento hasta que desapareció el trastorno; entonces se le siguieron dando dosis mínimas de los remedios a base de plantas para proseguir el proceso de sanación.

Resultados: este jovencito ha hecho un año milagroso en la escuela. No sólo ha aprendido a escribir su nombre, sino que obtiene notas excelentes en sus exámenes de ortografía. Le siguen costando las matemáticas como trabajo mental, pero le han enseñado un tipo de matemáticas «táctiles» y está a punto de alcanzar el nivel de su clase; espera conseguirlo este año.

Un especialista en recursos le ha hecho una batería de tests de inteligencia. Su madre no está segura pero cree que se llaman tests de Woodcock-Johnson. Obtuvo una puntuación entre 128 y 135 en diversas categorías, que es un resultado superior a una puntuación muy alta. El pediatra del hospital infantil lo llama «Albert», como Einstein que, como sabemos, era considerado mal alumno por sus profesores.

Parece que la distrofia muscular del niño se encuentra en estado estacionario en el momento de escribir este informe, y no se han manifestado muchos de los síntomas progresivos que suelen acompañar esta enfermedad. Cuando el médico lo examina, se queda atónito y a menudo le dice a su madre: «No sé lo que estará haciendo, pero ¡siga así!» El fisioterapeuta ha dicho que este niño se ha convertido en un caso totalmente distinto al de cualquier otro paciente con distrofia muscular que él haya tratado.

Análisis: un estudio genético ha revelado que la madre del niño no era portadora del gen asociado con este tipo de distrofia muscular. El médico especulaba que, debido al nivel de estrés que tenía en el momento de la concepción, produjo un óvulo que sufrió una mutación, como ocurre algunas veces.

En mi propia consulta he comprobado que la inmensa mayoría de los casos de hiperactividad sufren de polaridad invertida crónica. Corregir este trastorno con plantas medicinales suele producir unos resultados extraordinarios, como demuestra la experiencia de este jovencito. La información intuitiva que he recibido indica que la distrofia muscular, la parálisis cerebral y muchos otros defectos de nacimiento se deben a que hubo polaridad en distintas etapas del desarrollo del sistema nervioso del feto.

Tercer estudio

Paciente: Estudiante de secundaria de sexo masculino de quince años, con síntomas insólitos que resistían un diagnóstico confirmado.

Historial: este joven tan inteligente se estaba consumiendo. A pesar de medir un metro setenta, su peso se redujo misteriosamente a cuarenta kilos. Estaba pálido, con círculos negros debajo de los ojos, y sus compañeros se burlaban de él y lo llamaban «Drácula». Tenía los brazos y las piernas como palillos, porque había perdido la mayor parte de la masa muscular. Se le estaba poniendo la espalda rígida, con una curvatura bastante evidente en la parte superior. Se quejaba de calambres en las piernas, sudoración nocturna y tenía tendencia a usar mal las palabras al hablar. También manifestaba gran sensibilidad gastrointestinal.

Tratamiento médico: ni la tomografía axial computarizada ni otras pruebas médicas revelaron nada. El único descubrimiento significativo fue una insuficiencia de hierro en los análisis de sangre. Cinco médicos distintos le recomendaron que tomara sulfato ferroso para reponer el hierro, pero lo único que consiguieron fue empeorar la situación. A continuación se planteó la posibilidad de que tuviera la enfermedad de Crohn, una inflamación del intestino delgado que puede provocar dolor e impedir la absorción de nutrientes. No obstante, la evaluación posterior también descartó esta posibilidad.

Alternativa complementaria: al examinarlo, se comprobó que este joven presentaba todos los signos externos de la polaridad invertida crónica, lo cual se verificó enseguida. Los síntomas parecían acercarse más a la espondilitis anquilosante, que suele ir acompañada de enfermedades que producen inflamaciones intestinales, como la colitis ulcerosa o la enfermedad de Crohn. Como todas las enfermedades de origen desconocido, son difíciles de diagnosticar hasta que los síntomas avanzan y se vuelven clásicos. Para entonces, suele ser demasiado tarde para detener o invertir el daño físico.

Se le administró el programa nutricional fitoterapéutico estándar para la polaridad invertida crónica. A causa de su sensibilidad gastrointestinal, al principio se utilizaron dosis más bajas que las habituales.

En los pacientes con polaridad invertida crónica, la mayoría de los desequilibrios no se pueden corregir hasta que no se corrige la polaridad. Por lo tanto, se continúa el tratamiento hasta que se consigue una polaridad normal. Sólo entonces se utilizó la planta más suave para el hierro, que además calmó el tracto intestinal, para corregir la anemia.

Resultados: al cabo de tres meses, el paciente estaba a mitad de camino de curarse de la polaridad invertida crónica y había engordado cinco kilos. La sudoración nocturna y los calambres en las piernas habían desaparecido.

Resultados a largo plazo: el paciente ha engordado diecisiete kilos. La rigidez y la curvatura de la espalda se han solucionado por completo. Los brazos y las piernas han recuperado la masa muscular y tienen un aspecto más normal. Han desaparecido las ojeras y la palidez, también. Acaba de terminar la secundaria y ha conseguido un trabajo de diseño por ordenador muy especial. Me dicen que hace poco ha acabado una novela de espionaje, todavía inédita. En todos los aspectos, este niño genial tan especial ha vuelto a la «normalidad», si se puede llamar «normal» a un joven tan capaz como él.

Análisis: en este caso, con unos síntomas físicos tan graves y un nivel de inteligencia tan alto, no se llevó al paciente a un psiquiatra, de modo que no se tuvieron en cuenta ni la hiperactividad ni la falta de atención. Sin embargo, si lo hubieran evaluado correctamente, podrían haberlo diagnosticado como hiperactivo.

En mi consulta, he aprendido que el estrés es una de las causas fundamentales de la polaridad invertida crónica. Cuando llegué a conocer a este joven, encontré una familia bienintencionada, con estrés de tipo espiritual. Además, este alumno tenía mucha capacidad intelectual, pero diversos logros escolares lo habían estresado tanto que su polaridad se había invertido y así comenzó su enfermedad.

Creo que este caso es típico de los problemas extremos que pueden llegar a tener los niños índigo. La medicación para la hiperactividad no habría solucionado el problema, y ni la prednisona ni los demás antiinflamatorios habrían aliviado su estado.

En resumen

Meter a todo el mundo dentro de un diagnóstico global, como la falta de atención o la hiperactividad, y recomendar una terapia inmediata con fármacos no es la solución. Tanto en el caso de la hiperactividad como en el de la depresión, los estudios están demostrando que a menudo los trastornos más graves se producen después. El sistema dominante no funciona, sobre todo para niños tan especiales como nuestros índigo. La investigación continúa y dentro de la comunidad médica vamos progresando y sabiendo cada vez más. Sin embargo, sólo comenzamos a conocer la enormidad de los problemas provocados por un mundo tan estresante como el actual. Todavía no hemos dado con soluciones perfectas.

Todos los padres deberían informarse de las opciones disponibles para comprender a estos niños. No podemos tener hijos sanos, felices y equilibrados si nosotros mismos estamos desequilibrados, estresados y desesperados, o si sufrimos de polaridad invertida crónica. Muchos padres de niños índigo comprueban que, al ayudar a sus hijos, al mismo tiempo se sanan a sí mismos.

Las grandes investigaciones llegan a la conclusión de que actualmente no hay ningún tratamiento, intervención ni método eficaz para niños a los cuales les han diagnosticado falta de atención, hiperactividad o problemas de aprendizaje. Otro estudio de la Universidad de Yale señala que el 74 por ciento de los niños con problemas de aprendizaje en el tercer curso seguían teniendo los mismos problemas en el noveno, mientras que otro estudio muestra que el uso de la Ritalina se ha duplicado entre 1990 y 1995, y que se administraba a un millón y medio de niños.[70] Esta cifra rondaría los dos millones y medio en el momento de escribir este texto.

La terapia con fármacos se utiliza fundamentalmente para que estos niños sean más manejables, no para curarlos. Según otro estudio, entre los hombres que habían recibido un tratamiento para la hiperactividad durante la infancia se manifestaba tres veces más la incidencia de la drogadicción que en el grupo de control.[70] Varios estudios indican que un porcentaje excesivamente alto de presos recibieron tratamiento por falta de atención / hiperactividad durante la infancia. Estas cifras son preocupantes, a medida que cada vez más niños entran en nuestro mundo con mayores factores de estrés que antes.

Recomiendo que se busquen alternativas para estos hermosos niños. La terapia con fármacos puede ayudar con los síntomas que se presentan, pero rara vez solucionan la causa fundamental. La investigación está en marcha, porque los científicos buscan mejores métodos de tratamiento. En muchos casos, hay que evaluar a toda la familia y hay que comprender los factores de estrés. Sólo así podemos esperar que se cree un ambiente sano donde estas almas sensibles puedan prosperar.

Hay tanto por descubrir sobre nosotros mismos y sobre nuestros hijos a medida que entramos en esta época nueva. Muchas personas, como yo mismo, estamos dispuestos a atender a estos niños. No podemos seguir haciendo una clasificación global y tratarlos a todos igual. Cada uno es muy diferente y hay que tratarlo y comprenderlo como corresponde. Depende de cada uno. El lector puede decidir si acepta que la terapia corriente es el mal menor de una serie de opciones, o puede buscar otros métodos hasta encontrar el que resulte eficaz para su hijo y su familia.

Los padres y los amigos de los niños índigo tenemos que plantearnos correctamente las necesidades individuales de estos nuevos maestros. Debemos ser unos modelos de rol especiales. Hemos de respetar su individualidad, buscar la verdad y alternativas al statu quo y, sobre todo, ¡no darnos nunca por vencidos!

Ya hemos dicho que investigamos estos temas antes de presentarlos, y la mejor investigación son las historias reales sobre niños reales. Poco después de recibir el artículo anterior, recibimos la siguiente carta de **Bella Richards**, acerca de su hija, Norine, que queremos compartir con todos los lectores:

> Tengo una hija de quince años; la trata Keith Smith, iridólogo y fitoterapeuta, en Escondido, California. Creemos que es una niña índigo y, con el tratamiento de Keith, ha mejorado de forma notable. Está en segundo año de la enseñanza secundaria y le iba muy mal, presentaba síntomas de falta de atención y le costaba mucho concentrarse o mantenerse centrada en la escuela. Fuimos a ver a

su médico y a un neurólogo, pero ninguno de los dos encontró que tuviera nada malo.

Realmente, me daba mucha pena que esta pobre niña no aprobara el décimo curso. Quería que saliera del sistema normal de enseñanza y pasarla a la escuela de adultos. Discutí mucho con el vicedirector y traté desesperadamente de averiguar qué le pasaba. Es brillante y muy inteligente, pero le cuesta muchísimo relacionarse con sus compañeros. Parece una inadaptada a su tiempo y a su edad.

Cuando finalmente llevamos a esta pobre niña a ver a Keith, él se dio cuenta exactamente de lo que le pasaba en cuanto la vio y escuchó lo que le decía. Ha sido una auténtica bendición. No puedo explicar lo frustrante que es que nadie te entienda.

No podemos dejar de lado los suplementos nutricionales como solución para los niños índigo, o incluso para los que tienen problemas de falta de atención. Lo que sigue, sin embargo, va mucho más allá de la mera nutrición. ¿La nutrición puede sustituir a la Ritalina? Aunque parezca cómico, tengo dos citas, tomadas de fuentes muy buenas, con opiniones contrapuestas:

«*"Es un fármaco fijo, estable, que requiere dosis bajas." Los críticos que sostienen que la alimentación, el ejercicio o cualquier otro tratamiento funcionan igual que la Ritalina se engañan a sí mismos.*»[1]

Dr. Philip BERENT, psiquiatra asesor del Arlington Center for Attention Deficit Disorder de Arlington Heights, Illinois

«*Se han hecho trabajos interesantes que sugieren que por lo menos algunos niños con hiperactividad pueden responder a tratamientos nutricionales, como incorporar ciertos aceites grasos o eliminar otros productos de su alimentación. [...] Hay que seguir investigando.*»[1]

El Instituto Nacional de la Salud, 1998

Espero que esto no le sugiera al lector que la cuestión aún está por dirimirse, ni que se deje convencer de que la nutrición no es importante. ¡Claro que lo es! Los tres artículos siguientes tratan de los suplementos nutricionales que han tenido un profundo efecto sobre niños con problemas de falta de atención y niños índigo.

Karen Eck vive en Oregón. Aparte de trabajar de forma independiente como asesora educativa y de distribuir *software* educativo, toda la vida ha estado buscando la curación sin fármacos, lo cual la ha conducido de lleno a la nutrición, entre otras cosas. En la actualidad, Karen trabaja con una empresa llamada Insight USA,[74] que fabrica *Smart Start*, un suplemento nutricional que está obteniendo buenos resultados con adultos y también con niños con problemas de falta de atención (y también con índigos a los cuales les han diagnosticado, erróneamente, problemas de falta de atención). No pretendemos promocionar productos ni empresas, pero a veces no hay otra forma de obtener los resultados de una meticulosa investigación sobre el tema que nos interesa. Si el lector conoce otras empresas que tengan otros productos de los cuales sepa positivamente que ayudan a niños con problemas de falta de atención o a niños índigo, le rogamos que nos escriba. Puede estar seguro de que lo comprobaremos y lo incluiremos en nuestra página web sobre los índigo: www.Indigochild.com.

Una respuesta nutricional
Karen Eck

La historia de *Smart Start* está relacionada con las piezas de construcción. Los niños comienzan a jugar con combinaciones sencillas de estas piezas, hasta que aprenden a armar juguetes complejos y funcionales. Del mismo modo, a partir de piezas de construcción muy sencillas, el cuerpo es capaz de crear complejos sistemas orgánicos funcionales, como los centros de aprendizaje que hay en el cerebro.

Deberíamos extraer estas piezas nutricionales de los alimentos que consumimos. Lamentablemente, la refinación deja fuera de la alimentación muchas de las piezas nutricionales fundamentales, con lo cual el cuerpo a veces carece de todo el espectro de nutrientes que aportan individualidad y creatividad a nuestra vida. De modo que, cuando se creó *Smart Start*, el concepto fundamental era asegurarnos de que incluyera los elementos esenciales para la nutrición. Los investigadores han concentrado el objetivo de *Smart Start* en el rendimiento mental.

Por lo general, en los alimentos refinados faltan oligoelementos, que son la base de la mayoría de las enzimas del cuerpo. Las enzimas aceleran las funciones del cuerpo, desde la vista hasta los impulsos nerviosos. En los productos *Smart Start*, tan exclusivos que han sido patentados por los laboratorios Albion, los minerales se han quelatado para facilitar su absorción; de este modo, el cuerpo no tiene que esforzarse demasiado para absorber los productos nutricionales.

Las vitaminas son, por definición, unas piezas de construcción que el cuerpo es incapaz de fabricar por sí mismo; hay que reponerlas diariamente para proporcionarle energía y para protegerlo.

Los demás componentes son igualmente vitales para el bienestar óptimo. Por ejemplo, la lecitina constituye el 75 por ciento del cerebro. Hay otras piezas que no son tan notorias, pero a menudo son las más importantes.

Por ejemplo, el *Ginkgo biloba* es un árbol que da sombra, originario de China, con flavonoides de sabor amargo que incrementan el flujo sanguíneo al cerebro, además de estabilizar la barrera hematoencefálica, el filtro que más discrimina de todo el cuerpo, ya que regula la cantidad de azúcares energizantes y oxígeno que recibe el cerebro, aparte de protegerlo de sustancias perniciosas.

Los estudios han demostrado que algunos antioxidantes, como el picnogenol (que se extrae de la corteza del pino), mejoran la vista. Ya se sabe que las plantas medicinales aumentan la longevidad y, junto con las vitaminas y los oligoelementos, proporcionan a *Smart Start* todo el espectro de los aportes nutricionales.

Smart Start es un suplemento alimenticio único, cuya fórmula pone énfasis en los importantes nutrientes que hacen falta para apoyar un rendimiento óptimo durante el aprendizaje. A estos ingredientes se los ha llamado «nutrientes inteligentes».

Este suplemento combina importantes minerales quelatados, vitaminas antioxidantes y plantas medicinales en una pastilla masticable que tiene un sabor delicioso, ideal para los niños. Pero no es algo exclusivo para los niños, sino que es adecuada para todos los miembros de la familia.

Cada frasco contiene noventa pastillas, la dosis de un mes.

Componentes de Smart Start

Cada 3 pastillas contienen:	Cantidad:	% DDR en EUA
Vitamina A (beta caroteno)	5.000 UI	100
Vitamina C (ácido ascórbico)	60 mg	100
Vitamina D (colecalciferol)	400 IU	100
Vitamina E (tocoferol)	30 UI	100
Vitamina B$_1$		
(mononitrato de tiamina)	1,5 mg	100
Vitamina B$_2$ (riboflavina)	2,0 mg	100
Vitamina B$_6$ (cianocobalamina)	6 mcg	100
Vitamina B$_{12}$ (piridoxina HCL)	200 mcg	100
Ácido fólico	400 mcg	100
Biotina	300 mcg	100
Niacinamida	20 mcg	100
Ácido pantoténico		
(pantotenato d-calcio)	10 mcg	100
Hierro*	4,5 mg	25
Cinc*	3,75 mg	25
Manganeso*	1 mg	-
Cobre*	0,5 mg	25
Cromo*	410 mcg	-
Lecitina	80 mcg	-
Iodo (yoduro potásico)	37,5 mcg	25
Molibdeno*	18 mcg	25
Selenio*	10 mcg	-

Los siete elementos que llevan un asterisco son la marca patentada de quelato de aminoácidos de los laboratorios Albion, que además contiene una mezcla patentada exclusiva de las siguientes plantas medicinales, relacionadas con el funcionamiento de la mente:

Hoja de *Ginkgo biloba*	40 mg
Arándano (concentrado de antocianidina)	20 mg
Alga marina	12 mg
Cáscara de nuez negra	12 mg
Raíz de ginseng siberiano	12 mg
Picnogenol	400 mg

También contiene: fructosa, dextrosa, glicina, ácido cítrico, sabor y ácido esteárico.

Evidentemente, los componentes de *Smart Start* son muchos y muy variados, y ofrecen una amplia variedad de beneficios, como veremos en los tres apartados siguientes.

Vitaminas

A menudo, los alimentos que comemos han perdido las vitaminas, sobre todo los fritos. Como nuestro cuerpo no puede fabricar vitaminas, hemos de suministrárselas a través de los alimentos y los suplementos que ingerimos. Son fundamentales sobre todo para producir energía, para reaccionar frente al estrés y para la inmunidad.

Beta caroteno (*vitamina A*): antioxidante (el hígado no lo almacena; relativamente no tóxica)
Vitaminas C y E: antioxidantes
Vitamina D: necesaria para la absorción del calcio
Vitaminas B_1, B_2, B_6, B_{12} y Niacinamida: cada una de ellas hace falta para producir energía y reaccionar frente al estrés
Ácido fólico: necesario para producir energía
Biotina: factor esencial para el crecimiento de todas las células del cuerpo
Ácido pantoténico: fortalece la respuesta inmunológica

197

Microelementos

Como muchos de los alimentos que comemos están desprovistos de microelementos, estos ocupan un lugar destacado en la fórmula de *Smart Start*. Además, los microelementos son los catalizadores de cientos de reacciones enzimáticas del cuerpo. Estas reacciones controlan casi todas las funciones orgánicas, desde los impulsos nerviosos hasta el nivel de azúcar en la sangre. Todas estas acciones son decisivas para la vida y el aprendizaje.

Hierro y molibdeno: componentes de los glóbulos rojos
Cinc: componente de más de sesenta enzimas, incluidas las que son esenciales para fabricar los antioxidantes naturales del cuerpo
Manganeso: esencial para las enzimas necesarias para el crecimiento de los huesos, la producción de energía y la inmunidad
Cobre: importante sobre todo para las enzimas relacionadas con la inmunidad y la salud cardiovascular
Cromo: esencial para el metabolismo sano de los azúcares y las grasas
Iodo: esencial para producir las enzimas tiroideas
Selenio: componente de enzimas inmunitarias esenciales

Componentes vegetales

Las plantas medicinales que contiene *Smart Start* pretenden maximizar nuestra capacidad natural para aprender.

Ginkgo biloba: contiene componentes de sabor amargo que estabilizan la barrera hematoencefálica e impide la llegada al cerebro de sustancias no deseadas
Arándano: suministra proantocinadinas (antioxidantes) que protegen cada célula
Nuez negra: fuente natural de iodo (que equilibra el metabolismo y aporta energía al cuerpo)
Ginseng siberiano: contiene adaptógenos que mejoran nuestra reacción frente al estrés

Picnogenol: antioxidante que se extrae de la corteza del pino
Lecitina: el cerebro está compuesto fundamentalmente por fosfolípidos (compuestos similares a la lecitina)

En síntesis

Después de usar *Smart Start*, los padres han hecho comentarios como: «Ahora es como si hubiera alguien en casa y las luces estuvieran encendidas». Un padre se fue de vacaciones sin las pastillas nutricionales y las echó muchísimo de menos, ya que el comportamiento de su hijo volvió a ser imprevisible. Muchas veces, los padres no se dan cuenta del gran cambio que significan hasta que no se les acaban las pastillas; entonces se ponen a llamar frenéticamente para reabastecerse.

Nuestro *software* educacional interactivo también marca grandes diferencias en la vida de los niños con problemas de falta de atención e hiperactividad. Ellos consiguen la atención personalizada del ordenador, que además les proporciona *feedback* instantáneo. Un niño solía permanecer de pie durante las clases, moviéndose por todas partes, pero le gustaba mucho dar con la respuesta correcta. Era maravilloso de ver. Así estos niños se vuelven conscientes de que son inteligentes y capaces de aprender y entonces su autoestima se dispara y los problemas de comportamiento disminuyen.

Deborah Grossman tiene un hijo índigo, es homeópata y enfermera. Ha desarrollado un programa nutricional suplementario que va muy bien y quiere compartirlo. Cabe destacar que en la lista que menciona hay algo llamado **algas cianofíceas** o algas azules, tal vez una de las mayores sorpresas, que se analizan después de la aportación de Deborah.

Protocolo suplementario para niños hiperactivos

Deborah Grossman

No me cabe la menor duda de que mi hijo me eligió a mí, sabiendo que no permitiría que el viejo paradigma «lo masticara y lo escupiera». Llevo años trabajando en la medicina holística y estoy habituada a tratar con sistemas que se desmoronan. En este momento, estoy tratando de influir en el sistema educativo. Percibo que estos niños índigo funcionan a un nivel en el cual a menudo les cuesta emprender tareas tediosas, sobre todo las que requieren lápiz, papel y memorizaciones rutinarias.

El protocolo que empleo con mi hijo incluye las algas cianofíceas del lago Klamath, con algunos añadidos. He desarrollado este protocolo utilizando a mi hijo como conejillo de Indias, para variar, y así llego a la conclusión de que ciertas cosas funcionan muy bien cuando se combinan. La siguiente es la dosis diaria:

- ✔ Multivitamina Fuente de Vida
- ✔ 3 cápsulas de Super Choline
- ✔ 2 cápsulas de 5-H-T-P de Biochem
- ✔ 1 cápsula de lecitina de 1.000 mg
- ✔ 1 cápsula de ácido lipoico de Biochem de 50 mg
- ✔ 1 cápsula de Rhododendron Caucasicum+ (a menudo sólo se vende por correo)
- ✔ 3 Restores (una compilación de aminoácidos, de venta por correo)
- ✔ 2 cápsulas de Omega Gold (una combinación de algas cianofíceas que se vende por correo)
- ✔ 1 cápsula de DHA de Solray
- ✔ 2 cápsulas de Efalex Focus
- ✔ se añade un poco de Trace Lyte al agua de ósmosis inversa

Tengo suerte porque mi hijo está de acuerdo en tomar esta larga lista de suplementos. Él pesa alrededor de cincuenta kilos, de modo que conviene adaptar la dosis según el peso. Para los niños que son incapaces de tragar comprimidos, hay un aerosol llamado Pedi Active que se puede utilizar en lugar del primer par de suplementos.

Una empresa canadiense llamada Nutrichem[75] tiene productos que contienen la mayoría de los ingredientes de mi fórmula, con menos comprimidos, porque no llevan añadidos. Incluso es posible que resulte más barato.

Opciones alternativas

Quisiéramos presentar algunos métodos alternativos de salud y equilibrio que pueden parecer extraños, pero que funcionan. Ya hemos dicho antes que lo que parece raro hoy a menudo adquiere validez científica en el futuro. Es cierto. Con la creciente popularidad y la validación de numerosos métodos de curación alternativos, finalmente la ciencia médica acepta mirar con nuevos ojos lo extraño y lo misterioso. Aparentemente, ahora se piensa: «Si sirve, es posible que tenga algo. Ya averiguaremos más adelante por qué sirve.» Esto representa un gran adelanto con respecto a la antigua manera de pensar, que consideraba que «es imposible que sirva, porque no le encontramos ninguna explicación». Algunos conceptos que hace pocos años en realidad se tildaban de «absurdos» en nuestra cultura hoy cuentan con el apoyo de las mismas personas que antes los criticaban.

En los hospitales de Estados Unidos surgen departamentos alternativos y complementarios, y muchas personas reciben ayuda de unos métodos de equilibrio y curación que hasta hace poco no se consideraban demostrados. Muchos profesionales siguen pensando que estos métodos no están demostrados, pero reconocen que son efectivos. La acupuntura figura actualmente en algunos planes de seguros de la Organización para el Mantenimiento de la Salud, porque finalmente se reconocen los méritos de esta ciencia tan antigua, procedente de otra cultura, a pesar de que la medicina establecida la desdeñó durante decenios.

Incluso algunos remedios muy antiguos que parecían bastante estrambóticos se incorporan ahora a la ciencia. He aquí un informe de Associated Press, de noviembre de 1998:[76]

> Este es un remedio chino muy antiguo que a muchos médicos estadounidenses les parece estrafalario: calentar una hierba llamada artemisa junto al dedo pequeño del pie de una mujer embarazada para ayudar a que el bebé cambie de posición, cuando justo antes del parto se encuentra en la peligrosa posición de nalgas.
>
> Pero esta semana, cuando miles de médicos abran el *Journal of the American Medical Association*, verán un estudio científico que explica que la terapia china realmente es efectiva y que las mujeres occidentales deberían probarla.

Según un estudio llevado a cabo en 1997 y publicado en el *New England Journal of Medicine*, la increíble cifra del 46 por ciento de los estadounidenses han usado alguna vez un tratamiento médico alternativo, como la acupuntura o la terapia quiropráctica. Según el mismo informe, en una lista de alternativas más usadas, ¡la «sanación espiritual practicada por terceros» ocupaba el quinto lugar![76]

Echemos una mirada a lo que viene a continuación. A lo mejor encontramos algo interesante.

El milagro del lago Klamath: las algas cianofíceas

Ya hemos recomendado el libro de Edward Hallowell sobre la falta de atención en este mismo capítulo. Es una de las principales autoridades en lo que respecta a los problemas de aprendizaje, sobre todo los de falta de atención. Es autor de un bestséller del *New York Times, Driven to Distraction*[58] que, como ya hemos dicho, se considera el libro más completo sobre el tema de los niños con problemas de falta de atención e hiperactividad.

El doctor Halloweel fue el ponente que estableció la tónica en la Conferencia sobre el Tratamiento con Fármacos para los

Problemas de Aprendizaje de la Región del Pacífico de 1998, celebrada en Honolulu, Hawai, en la cual dedicó parte de su alocución a hablar de los tratamientos sin fármacos para los problemas de falta de atención. Encabezaban su lista las algas cianofíceas, un alimento de origen natural que recolecta en el lago Klamath superior, en el sur de Ontario, una empresa llamada Cell Tech.

El alga cianofícea del lago Klamath se promociona con un «súper alimento», por los efectos que tiene en todos los que la han descubierto. Es un producto tan natural que, en lugar de fabricarse, se recolecta, y es poco probable que contenga conservantes, colorantes artificiales ni modificadores del sabor.

Otro psicólogo industrial, John F. Taylor, es el autor de *Helping your Hyperactive ADD Child*[59] y del vídeo *Answers to ADD: The School Success Tool Kit*.[77] Lo citan en la edición sobre nutrición del boletín de *Network of Hope*:

> Aunque no estoy relacionado con ninguna empresa que se dedique a la recolección, la fabricación ni la comercialización de alimentos, medicamentos ni nutrientes, he tenido ocasión de hablar sinceramente con miles de padres y de profesionales acerca de la falta de atención y de la hiperactividad, y los padres siempre me dicen que las algas cianofíceas han ayudado a sus hijos que tienen estos problemas.[78]

No olvidemos que no todos los niños con problemas de falta de atención son índigo, aunque muchos índigo parecen presentar algunos de los mismos atributos aparentes, en ocasiones potenciados por lo que tienen que soportar en la familia y la estructura que los rodea, que no los acepta. Por lo tanto, hemos comprobado que muchos padres de niños índigo obtienen muy buenos resultados con el uso de las algas cianofíceas del lago Klamath como suplemento nutricional, y están totalmente convencidos. Nos dicen que estabilizan el azúcar en la sangre, no contienen toxinas, contienen las vitaminas fundamentales (sobre todo, son una fuente concentrada de beta-caroteno y vitamina B_{12}) y tienen otras características de los «súper alimentos».

De todas las sustancias de las que hemos oído hablar en nuestros viajes, ésta destaca porque es la más mencionada, aparte de ser la más efectiva por sí misma. ¿Es útil en los problemas de falta de atención? ¿Sirve para equilibrar los atributos de los índigo? Algunos opinan que sí, y la prueba parece estar por todas partes. Son muchos los que piensan que todo el mundo debería incluirlas en su alimentación.

Si al lector le interesa hacer la prueba, puede ponerse en contacto con Cell Tech.[79] Si quiere leer tres estudios científicos sobre las algas cianofíceas en relación con los niños, lo invitamos a visitar la página **www.the-peoples.net/celltech**.

A continuación presentamos varios sistemas y métodos que son efectivos con niños con problemas de falta de atención (y con algunos índigo). Aunque no pertenecen a la corriente más aceptada, detrás de ellos encontramos a personas creíbles y estudios que los validan.

La conexión magnética

Estamos convencidos de que existe una conexión profunda entre el magnetismo y el cuerpo humano. Esto se debe a que estamos muy allegados a varios investigadores que trabajan con la sanación magnética. La mayor parte de éste trabajo está a la vanguardia en áreas como el control del cáncer y las enfermedades, de modo que no encaja del todo en este libro. Además, parte de este trabajo se encuentra en los principios y, por lo tanto, todavía no se puede validar, aunque conocemos los resultados de laboratorio, que son realmente increíbles. Estuvimos a punto de dejarlo de lado, hasta que recibimos una carta de **Patti McCann-Para**, que dice que hay otros médicos que obtienen buenos resultados, concretamente con problemas de falta de atención y con imanes. Patti afirma en su carta:

Acabo de terminar de leer un libro que habla de la terapia magnética para las personas que tienen problemas de falta de atención. Se titula *Magnetic Therapy* y sus autores son el doctor Ron Lawrence, el doctor Paul Rosch y Judith Plowden.[80] En el capítulo ocho, en la página 167, mencionan al doctor Bernard Margois, de Harrisburg, Pennsylvania, que obtiene muy buenos resultados aplicando la terapia magnética a niños con problemas de falta de atención. También habla de cuestiones de autoestima y cosas así. El doctor Margois comenta un sencillo estudio llevado a cabo con veintiocho niños, de edades entre los cinco y los dieciocho años, en el cual todos los pacientes eran varones menos dos. Habló de un estudio en la Conferencia de la Academia Norteamericana de Terapia Magnética que se celebró en Los Ángeles en 1998. El doctor Margois utilizó en su estudio imanes estáticos (o permanentes) y quienes juzgaron los resultados de la terapia magnética fueron los mejores jueces: los padres de los propios niños. Según ellos, los imanes fueron infinitamente útiles para sus hijos. Alguno dijo que «era como el día y la noche. [El niño] era encantador con la terapia magnética, pero sin ella [...] estábamos a punto de entregarlo en adopción.»

No podemos abandonar el tema sin antes proporcionar al lector algunas recomendaciones generales realizadas por las personas que estudian el magnetismo y el cuerpo humano, aunque esto no se refiera concretamente a los niños índigo: es muy importante no usar los colchones ni las sillas magnéticos de forma indefinida, como un recurso para la sanación personal que nos hace sentir bien, porque esta práctica expone el cuerpo a un potencial eléctrico constante que puede modificar el conjunto de instrucciones de las células. Estos dispositivos se tienen que usar de vez en cuando, no de forma permanente. Creemos que, con el tiempo, se harán investigaciones para demostrar los efectos perjudiciales. Si una terapia magnética permanente puede sanar cuando se utiliza con cuidado, con delicadeza y de forma experimentada, pensemos en lo que podría hacer un despliegue de centenares de ellas, si se utilizan de forma rudimentaria y sin conocimientos suficientes.

Biofeedback y neuroterapia

Si al lector le ha interesado el sistema HeartMath®,[49] que hemos mencionado en el capítulo dos, lo que presentamos en este breve análisis del *biofeedback* le resultará parecido. Hablamos entonces de unas mediciones cerebrales que mostraban caos o alegría, rabia o amor, y de un sistema para ayudar a los seres humanos a equilibrar el comportamiento. Presentamos a continuación un enfoque más médico, que ya se conoce desde hace algún tiempo, pero que no se debería pasar por alto.

Donna King es neuroterapeuta titulada y miembro del Biofeedback Certification Institute de Estados Unidos. Es la directora de educación profesional de los Behavioral Physiology Institutes,[81] una institución que ofrece cursos de postgrado en medicina conductista en el estado de Washington. Ha escrito una nota breve pero convincente sobre sus descubrimientos:

> Escribo porque he tenido el enorme placer de trabajar con muchos niños a los que les han diagnosticado problemas de falta de atención o hiperactividad. Utilizo un electroencefalógrafo para medir sus ondas cerebrales y después les enseño a cambiarlas hasta que les parece que pueden funcionar de forma cómoda. Estos niños consiguen reducir o eliminar la medicación. Duermen mejor, dejan de mojar la cama y desaparecen los arranques de ira. Este método de tratamiento, llamado «neurofeedback» o «biofeedback» electroencefalográfico, da poder a los niños y les permite elegir su comportamiento, en lugar de imponérselo mediante fármacos o la necesidad de conformarse.[82]

El *biofeedback* y la neuroterapia no son nuevos ni extraños. De hecho, Donna nos envió muchas páginas de documentación en relación con los intensos estudios que justifican su eficacia, así como también algunos estudios sobre los niños en general.[83] Como ella dice, trabaja con niños todos los días e insiste mucho en todo lo que se los puede ayudar. ¡Se trata de una ciencia demostrada, que está obteniendo resultados con muchos niños!

Es probable que haya docenas de organizaciones y disciplinas de *neurofeedback* y neuroterapia que no presentamos al lector. A continuación hay otra que apareció simultáneamente con la de Donna: se trata de una organización llamada The Focus Neuro-Feedback Training Center, que presta especial atención a la falta de atención y la hiperactividad.[84] El doctor Norbert Goigelman ha fundado el Focus Center, que se dedica al estudio de la regulación neuronal y está titulado en *neurofeedback*. Es doctor en ingeniería electrónica, aparte de doctor en psicología, y se especializa en ayudar a personas con problemas de falta de atención e hiperactividad mediante el *neurofeedback*.

Esto es lo que dice su centro de formación:

Gracias a los sofisticados ordenadores de hoy día, las personas que sufren de problemas de falta de atención e hiperactividad tienen una maravillosa alternativa, sin recurrir a fármacos. El *neurofeedback* electroencefalográfico es un procedimiento de formación seguro, no invasivo e indoloro que consiste en colocar sensores electroencefalográficos en el cuero cabelludo del individuo (a partir de los seis años).

Estos sensores envían información a un ordenador sobre la actividad de las ondas cerebrales de la persona. Esta información aparece en un monitor en color. Cuando uno ve esta representación de su propia actividad cerebral, toma conciencia de sus patrones y puede aprender a cambiarlos. Los avances se recompensan mediante *feedback* visual y auditivo.

La formación en *neurofeedback* electroencefalográfico se ha comparado con un vídeo-juego en el cual las recompensas son un mejor rendimiento en la escuela o en el trabajo, un aumento de la autoestima y comprender que existe un potencial sin explotar. Tras el curso inicial de formación, no suelen hacer falta más consultas, ni formación, ni medicación.

La integración neuromuscular

¿Qué tal un sistema que trata el cerebro como el *neurofeedback* pero además integra la estructura del cuerpo dentro de un sistema de sanación? **Karen Bolesky** es orientadora médica titulada, tiene formación en psicoterapia y es médica y profesora en el Instituto Soma de Integración Neuromuscular,[85] del cual también es codirectora.

Este sistema, como los demás, se utiliza actualmente con éxito con niños con problemas de falta de atención e hiperactividad. La integración neuromuscular Soma es un tipo de terapia cuerpo-mente que modifica a las personas física y psicológicamente, porque equilibra estructuralmente el cuerpo, trabajando simultáneamente con el sistema nervioso. La técnica consiste en diez sesiones básicas en las que se recurre a la manipulación profunda de los tejidos, el entrenamiento del movimiento, los diálogos entre el paciente y el médico, llevar un diario y otras herramientas de aprendizaje, hasta lograr una realineación progresiva de todo el cuerpo y un reacondicionamiento del sistema nervioso.

¡Parece mucho pedir! El sistema Soma es similar a otros, pero es uno de los pocos que conocemos que combina el trabajo miofascial con la terapia neurológica. Para una curación general, tanto Jan como yo hemos experimentado el trabajo de nuestro amigo, el doctor Sid Wolf,[86] que trabaja con una colaboradora de este libro, la doctora Melanie Melvin. Él se dedica exclusivamente a la liberación miofascial, y obtiene resultados inmediatos y muy positivos. Este es uno de los motivos por los cuales hemos decidido averiguar algo más sobre el Soma, porque parecía ampliar el eficaz trabajo del doctor Wolf.

El sistema Soma fue desarrollado por el doctor Bill Williams. Para su equipo, el sistema es un «modelo de tres cerebros», que no es más que una metáfora que describe la forma en que trabaja. Según Karen Bolesky, «el objetivo de Soma al trabajar con un paciente utilizando el modelo de tres cerebros es crear un ambiente en el cual el cliente comienza a experimentar y a tener volición sobre cuál de los «cerebros» es más eficaz en un momento determinado, para realizar una tarea determinada». Explica que a veces puede ser más eficaz acceder a otro «cerebro», aparte del hemisferio izquierdo, más dominante. El Soma, en teoría, así como en su aplicación práctica, está diseñado para reintegrar los tres cerebros de modo que uno funcione de manera óptima y experimente mayor bienestar, plenitud y se sienta más vivo, según Karen.

Con respecto a los problemas de falta de atención y a la hiperactividad en particular, Karen comenta:

> Todos los clientes a los que se les han diagnosticado problemas de falta de atención o hiperactividad [...] presentan un predominio del hemisferio izquierdo, hasta tal punto que se produce una aberración por exceso de dominación, lo cual mantiene al paciente en un estado de supervivencia del hemisferio izquierdo. En el estado

de supervivencia, la gente tiene **miedo de desprenderse del hemisferio izquierdo;** por lo tanto, sienten **un gran agobio de la capacidad**
de concentración, que se limita a **dieciséis bits por segundo.**
Expresado en términos Soma, ¡tienen los **dieciséis bits saturados!**
El Soma trabaja con cada paciente para encontrar formas de acceder a los tres «cerebros», lo cual **permite mayor facilidad y expan-**
sión personal. Para mí, la **falta de atención y la hiperactividad son**
más un estado de «**fijación en el predominio del hemisferio izquier-**
do» que una enfermedad. El trabajo con el cuerpo que hace el Soma
es muy eficaz para expandir la **experiencia interna de la persona**
hacia un estado más integrado. **La integración permite un mayor**
intercambio de energía entre el **cuerpo y la mente, con lo cual**
desaparece la sensación de agobio.

El trabajo del Soma: Estudio de un caso

Karen Bolesky

El médico de cabecera me envió a un niño brillante, de ocho
años, con un perfil psicológico **completo y un diagnóstico de**
falta de atención. Lo habían visto los orientadores de la escuela
y psicólogos particulares. Me lo **trajo su familia, que estaba**
estresada por su comportamiento, en casa y en la escuela. Ya no
sabían qué hacer, y les parecía que el Soma era «el último recurso». Se negaba a obedecer instrucciones, a trabajar en silencio,
a ser amable, a acabar sus tareas, a **mantener el orden o a hacer-**
se responsable de sus actos. Lo **más difícil era su comporta-**
miento agresivo en la escuela y sus **discusiones constantes con**
sus hermanos en casa.

Jugaba mucho con la Nintendo® y con **juegos de ordenador,**
que son actividades muy orientadas a los resultados y que trabajan con el lado izquierdo del cerebro. No le gustaba nada
equivocarse y prefería la soledad cuando estaba nervioso. En la
escuela, la mayoría de las agresiones tenían que ver con el uso
del ordenador. Me dijo que, cuando se sentía estresado, quería
jugar con el ordenador. Tenía buena conciencia mental de su

cuerpo, pero se sentía incómodo en él casi todo el tiempo. Decía que «el cerebro está nervioso, el estómago revuelto, las manos enfadadas, las rodillas nerviosas, los ojos nerviosos y la columna confundida», lo cual me reveló que tenía muy buena conciencia interior de su cuerpo, y no era difícil darse cuenta de por qué no quería ser consciente constantemente de estas sensaciones.

Tuve con él cuatro sesiones semanales con resultados progresivos. En la primera sesión, me costó hacer algo u obtener algún resultado, debido a su escasa capacidad de concentración. Sin embargo, respondió enseguida y de forma positiva al trabajo del Soma. Costó introducir su conciencia en el cuerpo. Quería reír, resistirse y distraerse de cualquier forma de su «yo sensible». Dejé que me guiara. Debido a su breve capacidad de concentración, tenía que trabajar con mucha eficacia. Le pedí que me frenara si el trabajo le resultaba demasiado invasivo, lo cual le obligaba a prestar atención y le daba cierta sensación de control. Después de una sola sesión, anunció con orgullo que «esa semana no había tenido ninguna pelea».

Después de la cuarta sesión, me dijo que ya no necesitaba seguir haciendo más trabajo corporal. Me dijo: «He mejorado tanto desde que he comenzado que ya no necesito más. Me iré mejorando por mí mismo». Le creí. Después de la primera sesión, no volvió a mostrar una conducta agresiva, le va bien en la escuela y en casa, e incluso ahora juega mucho al fútbol.

Calculo que, cuando cedió el control del hemisferio izquierdo y sintió su cerebro medular (la parte del modelo de tres cerebros que determina dónde experimentamos la sensación física y la energía), se acordó de que su cuerpo es un lugar seguro. En el cerebro medular sintió la energía de su cuerpo, con lo cual se redujo su sensación de agobio. Entonces comenzó el proceso de integración, que le permitió expandir más su energía con menos esfuerzo. Recuperó la salud cuando reclamó su núcleo. Ya han pasado diecinueve meses desde que terminaron las sesiones.

En síntesis, si mi teoría es correcta y la falta de atención y la hiperactividad se deben a un predominio fijo del hemisferio izquierdo, una mayor integración permite una capacidad de concentración más expandida con mayor facilidad. La mayoría de los niños a los que les han diagnosticado falta de atención o hiperactividad que han pasado por las sesiones de Soma han mejorado de alguna manera, y por lo general han manifestado unos cambios de comportamiento notables. Son capaces de hacer frente a las situaciones con menos esfuerzo y muestran más facilidad para concentrarse.

La tecnología Rapid Eye

La doctora **Ranae Johnson** es la fundadora del Rapid Eye Institute de Oregon, y es autora de dos libros: *Rapid Eye Technology* y *Winter's Flower*.[87] En realidad, la técnica Rapid Eye surgió de la búsqueda de tratamientos alternativos para el autismo. *Winter's Flower* es la conmovedora historia de lo que ocurrió mientras Ranae trataba de encontrar ayuda para su hijo autista.

Durante esta búsqueda, descubrió métodos para ayudarlo no sólo a él, sino también a los niños y los adultos con problemas de falta de atención e hiperactividad. Estos son algunos conceptos de la organización:

La Rapid Eye Technology (RET) se dirige a los aspectos físicos, emocionales, mentales y espirituales del ser humano. Al nivel físico, uno aprende a acceder a la información estresante que almacenamos en el cuerpo y a eliminar el estrés a nivel celular. El cuerpo aprende otra manera de liberar el estrés de forma consciente, que después le sirve de ayuda en todos los incidentes estresantes de su vida. Entonces, el estado natural de salud del cuerpo puede equilibrar la bioquímica y producir la salud.

A nivel emocional, la Rapid Eye Technology facilita la liberación de energía emocional negativa (la energía negativa se asocia con la enfermedad). Los pacientes aprenden a liberar energía negativa o a usarla de forma positiva para obtener resultados diferentes en su vida.

A nivel mental, los médicos educan a los pacientes usando las habilidades vitales («life skills»). Las habilidades vitales son los principios espirituales que ayudan al paciente a ver la vida desde una perspectiva diferente. Se ha dicho que si uno hace siempre lo que siempre ha hecho, conseguirá lo que siempre ha conseguido. La parte cognitiva de la *Rapid Eye Technology* ofrece a los pacientes una manera de hacer las cosas de forma diferente a como las han hecho siempre en el pasado. El paciente puede acceder a estos principios espirituales y darse cuenta de su propio poder para crear la vida.

A nivel espiritual, la *Rapid Eye Technology* nos recuerda nuestra perfección. Liberarse del estrés abre a los pacientes a su naturaleza espiritual, lo cual les permite determinar el sentido de su vida y evitar el «vacío existencial» que puede provocar malestar.

La *Rapid Eye Technology* accede al sistema límbico a través de los ojos y los oídos. El sistema límbico es la parte del cerebro que se encarga de procesar las emociones. Los ojos están conectados con el sistema límbico a través de una parte del cuerpo llamada los núcleos geniculados laterales, y los oídos están conectados con el sistema límbico a través de los núcleos geniculados medios. Esta conexión hace posible que el paciente procese el estrés a nivel celular a través de la glándula pituitaria, que regula las funciones celulares bioquímicas del organismo.

A través del hipocampo (otra parte del sistema límbico) y de otras zonas del cerebro relacionadas con la memoria, el paciente tiene capacidad para acceder y liberar el estrés relacionado con acontecimientos pasados.

Mientras evaluábamos muchos procesos para este libro, recibimos una carta del equipo de formación del Rapid Eye Institute,[88] que decía, colectivamente:

> Estamos tratando a doce personas, de edades comprendidas entre los seis y los treinta años, y no nos cabe duda de que nos concierne una parte de lo que ustedes describen como niños índigo. Hemos tenido experiencias directas con problemas de falta de atención, hiperactividad, autismo y otras etiquetas.
>
> Enseñamos una manera de enfocar la paternidad a partir de los principios universales (el programa «Life Skills»), con extraordinarios resultados.

Y nos ha escrito la fundadora:

Las técnicas Rapid Eye y nuestro programa «Life Skills» han servido a mis hijos y a mis nietos, además de a los miles de técnicos que han venido a recibir formación, y a todos sus pacientes, a amplificar su viaje y a participar en la co-creación de su vida. Es tan interesante observar cómo se reúnen bajo nuestro modelo médico numerosas modalidades alternativas de curación para formar una forma de curar ecléctica y holística.

La EMF Balancing Technique

La EMF Balancing Technique® es una de las últimas técnicas (y tal vez la que más hace poner los ojos en blanco) que han llegado a los círculos metafísicos. Se parece mucho a la sanación por imposición de manos, pero ha tenido unos resultados tan extraordinarios que hasta la NASA quería estudiarla en una época. Al lector que desee saber algo más sobre esta técnica que «no se puede explicar del todo, pero que funciona», le recomendamos que eche un vistazo. La han desarrollado **Peggy** y **Steve Dubro**, que ahora están trabajando en todo el mundo para formar a otras personas para aplicarla.[89] Esta información pertenece a su página web:

> La EMF Balancing Technique es el sistema energético que trabaja con el *Universal Calibration Lattice,* un modelo de la anatomía de la energía humana. Es un procedimiento sencillo y sistemático que cualquiera puede aprender. El sistema utiliza el efecto de humano a humano sobre el campo electromagnético. [...] [Integra] el espíritu [Dios-yo] y la biología. Hay cuatro fases, cada una de las cuales está diseñada para reforzar los patrones de EMF necesarios para poder co-crear nuestra realidad en la nueva energía.

¿Cuál es el interés de la NASA? Evidentemente, una empresa llamada Sonalysts solicitó una subvención para estudiar este trabajo. La parte del experimento correspondiente a EMF consistía en suministrar entrenamiento y ejercicios para probar el efecto que tenía la conciencia de la energía del campo electromagnético para «mejorar el rendimiento del equipo» y para «fortalecer el proceso de mantenimiento de la salud humana» o, en otras palabras, para estimular la conciencia colectiva mediante la integración del espíritu y la biología.

¿Cuál es nuestro consejo? Si quiere, el lector puede poner los ojos en blanco, pero que no deje de enviar después a sus hijos índigo: verá que ellos no hacen lo mismo.

capítulo cinco

Mensajes de los índigo

En este capítulo, vamos a escuchar lo que dicen algunos índigo que ya son adultos, o casi. Una de las mayores dificultades para conseguir que escribieran para nosotros algunos índigo de mayor edad es que la etiqueta de índigo es muy reciente. Si no fuera por un breve capítulo sobre la experiencia con los índigo que incluí en mi último libro, *Partnering with God*, no dispondríamos de estas historias, que recibimos el año pasado, seguramente debido a esta breve referencia. Sin embargo, cuando se publique este libro muchas personas se darán cuenta de que son índigo, o que tienen hijos, familiares o amigos índigo. Lo sabemos por los miles de personas que asisten a nuestros seminarios en todo el mundo, que han escuchado este mensaje y se quedan sorprendidos por la relación que tiene con lo que les ocurre en la vida.

Ryan Maluski tiene poco más de veinte años. Los índigo de esta edad por lo general son los precursores, los primeros en llegar. Casi podemos garantizar que les han diagnosticado algún problema; como la falta de atención no era un diagnóstico tan habitual como lo es hoy día, lo más probable es que les dijeran que sufrían trastornos mentales o cualquier otra cosa que los calificara de «inadaptados». Además, muchos índigo de mayor edad mencionan aspectos espirituales.

Parece que forma parte del paquete. Le sugerimos al lector que, al leer el relato de Ryan, trate de identificar algunas de las características de los índigo que hemos ido mencionando en el libro.

El crecimiento de un índigo

Ryan Maluski

No es fácil describir cómo me sentía mientras crecía, siendo índigo, porque hay mucho que contar. Además, no sé cómo es crecer cuando uno no es índigo, de modo que espero que el lector comprenda mi dilema. Pero antes que nada quisiera decir una cosa: siempre supe que mi lugar estaba aquí, en la Tierra, y siempre tuve un conocimiento universal muy profundo de cómo funcionan realmente las cosas y de quién era yo. De todos modos y con mucho humor, decidí crecer en medio de personas, en situaciones y lugares que no reflejaban en absoluto la sensación que yo tenía de mí mismo. Espero que el lector se dé cuenta de las posibilidades infinitas de diversión que hay en este juego en el que decidí participar. Me sentía muy motivado; me sentía distinto y solo. Me sentía rodeado de extraterrestres que, después de invadir mi casa, trataban de moldearme según lo que ellos pensaban que yo debía ser. Para decirlo sin rodeos, me sentía como un rey trabajando para un campesino que lo consideraba su esclavo.

Crecí en una familia católica de clase media, en los suburbios de Westchester County, Nueva York. Elegí la bendición de tener unos padres que me querían mucho y una hermana cinco años menor que yo. Durante mi infancia, a veces tenía mucha fiebre y llegué a tener convulsiones; entonces me llevaban al hospital y me metían en hielo. Durante dos años, más o menos, me medicaron con Phenobarbitol para ayudarme a controlar las convulsiones. Mi madre observó que en general me ponía peor cuando estaba con mucha gente, de modo que procuraba mantenerme lejos de las multitudes, en la medida de lo posible. Sus amigos y familiares no la comprendían y la criticaban, pero ella sabía que tenía que hacerlo así.

Mis padres me dieron todo lo que estaba a su alcance. Estaban muy pendientes de mí y me colmaron de amor. Me llevaban casi todos los días a un zoo donde uno podía tocar los animales; recuerdo los animales que había y que a mí me parecía que eran míos. Incluso sacaba a las cabras de su zona y me las llevaba al parque, lo cual me resultaba muy divertido. La primera vez que fui al circo fue muy interesante y mi madre siempre lo cuenta:

> Ryan tenía dos años cuando fuimos a un circo de tres pistas. Él tenía su propio asiento, pero yo estaba tan entusiasmada y no quería que se perdiera nada, de modo que lo senté en mis rodillas. Él miraba, contento. Pero yo estaba tan entusiasmada que le decía: «Ryan, ¡mira esto! Ryan, ¡mira aquello! Ryan, fíjate en los payasos y en los elefantes!» De pronto, él se dio la vuelta y me dio una bofetada. Después se volvió a dar la vuelta para observar el circo. El médico me dijo que lo estimulaba en exceso y que era mejor dejarlo tranquilo, que disfrutara y captara las cosas por sí mismo.

Cuando tenía unos siete años, me di cuenta de que hacía algunas cosas de forma diferente. Por ejemplo, si iba a una tienda de chucherías y me decían que podía elegir lo que quería, sólo seleccionaba lo que quería en ese momento; no me llevaba de todo. El cajero comentaba que eso no era habitual, porque los demás niños solían acaparar todo lo que podían, mientras que yo sólo tomaba la pequeña cantidad que me parecía que necesitaba o que quería en ese momento.

Para Navidad, me hacían muchos regalos, pero después de abrir el primero, me sentaba y me ponía a jugar con él un rato, hasta que mi madre me alentaba a pasar al siguiente. Me sentía agradecido por ese regalo y realmente, en ese momento, ligado a él. Y era capaz de concentrarme en ese juguete todo el día.

Cuando era más pequeño, a menudo me quedaba mirando un objeto y sentía como si todo mi ser avanzara hacia él, casi desprendiéndome de mi cuerpo, y podía verlo desde todos los ángulos, y todos los sentidos se me agudizaban mucho y todo parecía más grande. Lo comentaba con mis amigos, pero ellos no tenían ni idea de lo que les estaba hablando. Me sentía raro, incomprendido y «equivocado».

La secundaria fue el período más difícil y doloroso de mi vida, cuando los chavales se comparan, y lo más importante es encajar y sentirse aceptado. Cualquier tipo de rareza saltaba a la vista. Yo me sentía extraño. Antes, tenía muchos amigos y salía con grupos de todo tipo pero, a medida que iba pasando el tiempo, sentía que me iba alejando de los demás. Vivía en mi propio mundo, y me sentía muy solo, lo cual me daba rabia: lo único que quería era ser «normal».

Cuando tenía unos quince años, les dije a mis padres cómo me sentía: deprimido, paranoico y diferente. Tenía ataques de ansiedad y representaba unos rituales absurdos, obsesivo-compulsivos, que no tenían ninguna lógica, pero que para mí eran necesarios para sentirme seguro. También oía en mi interior voces degradantes, negativas y manipuladoras. Mi mente y mis emociones iban a la carrera. Me costaba mantener la concentración en algo durante un rato. Me costaba controlarme; me sentía como un resorte enrollado. Me daba la impresión de tener diez mil voltios de energía en un cuerpo donde sólo cabía la mitad. Era como un cable con corriente que no está conectado a tierra. Tenía tics suaves: el síndrome de Tourette. Mis padres me llevaron a médicos, muchos médicos.

Compensaba mi caos interior con humor, y me convertí en el payaso de la clase. No me importaba que me castigaran, con tal de que me prestaran atención. Para mí era muy importante hacer algo que hiciera reír a los demás, porque así en realidad estaba interactuando con ellos en el planeta: ¡me hacían caso!

A veces me sentaba yo solo y representaba toda una escena en mi cabeza; era una especie de juego, en la que podía representar los personajes que quisiera, hacer lo que quisiera. A veces me ponía a reír de pronto, como un histérico y, cuando me preguntaban por qué, mi explicación no tenía ningún sentido para los demás.

Ser gracioso me ayudaba a olvidar mi «rollo»; la risa te hace sentir tan bien. Sin embargo, también era bastante imprevisible, cambiaba de estado de ánimo en un instante y sin avisar. Me decían psicópata, chiflado y más cosas por el estilo, y yo me las creía. Así me sentía realmente. Pensé que no saldría nunca de la prisión en que me encontraba. Diversos medicamentos me ayudaron con ciertas dificultades durante cierto período, pero al cabo de un tiempo surgía alguna otra cosa. Cuando tenía alrededor de quince años, uno de los principales especialistas del mundo en el síndrome de Tourette nos dijo, a mí y a mi familia, que yo era el caso más insólito que había tenido: «Parece que, cuando arreglamos una cosa, aparece alguna otra. Como si tuviera pequeños cubículos de problemas. Nunca me había sentido tan desconcertado.»

En ese momento, hasta me sentí orgulloso de no encajar, porque quería decir que todavía había esperanzas. La medicación no eliminaba ni controlaba todo el dolor y la confusión, pero descubrí que el alcohol sí. Me encerraba solo en mi habitación casi todos los días y bebía para olvidar los problemas. Beber me anestesiaba y me transportaba a un mundo sin riesgos, seguro, familiar y siempre accesible. El tabaco era otra forma de adaptarme y por lo menos me ayudaba a sentirme un poco normal.

A eso de los dieciséis años, era hiperactivo y comencé con una medicación nueva. Una noche, estaba tan nervioso que mi madre y yo llamamos al médico: dijo que tomara otra pastilla para calmarme. La tomé, pero me puse mucho más nervioso. Entonces llamé a otra doctora para que lo confirmara, y ella me dijo que eran las pastillas las que me hacían sentir así. Yo me subía por las paredes y le pedí a mi madre que me comprara alcohol para atontarme. Era insoportable; la muerte se presentaba como una perspectiva agradable, porque pondría fin a ese infierno. Me sentía atrapado en mi cuerpo.

Cuando llegué al último año de la secundaria, estaba desesperado, de modo que me ofrecí voluntariamente para ir a un hospital psiquiátrico. Lo recomendó mi terapeuta y acepté, sin tener ni idea de lo que hacía. Estaba con veinticinco jóvenes más, con edades comprendidas entre los diez y los dieciocho años. En realidad, me sentía bastante bien allí, viendo todas las dificultades y los problemas que tenían los demás. La primera vez, me quedé más o menos un mes. Al cabo de unos cuantos días, me di cuenta de que casi todos los demás niños venían a hablar conmigo cuando se encontraban mal. Todos me confiaban sus secretos y seguían los consejos que yo les daba. Al personal del hospital no le gustaba demasiado y se preguntaban cómo podía ser que yo, otro «loco», pudiera ayudar a nadie. Ellos reflejaban la prisión interna que yo mismo me había creado, que ahora era real y aterradora.

Una noche, de repente fui consciente del lugar donde me encontraba y me eché a llorar en mi habitación: «¿Por qué yo? ¿Por qué yo?» El primer día, fui testigo de cuatro incidentes, en los que el personal tuvo que reducir a los pacientes que se descontrolaban, los derribaron al suelo, les inyectaron Thorazine y los amarraron a una cama, en una sala privada, hasta que se calmaron. A continuación había un período de prueba: sin llamadas telefónicas, sin visitas, sin televisión, sin poder salir de la habitación, dejando la puerta abierta para que algún miembro del personal pudiera vigilarte permanentemente. Me encantaba mi libertad, de modo que me aseguré de que esto no me sucediera nunca.

Lo más frustrante de todas las normas hospitalarias era que las imponían unas personas que, por lo que yo veía claramente, tenían muchos problemas ellas mismas. Yo lo veía, porque tenía el don de «leer» a las personas. Mi familia y mis compañeros de instituto me visitaban y me apoyaban mucho. Cumplí dieciocho años en el hospital, y hasta me perdí el baile del colegio. No me sentía un hombre. Tenía muchos motivos para sentir lástima de mí mismo. Recuerdo que decía: «Voy a superar todo esto y voy a enseñarles a todos los demás niños a hacer lo mismo. Yo sé que se puede.»

Cuando acabé la secundaria, decidí no ir a la universidad; a mis padres no les costó comprender los motivos. Me formé a mí mismo; primero me incliné por los libros sobre Wicca y magia, después por los libros de autoayuda y material canalizado. Esto me brindó lo que siempre había necesitado saber. Me dio esperanzas y me di cuenta de que todo iba bien.

Incluso cuando estaba solo en mi habitación o en casa, siempre me sentía observado, que cada movimiento y cada momento se analizaba y quedaba registrado en alguna tablilla.

De modo que el mero hecho de «ser», yo solo en medio del bosque, era agradable. Esta era una de las mejores técnicas para equilibrar e integrar todo lo que sentía y para ayudarme a encontrarme a mí mismo cuando me sentía perdido con respecto a lo que yo era.

Además, también por el hecho de ser índigo, sentía una cantidad increíble de ira y de rabia por el hecho de crecer, porque cada vez que manifestaba lo que sentía nadie me comprendía. Esto se fue acumulando, hasta que al final dejé de expresar lo que sentía. Sentía que me encontraba en otra frecuencia y que estaba a punto de estallar. Entonces tiraba una silla, arremetía contra alguien y lo insultaba, o simplemente ahogaba mi rabia en alcohol.

Lo que pasa es que me estaba «expandiendo» y, como me estaba apartando de la norma, me dieron una pastilla para tratar de contenerlo. Pero como estaba en expansión, no me podían controlar ni contener. Estaba, y sigo estando, constantemente en expansión. Eso es lo que se siente cuando uno es índigo.

Una de las experiencias más increíbles que he tenido ha sido la EMF Balancing Technique® de Peggy Dubro[89] que, a cierto nivel, es como una renovación del sistema electromagnético del cuerpo. Después de la primera fase, me sentí totalmente diferente en mi interior, como la noche y el día. Me sentí como si todos los circuitos de mi cuerpo estuvieran completos; como si todos los caminos diminutos de mi cuerpo y los campos que todavía seguían siendo caminos estuvieran totalmente acabados. Me sentía bien conectado a tierra, con mucho más control y equilibrio.

Me sentía en paz y más capaz de contenerme a mí mismo y de comprender mis emociones. Podía desprenderme de emociones negativas. El mal humor se me acababa pasando y me encontraba bien. El EMF Balancing me parece una cuestión de sentido común, y creo que todos los demás índigo deberían aprender esta técnica. En realidad, todas las personas de la Tierra deberían hacerlo, si quieren que la vida les resulte un poco más fácil y quieren tener un poco más de control de su vida.

Conseguí un avance importantísimo cuando me presentaron un alimento vivo llamado algas cianofíceas. Después de comerlas durante tres días, me empezó a cambiar toda la vida. Sentía como si los circuitos de mi cuerpo se conectaran y me expandí para dar cabida a todo mi ser. Me sentía tranquilo y controlado; aumentó mi concentración, junto con mi nivel de energía y de memoria. Adquirí una nueva sensación de poder interior y me sentí más tranquilo y equilibrado de lo que me había sentido jamás. Este alimento realmente me salvó la vida. Lo recomiendo encarecidamente a todos los demás índigo.

Para mí es muy importante estar solo un tiempo. Cuando estoy solo, me abro como una flor. El lugar especial donde paso el tiempo solo es un centro natural que tengo cerca. Cuando voy a primeras horas de la mañana, me salgo de mi vida cotidiana y la observo desde una perspectiva general, desde fuera, como si fuese una película. Si no tengo este tiempo de soledad, sólo veo las cosas que me rodean en un plano inmediato, y me siento confundido y frustrado. Cuando estoy solo, veo toda mi vida con mayor claridad. Veo mejor por qué tengo dificultades en un aspecto determinado. Veo mi camino a través del bosque, y adónde me conducirá si lo sigo. Veo los callejones sin salida y los lugares donde hay que recortar el follaje y la maleza.

Además, recibo una visión más amorosa de todo, sobre todo de mí mismo. Si algo me saca de quicio, puedo verlo sin criticarlo. Cuando estoy con los demás, me relaciono bien, pero cuando estoy solo ocurre algo mágico: aumenta mi intuición. Siento que controlo más mi vida. Entonces vuelvo a la vida cotidiana con mayor conciencia, capaz de enfrentarme a las situaciones de la vida.

Siento que es muy importante respetar el espacio de los demás y su tiempo privado, que es sagrado. Cuando estoy solo en medio del bosque, puedo ser simplemente yo mismo, y eso es todo. Puedo hablar con los árboles, y con todo lo que me rodea, y ellos me escuchan y me quieren por lo que soy. Es agradable estar en un lugar donde simplemente puedo «ser», donde sé que nadie me va a juzgar. Crecí sintiéndome muy juzgado, muy diferente.

Si tuviera un hijo índigo, lo trataría de otra forma. Enseguida le daría súper alimentos de alta vibración, sobre todo algas cianofíceas, le enseñaría técnicas para asentarse y recurriría al

EMB Balancing. Me aseguraría de que tuviera conciencia de su carácter único, que es un don, para que no lo tomara como algo malo, equivocado, perverso.

Probablemente no lo enviaría a la escuela, sino que hablaría con otros padres para formar un grupo para enseñar a los niños las cosas que realmente necesitan saber: sobre la espiritualidad, quiénes son en realidad, cómo expresarse, cómo descargar su rabia, y cómo obtener su propio valor, su propio crecimiento, su amor propio, su amor al prójimo y su intuición. Yo me aburría como una ostra en la escuela. No le encontraba ningún sentido a estudiar el pasado. En realidad, el pasado no me importaba nada. Tenía problemas con el presente, y el futuro me parecía bastante negro.

Sin duda, el sistema educativo necesita una buena reestructuración: es absurdo tratar a un ser humano que está creciendo como si fuera un pequeño gamberro. Hemos de asegurarnos de que los maestros tengan la formación adecuada y que sean personas equilibradas. Muchos maestros desequilibrados descargan muchas cosas en los niños. Lo mismo ocurre en los hospitales psiquiátricos. A los pacientes deberían permitirles que se conectaran a la tierra, en lugar de limitarse a darles pastillas y a mantenerlos separados los unos de los otros.

Los índigo tienen muchos más recursos en la vida. Una persona que no sea índigo puede tener una pala para cavar un hoyo; en cambio un índigo tiene un tractor o una excavadora. De este modo pueden cavar el hoyo mucho más rápido, pero además lo hacen muy profundo y caen dentro enseguida. Si están desequilibrados, no disponen de ninguna escalera para salir, así que, en cierto modo, los índigo pueden usar sus dones en contra de sí mismos.

Queremos destacar que a Ryan no le explicamos nada sobre este libro. Le pedimos sus comentarios porque nos habían hablado de su caso, pero no le dijimos lo que tenía que decir. Lo escribió él solito, como se puede deducir, probablemente. Habla de su «expansión» y de que nadie lo comprende, incluso cuando trata de explicar lo que sucede, algo típico de los índigo. Además, se ve claramente su espíritu humanitario. En la sala del psiquiátrico, ayudaba a los demás, que enseguida le sacaron partido. También decía: «Voy a superar todo esto y voy a enseñarles a todos los demás niños a hacer lo mismo. Yo sé que se puede.» Lo que le preocupa es identificar para poder ayudar también a los demás. Sabe por intuición que hay más personas como él.

Constantemente se enfocaba en el «ahora». Sólo le preocupaba lo que «es», no lo que será. También es algo típico de los índigo, y es uno de los motivos por los cuales no ven las consecuencias de sus acciones. Lo que ocurría cuando abría los regalos de Navidad, en la tienda de chucherías, el deseo de «ser» simplemente, el abrumador deseo de estar solo; todo esto nos habla del presente. Es una conciencia expandida para un niño, algo que a menudo no se adquiere hasta mucho más tarde en la vida. Pero él lo tenía de entrada y por eso lo llamaban «raro». Decía Ryan: «Estaba, y sigo estando, constantemente en expansión. Eso es lo que se siente cuando uno es índigo.»

Ryan era capaz de «leer» a las personas. No hacía demasiados comentarios al respecto porque a muchos les resultaba extraño. Para nosotros, no es más que la capacidad de percibir la energía que rodea a las personas y de tomar decisiones inteligentes en función de esto. Algunos adultos lo llaman intuición. Tenía una buena dosis desde muy pequeño, y se sentía frustrado porque «veía» que sus maestros y sus médicos estaban desequilibrados. ¡Un gran don, pero también un gran peso, si no se comprende!

Ryan se sentía evolucionado, pero sentía que nadie se daba cuenta. Tal vez recuerde el lector que hemos comentado que los niños índigo se sienten como reyes. Pues Ryan decía que se «sentía como un rey trabajando para un campesino que lo consideraba su esclavo». También le producía amargura la escuela. ¿Qué tipo de farsa es tener maestros que no se dan cuenta de lo que uno es?

Las referencias a las súper algas cianofíceas y a la técnica EMF Balancing de los Dubro fue una auténtica revelación para nosotros. No teníamos ni idea de que Ryan estuviera utilizando estos recursos. Sus comentarios parecen anuncios publicitarios, pero debieron de ayudarle mucho.

Tal vez al lector le interese saber que los padres de Ryan han sobrevivido a todo esto, y que hoy tienen un hijo que los quiere, equilibrado, feliz, asentado, y que es su mejor amigo. De verdad. Por lo menos, esto nos revela que hay esperanzas para cualquier persona que nos parezca incurable. ¡No tenemos que rendirnos jamás!

Hemos recibido la siguiente carta, breve y dulce, de **Cathy Reiter**, otra índigo:

> Tengo dieciséis años. Me considero una iluminada, y me resulta frustrante tratar de comprender lo que hacen, piensan y sienten otras personas de mi edad. Acabo de conocer a alguien que comparte mis ideas; él también es un iluminado. Me ha sorprendido tanto conocer a alguien que he buscado toda mi vida, que puede compartir mis experiencias.
>
> Acabo de leer su capítulo sobre los niños índigo y he sentido un extraño alivio al saber que hay otros niños y adolescentes que se sienten tan frustrados como yo.
>
> El mero hecho de escribir estas líneas y que me escuchen me impulsa a creer que podría ocurrir algo. ¿Les escriben muchas personas de mi edad? Ahora no sé adónde ir. Supongo que seguiré adelante con mi vida, viendo adónde me lleva mi camino.

Al igual que la de Ryan, esta breve nota se recibió a causa de la pequeña mención a los niños índigo en el libro *Partnering with God*, mi último libro [de Lee Carroll]. Cathy no dice que es inteligente, sino una «iluminada». Además, encontró la información sobre los índigo ella sola, leyendo un libro de autoayuda metafísica para adultos. Ella también se esfuerza por averiguar si hay alguien «allí afuera». Por último, está muy contenta de haber conocido a alguien de su edad que la comprende, porque la mayoría no sabe. Si Cathy es índigo (y pensamos que lo es), debe de sentirse sola. La mayoría de los índigo tienen entre seis y diez años. Ella es otra precursora, al igual que la siguiente colaboradora: **Candice Creelman**.

Lo único que necesitas es amor: La experiencia de los índigo

Candice Creelman

Desde el principio, me di cuenta de que había algo diferente en mí, aunque no sabía lo que era. Recuerdo con total claridad el primer día que fui al parvulario, al acercarme al grupo que ya rodeaba a la maestra. En cuanto me acerqué al grupo, me di cuenta de que pasaba algo muy raro y de que en realidad yo no pertenecía a ese grupo. Desde el primer día, los demás niños comenzaron a tratarme como si fuera una extraterrestre o algo por el estilo. No recuerdo concretamente lo que decían los demás niños, pero recuerdo que me hacían sentir que no era digna de pertenecer a ese grupo y que ese no era mi lugar. Esto prosiguió durante toda la escuela hasta la universidad, e incluso después, en el mundo «real».

La escuela fue para mí una gran lucha, no sólo porque me dejaban de lado y me consideraban «diferente» sino también porque sabía que la mayor parte del trabajo del curso no era más que basura y que no tenía nada que ver con el mundo real. Yo sabía, todo el tiempo, que nada de lo que me enseñaban me sería útil jamás y, por más que la gente se esforzara por convencerme de lo contrario, yo sabía que lo que se enseñaba en la escuela era relativamente inútil. Aparte de las enseñanzas básicas, lectura, escritura y matemáticas, y de darnos alguna idea de lo que pasaba en el mundo, se limitaban a lanzarnos información inútil. Aunque no era consciente de esto en ese momento, básicamente he comprobado que así ha sido en mi caso. Una cosa que siempre me molestaba, a medida que me acercaba al final de los estudios, era que lo único que nos enseñaban era a repetirle al profesor lo mismo que nos decían, que se transmitía de uno a otro sin ningún razonamiento ni pensamiento independiente de ningún tipo. ¿Para qué iba a servirnos esto en el mundo real?

Teniendo en cuenta lo frustrante que me parecía la escuela y el hecho de que me aburría muchísimo, no me fue demasiado bien. De hecho, tuve la suerte de acabar, y lo hice con las notas mínimas para salir de allí, para que mis compañeros dejaran de hacerme el vacío. Sin embargo, esto continuó durante mis años de universidad, e incluso sigue en cierta medida hoy en día.

Aunque mis padres me querían mucho, no tenían la menor idea de lo que me pasaba realmente. Mi madre me decía cosas como: «Siempre se meten con alguien» y «Los niños pueden ser muy crueles», aunque la mejor de todas, que todavía me hacer reír, es: «No les hagas caso y te dejarán tranquila». No era cierto, y además era mucho más fácil decirlo que hacerlo. No sólo no me dejaban tranquila, sino que se metían más conmigo si me escondía en un rincón.

En lugar de pasar la infancia haciendo cosas normales, como ir por ahí con los demás niños, la pasé en el sótano de mis padres, con mi música, que fue lo que me ayudó a salir de esto, y al final resultó muy bien, porque ahora me dedico a la música. No hace falta decir que acabé con tan poca autoestima que todavía hoy tengo que luchar con las viejas voces que me resuenan en la cabeza y que me dicen que soy una perdedora, y cosas por el estilo. Hace poco fui a un retiro espiritual donde me sentí un poco extraña y de pronto, fue como volver a mi época de estudiante. De modo que las cicatrices siguen allí. Por suerte, he desarrollado formas de interiorización que me ayudan a averiguar lo que ocurre, para poder sanarme adecuadamente.

Justo antes de acabar la secundaria, un día reuní el valor suficiente y decidí interrogar a alguien para saber por qué me trataban de esa manera. Me encontraba fuera de la escuela, en la pequeña población de Alberta, fuera de Edmonton, y vi a una chica que había ido a la misma escuela que yo desde el primer día. La miré y de repente me armé de valor para encararla. Antes de que me diera cuenta, ya había pronunciado las palabras: «Sabes que a lo largo de todos estos años siempre me habéis tratado tan mal, ¿verdad? –Me miró estupefacta, como si no supiera de qué le estaba hablando–. ¿Por qué? –le pregunté–.

¿Qué os había hecho para merecer que me trataseis así? ¿Qué pude hacer yo que mereciera que me tratarais tan mal?»

Miró a su alrededor, tratando de escabullirse; pero cuando vio que no se iba a librar de responder a mi pregunta, comenzó a pensar. Lo único que se le ocurrió fue: «Porque eres diferente». En ese momento, lo único que pude decir o pensar fue: «¿Qué dices? ¿Qué quieres decir con que soy diferente? Y aunque lo sea, ¿por qué la gente tenía que hacer o decir las cosas que habéis dicho todos estos años?»

Por entonces, no tenía la menor idea de cómo ni por qué era diferente, aunque en los últimos meses he comenzado a darme cuenta. Ahora estoy contenta de que estas experiencias me hicieran más fuerte, por más que en ese momento fue espantoso. Me pasé la infancia y los años de adolescencia sintiéndome totalmente sola. No me relacionaba con nadie. Por lo tanto, me trasladé a Toronto, en el otro extremo del país, durante dos años y medio. Sin embargo, el verano pasado me vi «obligada» a regresar a Edmonton porque mi madre se puso enferma. Al final, resultó el mejor verano de mi vida, porque finalmente conseguí dejar atrás el pasado.

Como mínimo, me brindó la posibilidad de interiorizar. Además, encontré un grupo de personas con las que al final me sentí integrada. Nunca había tenido la sensación de pertenecer a ningún sitio. Mis amigos me la brindaron, y a su vez esto me dio una nueva sensación de finalidad y de confianza. Ahora estoy aprendiendo a no esconder mi verdadero yo en mi interior, porque mi verdadero yo es hermoso. Ahora que he vuelto a Toronto, me siento mucho más entera por dentro y mucho más poderosa que antes.

En realidad, me costó mucho tomar la decisión de volver, porque nunca había sentido una sensación tan intensa de pertenecer. Sin embargo, sentía que tenía cosas que hacer aquí, en Toronto. Aprendí que uno no puede huir de sus fantasmas. Antes o después, uno tiene que enfrentarse a sí mismo, como me ocurrió el verano pasado en Edmonton. Aprendí mucho sobre mi pasado y lo que significaba realmente.

Ser consciente del fenómeno índigo también me explicó muchas cosas y me ayudó a comprender mejor quién soy y lo que soy y por qué estoy aquí en este momento. Esto me ha dado el poder de sanar todas las heridas pasadas para poder seguir adelante como un ser humano confiado y poderoso. He decidido poner en mi música toda esta energía sin explotar, escribiendo sobre las cosas que son realmente importantes en la vida.

Muchas veces he encontrado resistencia cuando comparto con los demás que me siento «adelantada» con respecto a casi todo el mundo, adelantada a mi tiempo, como se suele decir. Lo que he aprendido, experimentado y sentido va mucho más allá de lo que la mayoría de las personas pueden comenzar a entender, siquiera remotamente, lo cual ha sido muy frustrante y a veces devastador para mí, sobre todo porque cuando he cometido el error de expresar este «conocimiento» a otras personas que no comprendían, la respuesta que recibí es que soy yo la que no entiende nada, que soy demasiado joven para tener este tipo de sabiduría, y que soy una egoísta cuando digo que estoy «más allá» de alguien que tiene más experiencia que yo en estas cuestiones.

Pues bien, estoy aquí para decir que la experiencia física no tiene nada que ver con la sabiduría. Todo el mundo, no importa su edad, tiene acceso a esta sabiduría; lo que cuenta no es la edad que uno tenga sino que sea lo bastante abierto para dejar que se manifieste.

Ese mismo verano, crecí espiritualmente de muchas formas. En mi curso de Reiki para maestros, me di cuenta de que me había adelantado a la mayoría de los asistentes, incluidos los que llevaban muchos años practicando. Antes de darme cuenta siquiera de lo que pasaba, lo conseguí todo en un año. Mi error (si es que lo fue) fue contárselo a muchas personas. Sé que la mayoría de ellas se enfadaron mucho conmigo por decir lo adelantada que me parecía que estaba, y que el retiro de Reiki en realidad no era más que una diversión para mí. Varios trataron de decirme que se me habían escapado los aspectos más sutiles del retiro, aunque yo sé que no es cierto. Me lo había pasado bien la mayor parte del tiempo, pero para mí lo que decíamos era bastante elemental.

Evidentemente, cuando hablo así, la gente automáticamente asume que esto sale del ego. Me pasó lo mismo con otro profesor este verano, que me dijo que no fuera egoísta. Fue muy duro conmigo y realmente destrozó mi confianza. Sin embargo, lo único que sé es lo que sé, y no tengo otra forma de demostrar lo que sé, más que haciendo.

No creo que haya hecho mucho aspaviento del hecho de ser índigo; sólo lo hago ahora, a los efectos de este libro, para ayudar a los demás a comprender cómo es. Esto de los índigo me ayuda a comprender lo que he pasado, y sigo pasando. Antes me parecía una carga; no me gustaba nada ser diferente. Ahora me complace, porque lo comprendo y puedo considerarlo una aventura. Todos los días me despierto sintiéndome como un niño el día de Navidad, y pensé que nunca volvería a sentirme así. Y sin embargo aquí estoy, entusiasmada todos los días. Estoy viva y me alegro de lo maravilloso que es todo. Todo el mundo tiene acceso a lo que hay allí fuera, aunque los índigo parecen «conseguirlo» mucho antes que la mayoría.

De modo que, a raíz de mi experiencia, lo que más les aconsejo a los que se preocupan por los índigo es que sean comprensivos. Los índigo necesitamos simple y realmente el amor y el apoyo de los demás, pero no podemos estar bien si nos echan encima sentimientos de separación. Necesitamos saber que nos quieren, que nos apoyan, que somos importantes. Sabiéndolo, tenemos la capacidad de ser como somos realmente, sin avergonzarnos de ser «diferentes». No sé cuántas veces deseé una sola cosa: que alguien me dijera que me quería y que yo era especial. Pero no de forma condescendiente, sino dándome poder, que me diera la sensación de que tenía un gran objetivo aquí, como todo el mundo.

No sirve de nada que los demás nos señalen con el dedo y digan: «¡Oh! Ese es un índigo de esos. ¡Vaya! Pongámoslo en exposición.» Por favor, en lugar de eso necesitamos que nos digan que está bien ser como somos y que nos quieran por eso, por lo que somos realmente. Simplificando, la canción que mejor lo describe es «Lo único que necesitas es amor», que sirve para todo el mundo, no sólo para los índigo. Esa canción debería ser el tema de todo el planeta en este momento, porque el amor es lo que de verdad hemos venido a conseguir; el paraíso en la Tierra no es sólo un sueño o algo imaginario; con la imaginación empieza todo. El paraíso en la Tierra es una realidad, aunque no todos puedan verla todavía. Los índigo forman parte del grupo que la ve. Ya está aquí, de modo que espero que me crean porque así es.

Candice tiene algunas cosas muy elementales en común con Ryan y con la mayoría de los índigo. Ella también tiene entre veinte y treinta años. ¿Se ha fijado el lector en lo que sentía con respecto a sentirse «diferente»? Realmente la marcó que la aislaran. También coinciden en la amargura que sienten hacia la escuela. Estamos seguros de que esto se va a multiplicar rápidamente, esta rebelión con respecto a la manera de presentar la educación, que ya está ocurriendo en este preciso instante, según muchos educadores. Lo que Candice tenía de diferente en realidad era que «sabía», el hecho de ser más sabia que la mayoría, que era lo que le impedía sentirse integrada.

La otra coincidencia era la absoluta certeza de su iluminación. Ella «sabía» cosas que otros estudiantes mayores y más experimentados estaban tratando de aprender. Pasaba flotando por las clases sobre antiguas técnicas de conocimiento como si las conociera de siempre. Esta es otra característica de los niños índigo: que cuando uno trata de enseñarles algo, manifiestan su aburrimiento y quieren pasar a un nivel más avanzado, o dejarlo del todo. Es posible que esto nos parezca un capricho, pero es probable que ellos ya hayan comprendido la cuestión, de modo que no tiene sentido continuar. No es tan sólo inteligencia, es una sabiduría que supera su edad. El artículo de Candice está lleno de evidencias de este tipo, y cada vez que trata de explicarnos que no se trata de su ego, es porque «así es».

Igual que para Ryan, su consuelo era la soledad. Sola, era ella la que controlaba y podía hacer lo que quería, a su propio ritmo acelerado. Además, de este modo se protegía de los que la rechazaban. Aunque ella sentía que era especial, sus compañeros y sus profesores la castigaban verbalmente, poniendo realmente a prueba su autoestima. Aunque los índigo se sienten «expandidos», como decía Ryan, con el tiempo les pueden quitar ese elemento básico de su personalidad, que es lo que ocurrió tanto con Ryan como con Candice. Menos mal que, con equilibrio, ambos lo han recuperado.

Asimismo, los dos índigo se daban cuenta del error que habían cometido al contarle a los demás cómo se sentían, porque esto parecía empeorar la situación y hacía que sus compañeros los condenaran al ostracismo. Sin embargo, seguían tratando de contarles a los demás cómo se sentían. En retrospectiva, ahora los dos sienten que deberían haberse callado y haber dejado que el mundo averiguara quiénes eran sin su ayuda. Ni nos damos cuenta de lo difícil que habría sido.

Fijémonos en esto: tanto Ryan como Cathy y Candice buscaban la sabiduría espiritual por su cuenta. Como ya hemos dicho, esto también es algo que los índigo prefieren hacer. Se distinguen en la iglesia, porque allí es donde hay amor. Se sienten atraídos hacia los principios universales del amor, porque los entienden y se sienten «cómodos» con ellos.

¿Cuál decía Candice que era su consuelo? El amor. La mayoría de los doctores y educadores que han colaborado en este libro han dicho lo mismo. El deseo de Candice de que la amaran y la respetaran superaba todo lo demás. ¿Qué mensaje nos ha dado a todos? ¡Que amemos a los niños índigo!

capítulo seis

RESUMEN

Mensaje de Jan Tober

En nuestra investigación sobre los niños índigo, algo se nos ha hecho muy evidente: que aunque estos niños son un grupo de seres relativamente nuevos, su sabiduría intemporal nos muestra una forma de ser nueva y más amable, no sólo con respecto a ellos sino también entre nosotros.

Lee y yo pensamos que este sería un libro sobre niños, destinado a padres, abuelos, educadores, orientadores y psicólogos. Pero en realidad es un libro sobre todos nosotros. Estos niños nos piden que eliminemos de nuestro vocabulario palabras como «culpa» y «víctima» y que las sustituyamos por palabras positivas como «esperanza», «compasión» y «amor incondicional». Esto no tiene nada de nuevo: los pequeños se limitan a darnos la oportunidad de practicar, practicar y practicar.

Nos ofrecen una nueva manera de medirlos a ellos, y también a nosotros mismos. Llevan a flor de piel los dones que Dios les ha dado:

✔ Nos recuerdan que debemos estar presentes y pendientes en todas nuestras relaciones.

✔ Nos piden que nos hagamos responsables de lo que decimos y lo que planeamos, tanto consciente como inconscientemente.

✔ Nos piden que seamos responsables de nosotros mismos.

✔ Estos «seres que pertenecen a la realeza» reflejan lo precioso que hay en cada uno de nosotros. ¿Acaso no somos reyes todos los seres espirituales que tenemos una experiencia física aquí en la Tierra?

Por último, hay otro don exquisito de estos índigo. Aparte de aprender a respetarlos a ellos y a su proceso, y de aprender una manera más efectiva de ser padres, también aprendemos a respetar y a actuar como padres de ese profundo niño interior que todos llevamos dentro. Los índigo quieren que juguemos. Si no tenemos tiempo para divertirnos, ¡hemos de encontrarlo! Tenemos que inventarlo nosotros. No nos lo dan automáticamente. Si la vida se vuelve tan seria que no podemos jugar, reír, hacer un fuerte con sábanas un día de lluvia y correr por el lodo con el perro, estamos perdidos. Un sabio dijo en una ocasión: «Lo importante no es lo que nos dan, sino lo que hacemos con ello».

Para finalizar, quisiera compartir con el lector lo siguiente:

Los niños de la luz
Para todos los niños...

Autor anónimo

Ha llegado el momento del gran despertar. Tú, que has elegido alzar los ojos desde la oscuridad hacia la luz, tienes la suerte de presenciar un nuevo amanecer sobre el planeta Tierra. Porque tu corazón ha anhelado ver verdadera paz donde antes había guerra, mostrar misericordia donde dominaba la crueldad, y conocer el amor donde el miedo había congelado los corazones, eres un privilegiado en tu mundo.

La Tierra es una bendición para ti. Es tu amiga y tu madre. Recuerda y respeta siempre tu relación con ella. Es un ser vivo, que respira y ama, como tú mismo. Siente el amor que brindas cuando recorres el suelo con el corazón contento.

El Creador ha escogido tus manos para llegar hasta el solitario, tus ojos para ver inocencia en vez de culpa, y tus labios para pronunciar palabras de consuelo. ¡Que no haya más dolor! Hace tanto tiempo que vagas por sueños oscuros. Acércate a la luz y manda buscar lo que sabes que es verdad. El mundo ha sufrido, pero no por el mal sino por miedo a reconocer el bien. Deja que el miedo desaparezca ahora y para siempre, que salga a la luz y se transforme. Tú tienes poder para hacerlo.

Nadie te puede encontrar más que tú mismo. Todas tus respuestas están dentro de ti. Enseña lo que has aprendido. Te han concedido la capacidad de comprensión pero no sólo para ti mismo, sino para que conduzcas a un mundo dolorido y cansado hacia un lugar de descanso, con una conciencia nueva.

Frente a ti tienes tu visión hecha realidad. Aquí tienes tu respuesta: una canción para tranquilizar un alma cansada y renovarla. He aquí el puente que te une con tus hermanos y hermanas. Aquí está tu Yo. Mírate a ti mismo con ojos amables y déjate llenar por la luz que has visto. El amor verdadero procede de ti mismo, y cada pensamiento es una bendición para todo el universo.

Se sanarán todos los aspectos de tu vida. Brillarás con un esplendor dorado que habla de Aquel que te creó, en sabiduría y gloria. El pasado se disolverá como una pesadilla, y tu alegría brillará tanto que no te acordarás de la noche.

Adelántate y sé mensajero de la Esperanza. Señala el camino hacia la sanación, andando con gratitud. Tus hermanos y hermanas te seguirán. Y al atravesar el portal de la limitación, os uniréis y os reuniréis con los que parecen perdidos. Nadie se pierde en el Creador. Elige el camino del perdón, y llorarás lágrimas de alegría por la bondad que encontrarás en todo.

Adelántate y vive la vida como el alma radiante que eres. Glorifica al Creador en cada uno de tus actos. Eres importante, eres necesario y vales mucho. No dejes que el oscuro manto del miedo te impida ver la luz. No has nacido para fallar. Estás destinado al éxito. Llevas la esperanza del mundo plantada en el pecho, y tienes el éxito asegurado porque representas al Ser que te ha creado.

Esta es la sanación del planeta Tierra. Puedes dejar de lado todas tus dudas y tus temores, puesto que sabes que la sanación procede del amor que hay en tu corazón.

◈ ◈ ◈

Mensaje de Lee Carroll

Ya conozco los aspectos académicos que rodean la escritura de un libro, porque éste es el séptimo que escribo. Pero lo que distingue a éste de los demás es lo que hay detrás de estas palabras que el lector acaba de leer: la suma de las profundas experiencias humanas de los niños afligidos que han originado estos pensamientos y han puesto de manifiesto estas ideas.

Durante los seminarios, siempre nos rodean muchas personas que hacen cola para venir a conocernos, a abrazarnos y a volcar en nosotros algunas de sus preocupaciones y sus alegrías. Uno tras otro, se nos acercan los padres para pedirnos que enviemos energía a sus hijos, porque ellos saben que son índigo, y que se sienten confundidos o tienen problemas en la escuela. Los maestros nos preguntan constantemente: «¿Qué puedo hacer?» Cada caso es distinto y, sin embargo, presenta curiosas similitudes. Las personas que trabajan en guarderías comentan que algunos niños en realidad parecen establecer nuevos paradigmas de juego y nuevas formas de tratarse entre sí, que no se habían visto nunca a estas edades.

Las enfermeras y los asistentes sociales que trabajan con niños cuentan unas historias increíbles de índigos que agrupan a otros niños necesitados en lugares donde la vida es muy transitoria. Nos llega al corazón cuando nos cuentan lo que hacen con los niños enfermos o moribundos, porque en estos casos es donde más destacan, ya que no hay nadie que se ría de ellos y les diga que son «demasiado diferentes». No hay demasiados adultos alrededor y los demás niños están demasiado débiles para que les importe. Entonces los índigo organizan juegos, brindan amor a los demás muy por encima de su edad, ¡y hasta dan consejos!

Acompañan a los que están enfermos de gravedad y les brindan afecto y compañía, y después se acercan a otros que están demasiado cansados o enfermos para preocuparse de quiénes serán estos niños «extraños». Lo siguen haciendo hasta que ellos mismos están muy enfermos y entonces, igual que los demás, se quedan en la cama. No hemos profundizado sobre este tema en el libro. A muchos de nosotros nos resulta muy difícil observar y examinar en estas circunstancias. Es un lugar al cual la mayoría de nosotros no nos gusta ir a mirar, pero las enfermeras lo tienen que hacer, y son ellas las que nos hablan del «nuevo tipo de niño».

A veces vienen índigos a nuestros seminarios y ellos también se acercan a nosotros. Algunos no tienen más de seis años, y han pedido a sus padres si podían asistir, junto con los adultos. Un niños de seis años apenas podía esperar para ver si yo lo «reconocía». Le dije que no, que no nos habíamos visto antes. Me guiñó un ojo y me dijo que en realidad no esperaba que lo hiciera, pero que yo lo había conocido antes de que fuera «él». Era un alma muy vieja, y todavía no sé lo que sabía, o lo que pensaba que sabía. La mera idea de que un niño de esa edad tenga un concepto semejante resulta increíble. No me importa si tan sólo estaba siguiendo la ideología de otra persona, porque es el hecho de que se sientan eternos y reyes lo que me impresiona. Él estaba convencido.

Los índigo adolescentes con los que hablamos son muy especiales. Ojalá pudiéramos meter a un puñado en una habitación, todos juntos, para ponernos a cantar, simplemente. Creo que les encantaría. Sin teléfonos, ni la música típica de los adolescentes, ni televisión; tan sólo un ratito para que los adultos y los adolescentes se quisieran mutuamente. Los adolescentes traen un mensaje para nosotros; me lo dicen todo el tiempo: «La edad no importa. Todos nos conocemos. ¡Si nos respetan de verdad, que miren lo que vamos a hacer!»

Estos índigo adolescentes son muy, pero que muy especiales. Cada vez que paso un rato con alguno de ellos, después me quedo con la idea de que las cosas no eran así cuando yo tenía quince años. Es como mantener una conversación con un adulto sabio en un cuerpo muy joven. No me extraña que los demás los encuentren extraños. El mundo no había visto nunca una cosa así, y es probable que resulte raro para algunos. Mientras tanto, son algunas de las personas que más me gustan sobre la Tierra, una extraña combinación de maniático tontorrón propio de la adolescencia con la sabiduría de los siglos. Es una energía que hay que ver para creer; es como vestirte a la ultimísima moda, ponerte un aro en el labio superior y escuchar música rap a todo volumen con tu bisabuelo, unos cuantos sacerdotes y un chamán... ¡y pasártelo estupendamente!

Las personas que han colaborado en este libro son fanáticas de nuestros niños. A menudo se han «pasado de la raya» en la sociedad para desafiar un sistema o para defender una postura que no está demostrada, pero ahora les prestan atención y los reconocen. Son un puñado de personas muy especiales; asoman la cabeza incluso para figurar en este libro. Si les preguntamos, nos dirán que los niños se lo merecen. Saben que ha llegado la hora de alcanzar un consenso en la sociedad, que dará lugar a un grupo formidable, capaz de reconocer las cualidades de un niño índigo, y saber exactamente lo que tienen que hacer.

Apéndice

Biografía de los colaboradores

(Los números entre paréntesis hacen referencia a
las páginas donde se pueden encontrar las aportaciones
o los servicios de cada colaborador.)

Karen BOLESKY, M.A., C.M.H.C., L.M.P., es orientadora titulada en
cuestiones de salud mental en Florida, y también en el estado de
Washington. Además, es masajista licenciada. Karen figura en el
Who's Who de mujeres estadounidenses y en el *Who's Who* en
el campo de las finanzas y la industria.

Es licenciada y doctora en Filosofía y Letras por la Universidad de South Florida, y actualmente es codirectora y propietaria
del Soma Institute,[85] y enseña integración neuromuscular. Tiene
formación en técnicas avanzadas de *Gestalt*, bioenergía, orientación nutricional, el recuerdo de procesos interpersonales, asesoramiento a pacientes moribundos, psicoterapia avanzada y bio-
cinética. (207)

Para establecer contacto: The Soma Institute, 730 Klink St.,
Buckly, Washington • (360) 829-1025 • www.soma-institute.com.
correo electrónico: soma@nwrain.com.

Candice CREELMAN colaboró en el capítulo cinco. Es una de las
índigo mayores que se ofreció para escribir un texto sobre su
vida para que lo analizáramos. Dice que «lo único que necesitas
es amor». (226)

Para establecer contacto: correo electrónico: amora@inter-
log.com.

Barbra DILLENGER, Ph.D., es orientadora en desarrollo transper-
sonal y trabaja en el campo de la metafísica desde 1969. Es
licenciada y doctora en educación y en psicología, aparte de
doctora en ciencias metafísicas. Entre las personas con las que
trabaja, es famosa por sus visiones psíquicas y espirituales. Su
consulta privada está compuesta fundamentalmente por profesionales en activo en muchos órdenes de la vida, y tiene su centro en Del Mar, California y en San Francisco, California. (34)
Para establecer contacto: P.O. Box 2241, Del Mar, California
92014.

Peggy y Steve DUBRO han recibido un gran don del conocimiento universal. Como miembros del equipo del Seminario
Internacional Kryon, presentan en todo el mundo unos cursos
de formación que inician a los individuos en una nueva conciencia, que los hace fuertes para la vida.
Peggy Phoenix Dubro es una de las fundadoras de la empresa The Energy Extension, Inc. de Norwich, Connecticut. También ha canalizado la información sobre el Factor Phoenix, que
incluía la EMF Balancing Technique.[89] A lo largo de los últimos
siete años, Peggy ha desarrollado un conocimiento único sobre
el campo energético humano, que se describirá en su próximo
libro: *Spiritual Intelligence – The Gift of the Phoenix*. (213)
Para establecer contacto: Energy Extension, Inc., 624 W.
Main St., #77, Norwich, Connecticut 06360 • www.EMF Balan-
cingTechnique.com.

Karen ECK creció en Baker City, Oregon. Permanente buscadora
de la verdad, su interés por la salud y la ciencia la impulsó a
trasladarse a Portland, Oregon, en 1970, donde estudió en el
Marylhurst College y en la St. Vincent School of Medical Technology. Después de estudiar muchas modalidades de sanación,
llega a la conclusión de que todos los tipos de sanación se producen, fundamentalmente, porque uno cree en un sistema
determinado. Actualmente, Karen distribuye *software* educati-

vo, diversos programas de aprendizaje y productos nutricionales que, según los antecedentes, contribuyen a aliviar la mayoría de las enfermedades. Acaba de descubrir las increíbles propiedades de los aceites esenciales, y la capacidad del orégano silvestre para acabar con la mayoría de las enfermedades infecciosas y las alergias. (194)

Para establecer contacto: c/o Cliff's Saw & Cycles, 2499 8th St., Baker City, Oregon 97814 • correo electrónico: kareneck@ worldnet.att.net.

Robert GERARD, Ph.D., es conferenciante, visionario y sanador. Como editor, ha sido el propietario y director de Oughten House Publications. Ha escrito *Lady from Atlantis, The Corporate Mule* y *Handling Verbal Confrontation: Take the Fear Out of Facing Others*. En la actualidad está de gira, promocionando su último libro: *DNA Healing Techniques: The How-To Book on DNA Expansion and Rejuvenation*. Robert da talleres sobre técnicas de sanación a través del DNA y ofrece conferencias y talleres en todo el mundo. (52, 86)

Para establecer contacto: Oughten House Foundation, Inc., P.O. Box 1059, Coursegold, California 93614 • correo electrónico: robert@oughten-house.com • www.oughtenhouse.com.

Deborah GROSSMAN se graduó en la Greenwich Academy de Connecticut y después asistió a la Duke University de Carolina del Norte y posteriormente a la Universidad de Miami, donde obtuvo el título de enfermera (BSN).

Su pasión es la asistencia. Ha dado clases a enfermeros jefes en diversas disciplinas médicas y también en la Escuela de Acupresión y Acupuntura de Miami, hasta hace pocos años. En la actualidad, da conferencias en el sur de Florida sobre temas como la atención a uno mismo e introducción a la homeopatía. También es asesora homeopática en enfermería, además de fundadora y presidenta de Artemis International, una asociación dedicada a integrar todas las formas de sanación. (199)

Para establecer contacto: 102 NE 2nd St., #133, Boca Raton, Florida 33432.

Debra HEGERLE al principio fue contable durante catorce años, trabajando con el hemisferio izquierdo. Para desarrollar más el lado derecho de su cerebro, decidió hacer carrera como asesora de viajes durante el día y como parapsicóloga por la noche. Seis años después, fundó su propia empresa, Dragonfly Productions, que se dedica tanto a la contabilidad como a la asesoría parapsicológica.

Está casada hace dieciséis años, tiene un hijo y hace cinco años que trabaja como auxiliar docente voluntaria. Es maestra titulada de Reiki, estudia astrología y hace trabajos de sanación energética Huna. También le interesan la equitación, el jazz y la gimnasia aeróbica.

Actualmente trabaja como voluntaria para las filiales en San Francisco y San José de Compassion in Action, y se ha propuesto como objetivo a largo plazo fundar una sede de Compassion in Action en Contra Costa County, California. (48, 70)

Para establecer contacto: Dragonfly Productions, P.O. Box 2674, Martínez, California 94553 • correo electrónico: daurelia@wenet.net.

Ranae Johnson, Ph.D., es la autora de *Reclaim Your Light Through the Miracle of Rapid Eye Technology*.[87] También ha escrito *Winter's Flower*, que trata de cómo criar a un niño autista. Ranae tiene siete hijos y veintiséis nietos, y es la fundadora del Rapid Eye Institute[88] de Oregon.

Ha estudiado en la Long Beach State de California y en la Brigham Young University. Obtuvo el título de doctora en hipnoterapia clínica por el American Institute of Hypnotherapy de Santa Ana, California y también se doctoró por la American Pacific University de Honolulu.

Su currículum incluye una lista impresionante de certificados y especializaciones; por ejemplo, ha trabajado en terapia del juego, consuelo ante el dolor, organización del tiempo, resolución de crisis, programación neurolingüística avanzada, ortobionomía y paternidad positiva, entre otros campos. Como hipnoterapeuta, es miembro del Sindicato Nacional de Hipnotizadores, además de ser maestra de PNL. También es maestra y se dedica a la formación en Rapid Eye.

Ha trabajado en el Fountain Valley, en California, con preescolares autistas; en The Community Mental Health Crisis Center en Spokane, Washington; con el grupo de apoyo para padres de niños autistas en Spokane, y actualmente se encarga del Rapid Eye Institute de Salem, Oregon. (211)

Para establecer contacto: Rapid Eye Institute, 3748 74th Ave., SE, Salem, Oregon 97301 • correo electrónico: ret.campus@aol.com • www.rapideyetechnology.com.

Donna K. KING se ha graduado en la Universidad de North Texas. Tiene varios diplomas en *biofeedback* y *neurofeedback*. Actualmente, es la directora de educación profesional de los Behavioral Physiology Institutes, un programa de doctorado en medicina conductista en Bainbridge Island, Washington.

Desde 1992, la señorita King trabaja activamente en neuroterapia, educación, tratamiento e investigación, tanto para adultos como para niños. Ha contribuido al desarrollo del *biofeedback*, el *neurofeedback* y programas de formación relacionados con estos, que han cubierto las necesidades de los clínicos en diversos campos y circunstancias.

También ha contribuido a la creación de programas de neuroterapia en colonias de vacaciones para escolares con problemas de falta de atención e hiperactividad. Desde 1992, dedica la mayor parte de sus esfuerzos a la promoción y la utilización de programas clínicos de medicina conductista, incluida la neuroterapia. Como miembro del consejo asesor de la Fundación Kidwell, la señorita King procura poner a disposición de todos los niños del país unos programas de tratamiento globales, de última generación. (206)

Para establecer contacto: 439 Bjune Rd. SE, Bainbridge Island, Washington 98110 • correo electrónico: brainwm@aol. com.

Ryan MALUSKI es uno de los índigo adultos que se ofreció como voluntario para contarnos una parte de su vida, que hemos analizado en el capítulo cinco. Actualmente vive en Connecticut y trabaja en áreas relacionadas con ayudar a los demás. No me sorprende. (215)

Para establecer contacto: Center for Synthesis, 31 Bridge Rd.,

Weston, Connecticut 06883 • correo electrónico: Synthesis1@aol.com.

Kathy A. McCloskey, Ph.D., Psy.D., trabajó durante casi diez años como científica civil para la Fuerza Aérea de Estados Unidos en Dayton, Ohio, investigando las consecuencias de los factores de estrés medioambientales en el rendimiento psicológico y biomecánico del ser humano. En su búsqueda de sentido personal y profesional, dejó las fuerzas armadas para dedicarse a la psicología clínica. Recibió su segundo doctorado en agosto de 1998, y se prepara para presentarse al examen nacional para obtener un permiso para ejercer la psicología de forma autónoma. Ha finalizado su formación en un centro de crisis, un hospital para pacientes hospitalizados, un centro comunitario de salud mental, un centro de un campus universitario y un programa de tratamiento para personas que infligen malos tratos, por resolución judicial.

Kathy tiene experiencia con diversos grupos de personas, como afroamericanos, apalaches, adolescentes, niños, gays, lesbianas, bisexuales, transexuales, mujeres que han sufrido malos tratos y sus verdugos, la comunidad universitaria y enfermos mentales graves. Actualmente trabaja como profesora de doctorado en el Ellis Human Development Institute de Dayton, Ohio. En este momento, se especializa en terapia de intervención en crisis breves, el tratamiento de los perpetradores de violencia doméstica por resolución judicial, el enfoque existencial de los problemas vitales y la supervisión de personas en formación.

Pertenece a la Asociación Estadounidense de Psicología, la Asociación de Psicólogos de Ohio, la Asociación Estadounidense para el Avance de la Ciencia y la Sociedad de Factores Humanos y Ergonomía (HFES). Ha sido presidenta del grupo técnico de evaluación y tests de la HFES, y actualmente es ergonomista profesional titulada y está habilitada a nivel nacional. Numerosas publicaciones suyas se han presentado en asambleas anuales y en boletines revisados por sus colegas, y ha publicado numerosos artículos científicos. También fue profesora adjunta de psicología en la Wright State University, de 1991 a 1994, y desde 1992 es instructora clínica en la Facultad de Medicina de la Wright State University. Cuando obtuvo su segundo doctorado, era tutora de cursos dentro de su programa. Por último, desde 1996 es asistente social oficial de Ohio. (41, 68)

Para establecer contacto: Ellis Human Development Institute, 9 N. Edwin C. Moses Blvd., Dayton, Ohio 45407 • correo electrónico: kcam@gateway.net.

Judith SPITLER McKEE, Ed.D., es psicóloga evolutiva, orientadora y profesora emérita de psicología de la enseñanza y educación preescolar en la Eastern Michigan University. Ha escrito doce manuales sobre el aprendizaje, la evolución, el juego y la creatividad en la infancia: *Play: Working Partner of Growth*, 1986, ACEI; *The Developing Kindergarten*, MIAEYC, 1990, y diez volúmenes de *Annual Editions: Early Childhood Education*, 1976-1991.

Dirige talleres sobre evolución infantil para padres, educadores, bibliotecarios, terapeutas y médicos. Además, es ministra no confesional de las artes curativas y asesora espiritual. Como astariana de séptimo grado, maestra y profesora de Reiki y practicante de Jin shin, escribe para una serie en los boletines *Healing Natural Alternatives*. Además dirige talleres de crecimiento espiritual, sanación holística y paternidad de niños índigo. (72)

Para establecer contacto: Fax (248) 698-3961.

Melanie MELVIN, Ph.D., DHM, RSHoM, es doctora en psicología y estuvo autorizada para ejercer en California desde 1988 hasta 1996. Desde 1994 está autorizada para ejercer en Colorado, donde practica actualmente. También está diplomada en medicina homeopática y pertenece al Instituto Británico de Homeopatía y a la Asociación Estadounidense de Homeópatas. Durante los últimos dieciocho años, se ha dedicado a combinar la homeopatía con la psicoterapia para el tratamiento de sus pacientes, entre los cuales figuran muchos niños.

Melanie descubrió la homeopatía en 1970, cuando un accidente automovilístico le produjo numerosas secuelas físicas. Durante diez años, buscó un médico que la tratara como una persona integral, en lugar de especializarse. En 1980, alguien

que acababa de conocer le dijo que había médicos así: los homeópatas. Rebosante de alegría, fue a ver a un homeópata y comenzó a curarse, de modo que se puso a estudiar homeopatía. Sintió
que al final había encontrado lo que buscaba, y desde entonces
trabaja con pacientes de todas las edades, combinando las dos
disciplinas. (126)

Para establecer contacto: 34861 W. Pine Ridge Lane, Golden,
Colorado 80403 • (303) 642-9360 • correo electrónico: cmelwolf
@aol.com . www.dmelanie.com.

Robert P. OCKER es orientador para la enseñanza media en
Mondovi, Wisconsin. Su pasión y su objetivo ha sido orientar a
la juventud; ha trabajado en el distrito escolar de Eau Claire
como asesor de enseñanza primaria y ha puesto en marcha un
programa de formación de líderes entre compañeros, el CHAMPS.
En Lake Geneva trabajó como orientador en la enseñanza primaria y la media. Ha ofrecido numerosas presentaciones ante
públicos de todas las edades sobre «Educar mediante el entretenimiento». A través del teatro, Robert ayuda a los alumnos a
resolver problemas, a solucionar conflictos, a asumir responsabilidades y a formar el carácter. La Wisconsin School Counselors Association lo ha reconocido como uno de los futuros
líderes educativos más destacados. Es un portavoz.

Robert es un orientador cualificado en enseñanza desde preescolar hasta el final de la secundaria, y es licenciado en comunicación por la Universidad de Wisconsin en Eau Claire, donde
fue reconocido por su notable capacidad de liderazgo y comunicación. Ha estudiado, vivido, viajado y dado conferencias por
toda Europa. También es doctor en Ciencias por la Universidad
de Wisconsin en Stout. El doctorado lo premió por lo notable de
su investigación, su tesis y su visión educativa. Es un joven sincero, amable, atento y enérgico que comparte sus dones tanto
con los niños como con los adultos. (103, 138)

Para establecer contacto: 7717 35th Ave., Knolsha, Wisconsin
53142 • (715) 831-9429.

Jennifer PALMER es diplomada en enseñanza (secundaria, bellas
artes) y licenciada en educación. También está graduada en

educación para la práctica profesional. Ha sido maestra de enseñanza primaria en Australia durante veintitrés años. Le han concedido el Advanced Skills Teachers Award y en la actualidad reside en Adelaida. (107)

Para establecer contacto: Jennifer vive actualmente en Australia. El lector puede enviarle un mensaje por correo electrónico a la siguiente dirección: kryonmail@aol.com, desde la cual le será reenviado. Conviene indicar: «Indigo book – Jennifer Palmer».

Cathy PATTERSON es profesora de enseñanza especial en Vancouver, Columbia Británica, Canadá. Trabaja concretamente con alumnos que presentan trastornos graves de la conducta, y colabora con diversos profesionales para llevar a cabo planes de comportamiento y también planes académicos.

En la actualidad, está acabando un doctorado en orientación psicológica. Dirige sesiones de grupos de padres para apoyar a los que tienen hijos con problemas. Su objetivo más inmediato es ayudar a los profesionales de la enseñanza y a las familias a trabajar de forma conjunta para satisfacer las necesidades de los niños con problemas de conducta dentro del sistema público de enseñanza. (92)

Para establecer contacto: correo electrónico: rpatter262@ aol.com.

Rev. LAURIE Joy PINKHAM, D.D., «Mujer Búho», vive en una zona rural de Nueva Inglaterra, donde sigue escribiendo y ayudando a los demás a comprender quiénes son y para qué están aquí. Es emisaria de la luz, sanadora, escritora y fotógrafa. Organiza actos en todo el país porque desea que el mundo tome conciencia de su espiritualidad. Es catalizadora de la humanidad, almacena energía y establece puentes en la conciencia mundial. Escribe acerca de sus propias experiencias en esta vida y en otras, y realiza entrevistas sobre los viajes de otras personas, que han aparecido en diversas publicaciones de todo el mundo. Algunas de las letras que compuso para «Canciones de Dios» se han grabado, y sus relatos, poemas, entrevistas y fotografías se han publicado en revistas y periódicos de todo el mundo. Es maestra de Reiki, terapeuta craneosacral e intuitiva, y está licenciada en enseñanza preescolar por la Universidad de New Hampshire, además de ser doctora en Teología. Actualmente tiene una consulta privada y un consultorio quiropráctico en la zona rural de Nueva Inglaterra. (157)

Para establecer contacto: PMB #622, 67 Emerald St., Keene, New Hampshire 03431 • correo electrónico: owlwoman33@aol. com • www.owlwoman.com • (603) 526-8424.

Pauline ROGERS ha trabajado toda la vida en el campo del desarrollo infantil, en el cual es orientadora. Es licenciada por la California State University y doctora en administración educacional por la Universidad de La Verne en California. También ha hecho cursos sobre administración del desarrollo infantil en el campus de la UCLA. Ha sido directora y supervisora de Bellflower, California (ocho sedes) y fue coordinadora del programa de desarrollo infantil para los servicios sociales de Norwalk, California. Tiene tantas distinciones profesionales y pertenece a tantas asociaciones que no podemos enumerarlas a todas aquí. (117)

Para establecer contacto: 680 Juniper Way, La Habra, California 90631.

Richard SEIGLE, M.D., tiene una consulta privada en Carlsbad, California. Se ha formado en la UCLA y se graduó en la USC.

Trabajó tres años en la reserva de los navajo antes de acabar su residencia psiquiátrica en la Universidad de California en San Diego (UCSD). Desde entonces, ha estudiado con numerosos sanadores y profesores en la Facultad de Medicina de la UCSD. (21)

Para establecer contacto: (760) 434-9778.

Joyce GOLDEN SEYBURN es licenciada en educación por la Wayne State University y ha dado clases en parvulario y en primero. Con tres hijos pequeños, hizo el doctorado en desarrollo preescolar. Ha sido columnista de *The Detroit News*, y también ha publicado en varias revistas y ha colaborado en una antología de relatos.

Su puesto en el Centro de Medicina Cuerpo / Mente que

Deepak Chopra tiene en La Jolla, California, ha estimulado su interés por el tema de la relación entre el cuerpo y la mente. Cuando estaba a punto de ser abuela por primera vez, al no poder encontrar ningún libro sobre la paternidad cuerpo / mente para compartir con sus hijos, decidió escribir el primero: *Seven Secrets to Raising a Healthy and Happy Child.*[56] (119)

Para establecer contacto: 1155 Camino del Mar, #464, Del Mar, California 92014 • correo electrónico: joy7secrets@hotmail.com.

Keith R. SMITH se graduó por primera vez en el San Francisco State College, pero su formación académica prosiguió durante veinte años más. Es doctor en fitoterapia (Dominion Herbal College de Canadá y Christopher School of Natural Healing). Estudió iridología avanzada y tomó clases de formación con el doctor Bernard Jenson. También es licenciado por la Escuela de Naturopatía de Spanish Forks, Utah, y estudió en la Facultad de Artes Curativas de San Diego, California.

Además, Keith se doctoró en nutrición y se interesó por el Rayid, que es la práctica emocional y espiritual de la iridología fundada por Denny Ray Johnson. Actualmente, preside la Sociedad Rayid Internacional, aparte de ser maestro de Rayid. Hace veintiún años que practica la fitoterapia, y se lo puede encontrar en Escondido, California.[70] (179)

Para establecer contacto: 360 N. Midway, Suite 102, Escondido, California 92027 • correo electrónico: ksmithhrb@adnc. com • www.health-forum.com.

Nancy ANN TAPPE lleva veinticinco años trabajando en el campo de la parapsicología. Se doctoró en Teología y en Filosofía y se ha ordenado ministra. Se la conoce en todo Estados Unidos y Canadá y en algunos países de Europa y Asia por su visión cándida de las personas y de la manera de comprendernos mejor a nosotros mismos y a los demás.

Comenzó a estudiar el color y el aura humana durante su exploración de la humanidad. Durante tres años, trabajó en la definición y la interpretación de la propia aura; enseguida se dio cuenta de que tenía el extraño don de «ver» el aura y se entusiasmó con la posibilidad de aprender a interpretarla.

Para comprobar la información que obtenía de forma intuitiva se puso en contacto con un psiquiatra de San Diego. Con su colaboración, pusieron a prueba a centenares de pacientes y voluntarios, aplicando la teoría que ella recibía. Trabajaron juntos durante nueve años, hasta que se convenció de su precisión.

Posteriormente, Nancy Ann dio clases en la San Diego State University, en la escuela experimental. En la actualidad, sigue ofreciendo conferencias, clases y asesoramiento en todo el mundo.[2] (24, 63, 141)

Para establecer contacto: Starling Publishers, P.O. Box 278, Carlsbad, California 92018.

Doreen VIRTUE, Ph.D., es licenciada y doctora en orientación psicológica. Da conferencias con frecuencia y ha escrito doce libros, con medio millón de copias impresas en todo el mundo, entre los que figuran *The Lightworker's Way*, Hay House, 1997; *Angel Therapy*, Hay House, 1997, y *Divine Guidance* (Renaissance / St. Martin's, agosto de 1998. También ha hecho dos casetes de audio, *Chakra Clearing* y *Healing with the Angels*, Hay House. La página web de la doctora Virtue, **www.angeltherapy.com**, contiene información sobre sus talleres y sus libros, además de ser un foro de mensajes muy activo.

Hija de un sanador de la Ciencia Cristiana, la doctora Virtue es metafísica de decimocuarta generación y, en su consulta y en sus libros, fusiona los fenómenos parapsicológicos, la sanación angélica, la psicología y los principios espirituales de *Un curso de milagros*. En sus doce años de experiencia clínica, ha fundado y dirigido un hospital psiquiátrico exclusivamente para mujeres, ha dirigido un programa psiquiátrico para adolescentes y se ha dedicado a la práctica privada de la psicoterapia. Además, la doctora Virtue es miembro del Instituto Estadounidense de Hipnoterapia, donde da clases sobre el desarrollo parapsicológico y el de la videncia.

Ha colaborado en la organización de varias oraciones mundiales por la paz, junto con James Twyman y Gregg Braden. Aparece con frecuencia en programas de entrevistas, como *Oprah, Good Morning America, The View, Donahue, Ricki Lake, Geraldo, Sally Jessy Raphael, Montel, Leeza, The 700 Club, Gor-*

don Elliott, CNN, Extra, entre otros. Desde 1989 ofrece talleres sobre espiritualidad y salud mental, para públicos como *The Whole Life Expo, The Universal Lightworker's Conference, The Health and Life Enrichment Expo, Fortune 500 companies, The Learning Annex* y la convención de *The American Board of Hypnnotherapy.* (39, 66, 147, 170)

Para establecer contacto: www.AngelTherapy.com o a través de Hay House Publicity, P.O. Box 5100, Carlsbad, California 92018-5100.

Notas

1. GIBBS, Nancy: «The Age of Ritalin», revista *Time*, página 86, 30 de noviembre de 1998.

2. TAPPE, Nancy Ann: *Understanding Your Life Through Color*, 1982. ISBN 0-940399-00-8. Starling Publishers, PO Box 278, Carlsbad, California 92018. Este libro no se distribuye en todas partes. Para conseguirlo, hay que llamar a la librería Awakenings (se aceptan tarjetas de crédito) en California, al número (949) 457-0797 o enviar un mensaje por correo electrónico a govinda4u@aol.com • Librería Mind, Body, Soul en Indiana, al número (317) 889-3612 o enviar un mensaje por correo electrónico a mndbodsoul@aol.com.

3. TAYLOR, Dr. Hartman: *The Color Code: A New Way to See Yourself, Your Relationships, and Life*, 1998, ISBN 0684843765, Scribner.

4. *The Rising Curve: Long-Term Gains in IQ & Related Measures*, editado por Ulric Neisser y publicado por la Asociación Estadounidense de Psicología, Washington, DC, 1998. Para encargarlo, hay que llamar al número de EUA (800) 374-2721.

5. Referencias a la Dra. Doreen VIRTUE para las tres secciones del libro:

Dirección en Internet [http://www.angeltherapy.com].

«Ritalin use is a bar to military service», *Cox News Service*, 1 de diciembre de 1996.

«Un curso de milagros», lección del libro de ejercicios 198, 9.5. *Foundation for Inner Peace*, 1975.

HAYES, Laurie L.: «Ritalin use has doubled in past five years», *Counseling Today*, volumen 39, número 11, mayo de 1997.

KILCARR, P. y P. Quinn: «Voices from Fatherhood: Fathers, Sons and ADHD», 1997, Nueva York, Brunner / Mazel, Inc.

LANG, John: «Boys on Drugs», Scripps Howard News Service.

SCHACHAR, R.J., R. TANNOCK, C. CUNNINGHAM y P. CORKUM: «Behavioral, Situational, and Temporal Effects of Treatment of ADHD with Methylphenidate», *Journal of the American Academy of Child and Adolescent Psychiatry*, 1997, 36(6), 754-763.

6. Para ponerse en contacto con The National Foundation for Gifted and Creative Children se puede enviar un mensaje por correo electrónico a la dirección nfgcc@aol.com, o por correo postal a la dirección: 395 Diamond Hill Road, Warwick, Rhode Island 02886, o por teléfono al (401) 738-0937.

7. WRIGHT Robert: *The Power of Their Peers*, revista *Time*, página 67, 24 de agosto de 1998.

8. HARRIS, Judith Rich: *The Nurture Assumption: Why Children Turn Out the Way They Do*, ISBN 0684844095, 480 páginas, 1998, Free Press.

9. BODENHAMER, Gregory: *Back in Control – How to Get Your Children to Behave*, ISBN 0-671-76165-X, 1998, Fireside, Nueva York.

10. MILLMAN, Dan: *The Life You Were Born to Live – A Guide to Finding Your Life Purpose*, ISBN 0915811-60-X, 1993, HJ Kramer, Inc.

11. GOMI, Taro: *Everyone Poops*, ISBN 0-916291-45-6, 1993, Brooklyn, Nueva York, Kane/Miller Pub.

12. BAER, Edith: *This Is The Way We Eat Our Lunch*, ISBN 05904 68871, 1995, Nueva York, Scholastic.

13. DOOLEY, Norah: *Everybody Cooks Rice*, ISBN 0876144121, 1991, Minneapolis, Minnesota, Caroliheda Books.

14. GARDNER, Howard: *Frames of Mind: The Theory of Multiple Intelligences*, ISBN 046501822, 1983, Nueva York, Basic Books.
MCKEE, Judith Spitler: *The Developing Kindergarten*, ISBN 0962915408, 1990, East Lansing, Michigan, Michigan Association for Education of Young Children.
ARMSTRONG, Thomas: *Seven Kinds of Smarts: Discovering and Using Your Natural Intelligences*, ISBN 0452268192, 1993, Nueva York, Plume/Penguin.

15. ERIKSON, Erik H.: *Childhood and Society*, ISBN 039331068X, 1993, Nueva York, Norton.

16. MCKEE, Judith Spitler: *Play: The Working Partner of Growth*, ISBN 0871731126, 1986, Olney, Maryland, Association for Childhood Education International.

17. BROWN, Margaret Wise: *Goodnight Moon*, ISBN 0-064430170, Nueva York, Harper Collins, 1947, reeditado en 1991.

18. DEGAN, Bruce: *Jamberry*, ISBN 0060214163, Nueva York, Harper Collins, 1990.

19. BOYNTON, Sandra: *Barnyard Dance*, ISBN 1-563054426, 1993, Nueva York, Workman Publishing.

20. PORTER-GAYLORD, Laurel: *I Love My Mommy Because...*, ISBN 0525446257, 1996, Nueva York, Dutton.

21. PORTER-GAYLORD, Laurel: *I Love My Daddy Because...*, ISBN 0525446249, 1996, Nueva York, Dutton.

22. POTTER, Beatrix: *The Tale of Peter Rabbit*, ISBN 0590411012, 1987, Nueva York, Scholastic.

23. WESCOTT, Nadine: *The Lady with the Alligator Purse*, ISBN 031693165, 1990, Nueva York, Little Brown & Co.

24. PRESTON, Edna Mitchell: *The Temper Tantrum Book*, ISBN 0140501819, 1976, Nueva York, Viking.

25. PIPER, Watty: *The Little Engine That Could*, ISBN 0448400413, 1990, Nueva York, Price/Stern/Sloan Publishers.

26. RAFFI: *Baby Beluga* (casete), ISBN 6301878949, 1990, Universal City, California, Rounder Records.

27. IVES, Burl: *A Twinkle in Your Eye* (casete), ISBN 6304902158, 1998, Sony Wonder.

28. MILNE, A.A.: *Winnie the Pooh* (casete), leído por Charles Kuralt, ISBN 0140866825, 1997, Penguin Audio Books.

29. ROSENBLOOM, Joseph: *Doctor Knock Knocks*, ISBN 080698936X, 1976, Nueva York, Sterling.

30. ROSENBLOOM, Joseph: *Biggest Riddlebook in the World*, ISBN 0806988843, 1976, Nueva York, Sterling.

31. HALL, Katy y Lisa EISENBERG: *101 Cat and Dog Jokes*, ISBN 0590433369, 1990, Nueva York, Scholastic. *Nota*: Katy Hall tiene muchísimos más libros de chistes.

32. BERENSTAIN, Stan y Jan: *The Berenstain Bears and The Messy Room*, ISBN 0394856392, 1983, Nueva York, Random House.

33. BERENSTAIN, Stan y Jan: *The Berenstain Bears and Too Much TV*, ISBN 0394865707, 1984, Nueva York, Random House.

34. BERENSTAIN, Stan y Jan: *The Berenstain Bears and Too Much Junk Food*, ISBN 0394872177, 1985, Nueva York, Random House.

35. WHITE, E.B.: *Charlotte's Web*, ISBN 0064400557, 1974, Nueva York, Harper Trophy.

36. WHITE, E.B.: *Charlotte's Web* (casete), ISBN 0553470485, 1992, Nueva York, Bantam Books Audio.

37. HERRIOT, James: *James Herriot's Treasury for Children*, ISBN 0312085125, 1992, Nueva York, St. Martin's Press.

38. KINDERSLEY, Barnabas y Anabel: *Children Just Like Me*, ISBN

078940217, 1995, Nueva York, Dorling Kindersley and the United Nations Children's Fund.

39. HOBERMAN, Mary Ann: *Fathers, Mothers, Sisters, Brothers: A Collection of Family Poems*, ISBN 014054891, Nueva York, Puffin/Penguin.

40. BAUM, L. Frank: *The Wizard of Oz*, ISBN 067941794X, 1992, Nueva York, Knopf. *Nota*: Hay otros libros sobre Oz, como *Ozma of Oz, The Emerald City of Oz* y *The Patchwork Girl of Oz.*

41. CLEARY, Beverly: *Ramona Forever* (casete), leído por Stockard Channing, ISBN 0807272655, 1989, Old Greenwich, Connecticut, Listening Library.

42. LOFTING, Hugh: *The Story of Dr. Doolittle* (casete), leído por Alan Bennett, ISBN 0553477692, Nueva York, Bantam Books Audio.

43. ROSEN, Michael: *Walking the Bridge of Your Nose*, ISBN 1856975967, 1995, Nueva York, Kingfisher.

44. KRULL, Kathleen: *Lives of the Musicians (And What the Neighbors Thought)*, ISBN 0152480102, 1993, San Diego, California, Harcourt Brace.
___: *Lives of the Writers (And What the Neighbors Thought)*, ISBN 0152480099, 1994, San Diego, California, Harcourt Brace.
___: *Lives of the Artists (And What the Neighbors Thought)*, ISBN 0152001034, 1995, San Diego, California, Harcourt Brace.
___: *Lives of the Athletes (And What the Neighbors Thought)*, ISBN 0152008063, 1997, San Diego, California, Harcourt Brace.

45. L'ENGLE, Madeleine: *A Wrinkle in Time* (casete), ISBN 0788701371, 1994, Prince Frederick, Maryland, Recorded Books.

46. *Parenting with Love and Logic.* Ponerse en contacto con Cline-Fay Institute, Inc., 2207 Jackson Street, Golden, Colorado 80401. (800) 338-4065.

47. MCARTHUR, David: «Learning to Love», revista *Venture Inward*, página 33, enero-febrero de 1998.

48. McArthur, Bruce y David: *The Intelligent Heart*, 224 páginas, ISBN 087604-389-9, A.R.E. Press.

49. Planetary LLC, que publica el sistema HeartMath(, 14700 West Park Avenue, Boulder Creek, California 95006. Llamada gratuita: (800) 372-3100.
[http://www.planetarypub.com]. Dra. Deborah Rozman, Directora Ejecutiva.

50. Childre, Doc Lew: *Freeze-Frame: One Minute Stress Management*, ISBN 1-879052-42-3.
___: *A Parenting Manual*, 160 páginas, ISBN 1-879052-32-6.
___: *Teen Self Discovery*, 120 páginas, ISBN 1-879052-36-9.
___: *Teaching Children to Love*, 80 juegos y actividades entretenidas para criar niños equilibrados en una época desequilibrada, ISBN 1-879052-26-1.
Para pedir cualquiera de estos libros, llamar a Planetary LLC: (800) 372-3100.

51. Gregson, Bob: *The Incredible Indoor Games Book*, ISBN 0-8224-0765-5, Belmont, California, David S. Lake Publishers.

52. Gregson, Bob: *The Outrageous Outdoor Games Book*, ISBN 0-8224-5099-2, Belmont, California, David S. Lake Publishers.

53. Rozman, Deborah: *Meditating with Children*, ISBN 1-879052-24-5, Planetary LLC.

54. Goelitz, Jeffrey: *The Ultimate Kid*, trata de la educación holística, 154 páginas, ISBN 0-916438-61-9, Planetary LLC.

55. Herzog, Stephanie: *Joy in the Classroom*, ISBN 0-916438-46-5. Planetary LLC.

56. Seyburn, Joyce: *Seven Secrets to Raising a Happy and Healthy Child: The Mind/Body Approach to Parenting*, 1998, ISBN 0-425-16166-8, Berkley Press.

57. Drummond, Tammerlin: «Touch Early and Often», revista *Time*, página 54, 27 de julio de 1998.

58. HALLOWELL, Edward, M.D.: *Driven to Distraction: Recognizing and Coping with ADD From Children Through Adults*, ISBN 0684801280, 1995, Simon and Schuster.

59. TAYLOR, John F.: *Helping Your Hyperactive ADD Child*, ISBN 0761508686, Prima Publishing, 1997.

60. KURCINKA, Mary Sheedy: *Raising Your Spirited Child: A Guide for Parents Whose Child is More Intense, Sensitive, Perceptive, Persistent, and Energetic*, ISBN 006092328-8, 1992, Harperperennial Library.

61. SEARS, William, M.D. y Lynda THOMPSON, Ph.D.: *The A.D.D. Book: New Understandings, New Approaches to Parenting Your Child*, 1994, ISBN 0-316-77873-7. [http://www.littlebrown.com]

62. DILLER, Lawrence H.: *Running on Ritalin: A Physician Reflects en Children, Society, and Performance in a Pill*, ISBN 0553106562, 1998, Bantam-Doubleday-Dell.

63. BLOCK, Mary Ann: *No More Ritalin: Treating ADHD Without Drugs*, ISBN 1575662396, 1997, Kensington Publication Corp.

64. BEAL, Eileen: *Ritalin: Its Use and Abuse*, ISBN 082392775X, 1999, Rosen Publishing Group.

65. CH.A.D.D. recopila, organiza y comparte información sobre la hiperactividad para médicos, centros de enseñanza, grupos de apoyo y padres. En Estados Unidos: 499 Northwest 70th Avenue, Suite 101, Plantation, Florida 33317. (800) 233-4050. Fax: (954) 587-4599. [http://www.chadd.org]

66. Network of Hope: Mary VOTEL, directora. P.O. Box 701534, St. Cloud, Florida 34770-1534. [http://www.networkofhope.org]. Fax: (407) 892-5657.

67. BARKLEY, R.: *Hyperactive Children: A Handbook for Diagnosis and Treatment*, página 13, 1981, Nueva York, Guilford Press.

68. BREGGIN, Peter R., M.D.: *Talking Back to Ritalin: What Doctors Aren't Telling You About Stimulants for Children*, ISBN 1567511295, 1998, Monroe, Maine, Common Courage Press.

BREGGIN, Peter y Ginger: *Journal of College Student Pshycho-therapy*, volumen 10 (2), 1995.

69. MENDELSOHN, Robert, M.D.: *How to Raise a Healthy Child... en Spite of Your Doctor*, ISBN 0-345-34276-3, 1984, Ballantine Books.

70. Keith SMITH: por correo electrónico: ksmthhrb@adnc.com, o por teléfono al Herbolario: (760) 489-6889. Hay una página web en construcción con información nueva mientras se escribe este libro: [http://www.health-forum.com]. Se hacen consultas privadas, y se da hora para casos de emergencia, según cada caso, en función de la disponibilidad. Bibliografía de referencia:
LYON, G.R., D.B. GRAY, J.F. KAVANAGH y otros, editores: *Better Understanding Learning Disabilities: New Views from Research and Their Implications for Education and Public Policies*, Baltimore, Brookes, 1993.
MOATS, L.C. y G.R. Lyon: *Learning Disabilities in the United States: Advocacy, Science, and the Future of the Field*, J Learn Disab 1993, 26, 282-294.
STANOVICH, K.E. y L.S. SIEGEL: *Phenotypic Performance Profile of Children with Reading Disabilities: A Regression-Based Test of the Phonological-Core Variable-Difference Model*, J. Ed Psych 1994, 86, 24-53.
LYON, G.R., editor: *Frames of Reference for the Assessment of Learning Disabilities: New Views on Measurement Issues*, Baltimore, Brookes, 1994.
DUANE, Drake D. y David B. GRAY: *The Reading Brain: The Biological Basis of Dyslexia*, ISBN 0912752254, 1991, Parkton, Maryland, York.
National Advisory Committee on Handicapped Children: Special Education for Handicapped Children, Washington, DC, Department of Health, Education and Welfare, 1968.
LYON, G.R.: *Research in Learning Disabilities* (informe técnico), Bethesda, Maryland, National Institute of Child Health and Human Development, 1991.
A Guide to Medical Cures and Treatments - A Complete A to Z Sourcebook of Medical Treatments, Alternative Options and Home Remedies, página 237, «Inattention/Hyperactivity Comparison», ISBN 0895778467, A Reader's Digest Book publication, 1996.

71. Investigación sobre problemas de aprendizaje, llevada a cabo en el National Institute of Child Health and Human Development por el doctor G. Reid Lyon. El aprendizaje humano y la rama del comportamiento, Centro de Investigación para madres e hijos, con la colaboración de científicos apoyado por el National Institute of Child Health and Human Development, National Institutes of Health. [http://www.nih.gov], página 1.

72. *Ibídem*, página 9.

73. [http://www.mediconsult.com] *Attention Deficit Disorder News* y *Attention Deficit Hyperactivity Disorder*, Deca, página 1, párrafo 5, resumen: página 10 de 11, párrafo 2.

74. Insight USA: 1771 S. 350 E., Provo, Utah 84606. (801) 356-1322. [http://www.insight-usa.com]. Por correo electrónico dirigido a Karen Eck: kareneck@worldnet.att.net.

75. Nutri-Chem: 1303 Richmond Rd., Ottawa, Ontario, K2B 7Y4, Canada. Llamada gratuita: 1-888-384-7855 (Canadá y Estados Unidos). [http://www.nutrichem.com]

76. «Doctors Give Alternative Remedies Closer Look», Associated Press, citado en el *Norwich Bulletin: Health*, 11 de noviembre de 1998. Informe sobre *The Journal of the American Medical Association*, Libro 008, 11 de noviembre de 1998 (edición medicina alternativa).

77. TAYLOR, John F.: *Answers to ADD: The School Success Tool Kit*, vídeo de 102 minutos en el cual se describen y se ilustran más de 125 técnicas, ISBN 1-883963-00-1. [http://www.add-plus.com/video.html]

78. Boletín de *Network of Hope*, febrero de 1998, edición sobre nutrición. P.O. Box 701634, St. Cloud, Florida 34770.

79. Cell Tech: 1300 Main Street, Klamath Falls, Oregon 97601, (800) 800 1300. [http://www.celltech.com] Las personas que mencionamos a continuación saben de índigos y conocen las algas cianofíceas. Distribuidor: L. Askey, (250) 342-7162 o lyaskey@roc-

kies.net. Distribuidores: Michael y Sandy Lansdale. Tel: (800) 342-9548, o John Paino. Tel: (978) 371-2355, paino@earth-link.net. [http://www.the-peoples.net/celltech]

80. LAWRENCE, Ron, M.D., Paul ROSCH, M.D., F.A.C.P. y Judith PLOWDEN: *Magnetic Therapy: The Pain Cure Alternative*, ISBN 0-7615-1547-X, California, Prima Publishing. [http://www.primapublishing.com]

81. Formación en neuroterapia: Behavioral Physiology Institutes, 175 Parfitt Way, Suite N150, Bainbridge Island, Washington 98110. (206) 780-5500, extensión 104. [http://www.bp.edu] Correo electrónico: proed@bc.edu.

82. Centros de tratamiento de neuroterapia: Kidwell Institute, 1215 Mulberry Lane, Oklahoma City, Oklahoma 73116. (405) 755-8811. [http://www.kidwellinstitute.com] Correo electrónico: kidwell@theshop.net.

83. LUBAR, J.F. y M.N. SHOUSE: «The Use of Biofeedback in the Treatment of Seizure Disorders and Hyperactivity», *Advances in Child Clinical Psychology*, 1, páginas 204-251, Plenum Publishing Company.
LUBAR, J.O. y J.F. LUBAR: «Electroencepahlographic Biofeedback of SMR and Beta for Treatment of Attention Deficit Disorders in a Clinical Setting», *Biofeddback and SelfRegulation*, 9, páginas 1-23.
MANN, C.A., J.F. LUBAR, A.W. ZIMMERMAN, B.A. MILLER y R.A. MUENCHEN: «Quantitative Analysis of EEG in Boys with Attention Deficit/Hyperactivity Disorder (ADHD) - A Controlled Study with Clinical Implications», *Pediatric Neurology*, 8, páginas 30-36.

84. The Focus Neuro-Feedback Training Center: 2101 Business Center Drive, Suite 120, Irvine, California 92612. (714) 833-1882.

85. The Soma Institute of Neuromuscular Integration: 730 Klink, Buckly, Washington 98321. (360) 829-1025. [http://www.soma-institute.com]

86. Dr. Sid WOLF, H.H.P., Ph.D.: Phoenix Healing Center (habilitado

a nivel nacional para el masaje terapéutico y el trabajo con el cuerpo), 1017 Vision Way, Lyons, Colorado 80540. (303) 823-5873.

87. JOHNSON, Ranae, Ph.D.: *Rapid Eye Technology* y *Winter's Flower*. Estos libros se consiguen en la página web: [http://www.rapideyetechnology.com].

88. Rapid Eye Institute: 3748 74th Avenue, SE, Salem, Oregon 97301. (503) 373-3606. [http://www.rapideyetechnology.com]

89. Peggy y Steve DUBRO: *The EMF Balancing Technique*, Factor Phoenix. [http://www.EMFBalancingTechnique.com]

Sobre los autores

Jan Tober y Lee Carroll dan seminarios en todo el mundo, ante miles de personas, sobre la manera de brindar posibilidades y poder a los seres humanos. Lee ha escrito ocho libros de autoayuda en los últimos diez años, que se han traducido a diversos idiomas. Jan y Lee han sido invitados en tres ocasiones a presentar su mensaje de esperanza y amor en las Naciones Unidas, en la ciudad de Nueva York; la última de ellas fue en noviembre de 1998.

÷ ÷ ÷

ÍNDICE